建设项目风险管理

孙成双　韩喜双　主　编
邹志翀　冉立平　翟凤勇　周剑虹　副主编

中国建筑工业出版社

图书在版编目（CIP）数据

建设项目风险管理/孙成双，韩喜双主编．—北京：中
国建筑工业出版社，2013.7（2022.3重印）
ISBN 978-7-112-15421-0

Ⅰ.①建… Ⅱ.①孙… ②韩… Ⅲ.①基本建设项
目—风险管理 Ⅳ.①F284

中国版本图书馆CIP数据核字（2013）第094710号

本书以建设项目风险管理的过程为主线，详细阐述了风险和项目风险的基本内涵、项目风险管理框架体系及项目风险管理的客观规律，结合数理统计方法，提出并建立了项目风险管理的系统方法，提供了操作性较强的对策方法和途径。同时结合项目风险管理实践案例，描述了项目风险管理各阶段的实施方法和技术，使读者了解并掌握先进的项目风险管理措施。

本书可作为建筑企业或建设项目从事风险管理的管理者、工程技术人员和高等院校工程管理专业的教材和参考资料，也可作为大中型建筑企业经理岗位培训的教材。

* * *

责任编辑：田启铭 李玲洁
责任设计：董建平
责任校对：陈晶晶 刘梦然

建设项目风险管理

孙成双 韩喜双 主 编
邹志翀 冉立平 翟凤勇 周剑虹 副主编

*

中国建筑工业出版社出版、发行（北京西郊百万庄）
各地新华书店、建筑书店经销
北京永峥印刷公司制版
北京建筑工业印刷厂印刷

*

开本：787×1092毫米 1/16 印张：15¼ 字数：370千字
2013年7月第一版 2022年3月第七次印刷
定价：45.00元
ISBN 978-7-112-15421-0
（24014）

前　言

　　风险管理作为建设项目管理中的重要工作，是建设项目顺利进行和完成的保障。对风险管理的理论、技术和方法的掌握，是项目决策者和管理者的基本素质。尤其近几年，由于国际化进程的加快和我国经济的飞速发展，国内外建筑市场的规模在不断扩大，在给我国建筑企业带来机遇的同时，也带来巨大的挑战。目前，建设项目的规模越来越大、造型越来越复杂、技术要求越来越高，使建设项目各参与主体面临更多的风险，要求建设项目管理班子的管理能力和风险管理水平也越来越高。

　　本书以建设项目风险管理的过程为主线，在系统介绍建设项目风险管理基本理论的基础上，重点介绍了风险管理各过程所用到的量化方法。为便于读者的理解和掌握，本书力求理论联系实际，深入浅出，并给出了大量的实际建设项目案例。本书可作为建筑企业或从事建设项目风险管理的管理者、工程技术人员和高等院校工程管理专业的教材和参考资料，也可作为大中型建筑企业经理岗位培训的教材。

　　本书由哈尔滨工业大学管理学院孙成双和韩喜双主编。第1、4、7、11章由孙成双编写；第2、8、12章由邹志翀编写；第3章由翟凤勇、邹志翀编写；第5、6、10、13章由韩喜双、翟凤勇编写；第9章由冉立平编写；第14章由周剑虹编写。本书各章附有思考题，以便读者在学习过程中通过思考和练习更好地掌握相关知识。

　　在编写过程中，本书参考和引用了许多专家和学者的有关教材、论著和资料，且在实际建设项目案例调研中得到中国建筑工程总公司、中国建筑第三工程局有限公司、中国建筑第五工程局有限公司等单位领导及相关人员的大力支持，在此表示由衷的感谢。本书受国家自然科学基金资助（项目批准号：71071043）。

　　由于编者水平有限，书中难免有不妥之处，恳请读者和同行批评指正！

目　　录

第 1 章　风险管理概论

1.1　风险管理的产生和发展

人们在社会经济活动中总会面临各种各样的风险，这些风险常常使他们蒙受财产或生命的损失。风险一词已在许多领域被人们所熟悉，并被赋予许多特定的涵义。例如：在证券投资中出现的亏损，新产品投放市场未能按预期盈利，建设项目中新技术的采用而带来的潜在危害，运输业中的货物丢失或损坏，医院中的医疗事故，社会动荡和战争给金融和经济带来的冲击等。这些现象说明风险广泛而深刻地影响着人们的生活，几乎所有的人都或多或少地有风险的经历。

人类历史上对风险问题的研究可以追溯到公元前 916 年的共同海损制度以及公元前 400 年的船货押贷制度。到 18 世纪产业革命，法国管理学家亨瑞·法约尔在《一般管理和工业管理》一书中才正式把风险管理思想引进到企业经营管理，但长期以来没有形成完整的体系和制度。1930 年，美国宾夕法尼亚大学所罗门·许布纳博士在美国管理学会发起的一次保险问题会议上首次提出风险管理这一概念，其后风险管理迅速发展成为一门涵盖面甚广的管理科学，尤其是从 20 世纪六七十年代至今，风险管理已几乎涉及经济和金融的各个领域。

20 世纪 70 年代以来，西方发达国家对风险管理的研究已有很大发展，基本上形成了一个体系较完整的新学科和独立的研究领域，各国几乎都建立了独自的风险研究机构。1975 年，美国成立了风险与保险管理协会（RIMS）。在 1983 年的 RIMS 年会上，世界各国专家学者共同讨论并通过了"101 条风险管理准则"，其中包括风险识别与衡量、风险控制、风险财务处理、索赔管理、国际风险管理等，此准则被作为各国风险管理的一般准则。2004 年，美国的项目管理协会（PMI）对原有的项目管理知识体系（PMBOK）进行了修订，颁布了新的项目管理知识体系 2004 版，风险管理作为其中的九大知识领域之一，为项目的成功运作提供重要保障。在欧洲，日内瓦协会（又名保险经济学国际协会）协助建立了"欧洲风险和保险经济学家团体"，该学术团体致力于研究有关风险管理和保险的学术问题，其会员都是英国和其他欧洲国家大学的教授。受发达国家风险研究的影响，发展中国家风险管理的发展也极为迅速。1987 年，为推动风险管理在发展中国家的推广和普及，联合国出版了《发展中国家风险管理的推进》研究报告。

近几十年，风险管理的系统理论和方法在工程建设项目上得到了广泛应用，为项目各项建设目标的顺利实现发挥了重要作用。特别是在近十多年来，建设项目在规模、技术复杂性、资金的投入和资源的消耗等方面不断增加，使项目面临的风险越来越多，风险管理在项目管理中所发挥的作用越来越大。我国的风险管理研究起步比较晚，新中国成立后，最初实行的是计划经济体制，对项目的风险性认识不足，项目风险所产生的损失都由政府承担，投资效益差，盲目投资、重复建设的现象非常严重。改革开放、实行了市场经济体制后，才渐渐认识到风险管理的重要性，并清楚地发现计划经济下投资体制的种种弊端是使风险缺乏约束机制的重要根源，实行了"谁投资、谁决策、谁承担责任和风险"的原则。许多对经济和社会发展具有重要影响的大型工程项目，如京九铁路、三峡工程、黄河小浪底工程等，都开展了风险管理方面的应用研究，并且取得了非常明显的效果和一定的效益。可以预见，随着我国经济建设速度的不断加快、国际化进程的不断深化和改革开放的进一步深入，风险管理的理论和实践必将在我国跃上一个新的台阶。

1.2　风险的定义及其特征

1.2.1　风险的定义

一般而言，在人们的认识中，风险总是与不幸、损失联系在一起的。尽管如此，有些人在采取行动时，即使已经知道可能会有不好的结果，但仍要选择这一行动，主要是因为其中还存在着他们所认为值得去冒险的、好的结果。

为了深入了解和研究风险及风险现象，更好地防范风险、减轻危害，做出正确的风险决策，首要任务就是给出风险的确切定义。

目前，关于风险的定义尚没有较为统一的认识。最早的定义是 1901 年美国的威雷特在他的博士论文《风险与保险的经济理论》中给出的"风险是关于不愿发生的事件发生的不确定性之客观体现"，该定义强调两点：一是风险是客观存在的，是不以人的意志为转移的；二是风险的本质是不确定性。奈特则从概率角度，对风险给出了定义，认为"风险（Risk）"是客观概率已知的事件，而"客观概率"未知的事件叫做"不确定（Uncertainty）"。但在实际中，人们往往将"风险"和"不确定"混为一谈。此后，许多学者根据自己的研究目的和领域特色，对风险提出了不同的定义。如美国学者威廉姆斯和汉斯将风险定义为"风险是在给定条件下和特定时间内，那些可能发生结果的差异"，该定义强调风险是预期结果与实际结果的差异或偏离，这种差异或偏离越大则风险就越大。以上定义代表了人们对风险的两种典型认识。我国风险管理学界主流的风险定义结合了这两种认识，既强调了不确定性，又强调了不确定性带来的损害。

本书将风险定义为：风险是主体在决策活动过程中，由于客观事件的不确定性引起的，可被主体感知的与期望目标或利益的偏离。这种偏离有大小、程度以及正负之分，即风险的可能性、后果的严重程度、损失或收益。

从以上风险定义不难看出，风险与不确定性有着密切的关系。严格来说，风险和不确定性是有区别的。风险是可测定的不确定性，是指事前可以知道所有可能的后果以及每种后果的概率。而不可测定的不确定性才是真正意义上的不确定性，是事前不知道所有可能后果，或者虽知道可能后果但不知道它们出现的概率。但是，在面对实际问题时，两者很难区分，并且区分不确定性和风险几乎没有实际的意义，因为实际中对事件发生的概率是不可能真正确定的。而且，由于萨维奇"主观概率"的引入，那些不易通过频率统计进行概率估计的不确定事件，也可采用服从某个主观概率方法表述，即利用分析者经验及直感等主观判定方法，给出不确定事件的概率分布。因此，在实务领域对风险和不确定性不作区分，都视为"风险"，而且概率分析方法，成为最重要的手段。

1.2.2 风险构成要素

风险的构成要素不仅决定风险所表现出来的特征，还影响风险的产生、存在和发展。为进一步掌握风险的概念及其本质，必须明确理解构成风险的三要素：风险因素、风险事件和风险损失以及三者之间的关系。

1. 风险因素

风险因素是指导致增加或减少损失或损害发生的频率和幅度的因素，例如，工程项目中不合格的材料、不完善的设计文件、价格波动幅度大的建材市场等都是风险因素。风险因素从形态上可分为物的因素（如设备故障等）和人的因素（如欺骗行为、松散的管理等）；风险因素从性质上可分为自然因素（如地震、台风等）和社会因素（如经济政策、法律法规等）。

2. 风险事件

风险事件是指造成生命财产损失的偶发事件，是产生损失的原因或媒介物，例如，建设项目设备采购代表由于收受设备供应商贿赂，以高价买进一批质量低劣、技术落后的设备。这一活动中，设备采购代表的道德品质问题是风险因素，采购价高质低的设备就是风险事件。风险因素和风险事件在风险损失形成过程中的作用是不一样的，二者之间具有先后的逻辑关系。

3. 风险损失

风险损失是指由风险事件所导致的非正常的和非预期的利益的减少。风险损失有两种形态：直接损失和间接损失。这两种不同的损失，在司法实践中必须仔细加以区分。直接损失是指受害人现有财产的减少，也就是加害人不法行为侵害受害人的财产权利、人身权利，致使受害人现有财产直接受到的损失，如财物被毁损而使受害人财富的减少，致伤、致残后受害人医疗费用的支出，人格权受到侵害后支出的必要费用等。间接损失是指可得利益的丧失，即应当得到的利益因受侵权行为的侵害而没有得到，包括人身损害造成的间接损失和财物损害造成的间接损失，如商业信誉、企业形象、社会利益损失等。

有两种理论解释风险三要素之间的关系：一是亨利希的骨牌论，该理论认为风险因素、风险事件和风险损失之所以如三张骨牌般倾倒，主要是由于人的错误行为所致；另一个理论是哈同的能力释放论，该理论强调造成风险损失的原因是由于事物承受了超过其能容纳的能量所致，是物理因素起主要作用。虽然这两种理论在引起风险的主要原因上观点不同，但二者都认为是风险因素引发风险事件，风险事件又导致风险损失。风险因素、风险事件和风险损失三者之间存在有机的联系，组成一条因果关系链，如图1-1所示。认识风险作用的因果关系链及其内在规律对规避风险、减少风险损失具有非常重要的实际意义，是研究风险管理和保险的基础。

图1-1　风险作用因果关系链

1.2.3 风险的特征

风险的特征是风险的本质及其发生规律的表现，从上述风险定义可以得出如下风险特征：

（1）客观性与主观性。一方面风险是由事物本身客观性质具有的不确定性引起的，具有客观性；另一方面风险必须被面对它的主体所感知，具有一定的主观性。因为，客观上由事物性质决定而存在着不确定性引起的风险，只要面对它的主体没有感知到，那也不能称其为对主体而言的风险，只能是一种作为客观实在的风险。

（2）双重性。风险损失与收益是相反相成的。也就是说，决策者之所以愿意承担风险，是因为风险有时不仅不会产生损失，如果管理有效，风险可以转化为收益。风险越大，可能的收益就会越多。从投资的角度看，正是因为风险具有双重性，才促使投资者进行风险投资。

（3）相对性。主体的地位和拥有资源的不同，对风险的态度和能够承担的风险就会有差异，拥有的资源越多，所承担风险的能力就越大。另外，相对于不同的主体，风险的涵义就会大相径庭，例如汇率风险，对有国际贸易的企业和纯粹国内企业是有很大差别的。

（4）潜在性和可变性。风险的客观存在并不是说风险是实时发生的，它的不确定性决定了它的发生仅是一种可能，这种可能变成实际还是有条件的，这就是风险的潜在性。并且随着项目或活动的展开，原有风险结构会改变，风险后果会变化，新的风险会出现，这是风险的可变性。

（5）不确定性和可测性。不确定性是风险的本质，形成风险的核心要素就是决策后果的不确定性。这种不确定性并不是指对事物的变化全然不知，人们可以根据统计资料或主观判断对风险发生的概率及其造成的损失程度进行分析，风险的这种可测性是风险分析的理论基础。

（6）隶属性。所谓风险的隶属性，是指所有风险都有其明确的行为主体，而且还必须与某一目标明确的行动有关。也就是说，所有风险都是包含在行为人所采取行动过程中的风险。

1.3 风险的分类

将风险进行分类的目的，是为了便于风险的识别和对不同类型的风险采取不同的分析方法和管理措施。按不同的原则和标准，风险有着不同的分类，如图1-2所示。

1.3.1 按风险造成的后果分类

根据风险造成的不同后果，可分为纯粹风险和投机风险。

纯粹风险是指只会造成损失而不会带来收益的风险，是一种只有损失或不发生损失的风险，导致的结果只有两种可能：没有损失或有损失。例如，地震对建筑物、地基、公路桥梁、施工现场等的影响，一旦地震发生，只有损失而没有收益，如果不发生，则既无损失也无收益。

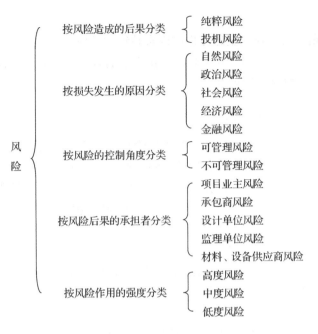

图 1-2 风险分类

投机风险则不同，是可能引起损失，但也可能带来额外收益的风险。例如，对于房地产开发来说，如果市场景气，则将有巨额收益，反之会亏损严重。

一般来说，纯粹风险具有可保性，而投机风险没有。但对于投资者，投机风险具有极大的诱惑力。

此外，这两种风险还有另外的重要区别：

（1）在相同的条件下，纯粹风险一般可重复出现，因此有可能比较准确地预测其发生概率，从而决定采取的应对措施，而投机风险则不然。也就是说，纯粹风险比较适用于大数法则，而投机风险不宜使用该法则。当然，某些特殊情况除外，比如核战争这种纯粹风险。

（2）在投机风险发生时，如果企业出现损失却可能对社会有利；而在纯粹风险发生时，企业和社会往往同时遭受损失。

另一方面，纯粹风险和投机风险有可能同时存在，例如对于房产所有人，既面临着纯粹风险（财产的损坏）又面临着投机风险（市场条件变化所引起的房产价值的升降）。

1.3.2 按损失发生的原因分类

以损失发生的原因作为标准，风险可分为自然风险、社会风险、经济风险、政治风险、金融风险和管理风险等。

（1）自然风险是指因自然环境如气候、地理位置等因素导致财产毁坏的风险。

（2）社会风险是指企业所处的社会背景、秩序、宗教信仰、风俗习惯以及人际关系等形成的影响企业经营的各种束缚或不便所致的风险。

（3）经济风险是指经济领域内的潜在或出现的各种可导致企业经营遭受厄运的风险。

（4）政治风险是指因政治方面的原因或事件导致企业遭受损失的风险，如战争、冲突和动乱等。

（5）金融风险是指由于财政金融方面的因素导致的各种风险。

（6）管理风险是指在经营过程中，因管理战略、管理方法、管理手段等错误地使用或对已发生事件处理欠妥而导致的风险。

1.3.3 按风险的控制角度分类

从风险的控制角度，风险可以分为可管理风险和不可管理的风险。

可管理风险是指可以预测和可以控制的风险；反之就是不可管理风险。某风险是否可管理，取决于客观资料的收集和管理技术掌握的程度。随着数据、资料和其他信息的增加和管理技术的提高，一些不可管理的风险可以变为可管理风险。

1.3.4 按风险后果的承担者分类

对于建设项目来说，若按风险后果的承担者划分项目的风险，有业主风险、政府风险、承包商风险、投资方风险、设计单位风险、监理单位风险、供应商风险、担保方风险和保险公司风险等。

在进行项目风险分配时，最佳的分配原则是将风险分配给与该风险关系最密切并最有能力承担的项目参与方。所以，按风险后果的承担者划分项目风险有助于合理分配风险，提高项目对风险的承受能力。

1.3.5 按风险作用的强度分类

依据风险作用的强度大小，风险可以分为低度风险、中度风险和高度风险。当然，按此分类标准也可以将风险划得更细。

风险按作用的强度进行划分，有利于风险管理者有针对性地采取风险防范措施，将有限的资源和精力用在监控强度高的风险上，以最少的投入取得最大的安全保障。

除此之外，按其他标准分类，风险还可分为：静态风险和动态风险，基本风险和特殊风险，一般风险和个别风险，主观风险和客观风险，微观风险和宏观风险，经济风险和非经济风险，不可避免又无法弥补损失的风险和可避免或可转移的风险以及有利可图的投机风险等。

1.4 建设项目风险管理定义及内涵

1.4.1 建设项目风险管理的定义

任何领域的项目都有风险，建设项目也不例外。建设项目由于具有特殊的特点：单件性、体积大、生产周期长、价值高以及易受社会、经济、自然灾害、地质、水文条件等影响，从而决定了建设项目面临的风险要大于一般项目面临的风险。

由风险的定义可知，对于建设项目中的风险，其主体可指建设项目不同阶段的各参与者：业主、承包商、设计单位、施工单位、材料供应单位等；决策活动是指在建设项目进行过程中所采取的各种措施、方案及拟执行的计划等；客观事件是指与社会、经济、自然等有关的建设政策、建设法规的制定，材料价格的变动，火灾、地震的发生等事件；感知是风险非常重要的一个特点，正是由于风险可被感知，风险分析和管理才有可能；期望目标或利益是指建设项目完成时，建设参与者期望此项目达到的功能、带来的收益或对社会的贡献等；偏离一般是指损失的发生，但有时也有收益的偏离，如建设项目完成并投入使用后，年利润比预计的多的情况。

将建设项目风险作为考虑的对象，建设项目风险管理可被定义为：建设项目的管理班子根据所制定的风险管理规划对建设项目生命周期的风险进行识别、估计和评价，以此为基础进行风险决策并制定风险应对计划，合理地使用多种管理方法、技术和手段，对建设项目活动涉及的风险实行有效的监控，采取主动行动，创造条件，尽量扩大风险事件的有利结果，妥善地处理风险事故造成的不利后果，以最少的成本保证安全、可靠地实现建设项目总目标的管理活动。

从建设项目风险管理的定义可以看出：

（1）建设项目风险管理的工作主要由项目管理班子来负责，特别是项目经理，其他项目参与方有责任承担和管理其所应承担的风险。另外，项目管理班子或风险承担方在进行建设项目风险管理时，需要主动采取各种预防措施或行动方案，避免风险事件发生后的被动应对。并且能统观全局，有能力利用和创造各种条件，将对建设项目不利的因素转化为有利的因素，将项目存在的潜在威胁转化为获利机会。

（2）风险管理规划是开展建设项目风险管理后续工作的基础和依据。风险管理规划是项目管理规划的子规划，风险管理规划定义如何实施建设项目风险管理活动，为建设项目风险管理活动提供资源、时间上的合理安排等。

（3）风险识别、风险估计和风险评价是建设项目风险管理的主要工作内容，有时也把这三项合称为风险分析。但仅完成这三项工作还不能做到以最少的成本保证安全、可靠地实现建设项目的总目标。还需要在这三项工作的基础上，制定合理的风险应对计划，并在计划的实施过程中进行有效的监控，包括监视和控制。风险监视的主要工作是检查风险管理计划是否在实际中得到实施、建设项目的内外部环境是否发生变化、项目的进展是否与计划一致，如果发现问题就需要及时处理。风险控制就是当建设项目出现风险事件时，项目相关人员及时实施风险管理计划中事先制定的规避措施的活动。做好以上相应内容，才可以说完整地进行了建设项目的风险管理工作。

（4）风险决策是关键。风险评价结果和风险管理规划中制定的风险基准是风险决策的依据，若风险远大于风险基准则必然是放弃项目；若风险远小于风险基准则必然是继续项目；若风险大小在风险基准附近时，则需要运用风险决策工具进行科学的决策。风险决策决定建设项目是否继续下去，决策结果直接影响项目最终是成功还是失败，因此，风险决策是非常关键的一项工作。

（5）建设项目风险管理是一项复杂的综合管理活动，涉及建设项目的成本、进度、质量、安全、施工技术、信息沟通等多个方面，依靠单一的管理技术或措施是不能完成的，必须综合运用多种方法和手段，并需要管理科学、系统科学、工程技术、自然科学和社会科学等多种学科的知识。

1.4.2 建设项目风险管理的过程

建设项目风险管理是复杂的管理过程，其具体步骤如下：

第一步，风险规划。根据风险管理的理论和方法，结合建设项目特点和内外部环境等，制定风险管理的整体计划，用于指导后续的风险管理各工作环节。

第二步，风险识别。全面识别建设项目所有风险因素，并将这些风险因素进行分类的过程。

第三步，风险估计。对已识别出风险的发生概率、可能产生的影响、影响范围等进行估计的过程，并按照估计结果对这些风险进行排序。

第四步，风险评价。对建设项目风险进行整体的定量分析的过程。

第五步，风险决策。将评价的结果对比事先制定的风险标准，即可决定该建设项目是否可以继续下去，还是由于风险太大而终止该项目。

第六步，风险应对。如果风险评价的结果在可接受的风险标准下，决定可以继续该建设项目，则项目决策者需要针对该项目的重要风险制定相应的应对计划。

第七步，风险监控。执行风险应对计划，监视建设项目的剩余风险，当出现异常情况时，执行风险应对计划中事先制定的风险规避策略。

建设项目风险管理步骤可以用流程图 1-3 表示如下：

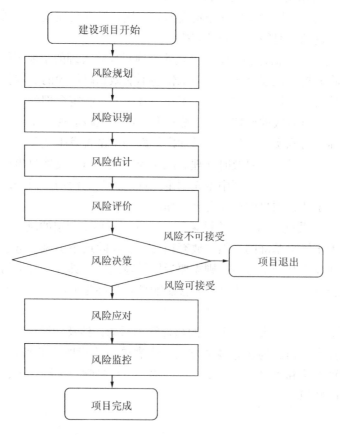

图 1-3 工程项目风险管理步骤

建设项目风险管理的步骤相互联系并且各个步骤内的知识领域相互交叉。每一个步骤在建设项目风险管理的实际过程中都会发生。虽然这里描述的过程都是带有明确界限的独立组成部分，但是在实践中，它们可能以其他方式相互重叠和影响。例如，在风险监控阶段，如果建设项目所处环境发生变化，则需要重新进行风险识别、估计和评价过程。

1.4.3 建设项目风险管理的必要性

现代工程建设项目的特点是规模大、建设周期长、技术新颖、参加单位多、外部环境复杂，使其面临的风险比一般项目要大很多，常会造成成本超支和工期延长等情况，进而导致项目的经济效益降低，甚至项目失败。因此，进行建设项目的风险管理是非常必要的。

（1）风险管理关系到建设项目各方的存亡。许多大型建设项目的投资额都在几亿，甚至是几十亿和几百亿以上，如果忽视风险管理或风险管理不善，轻则会造成巨大的财产损失，重则会导致项目失败，巨额投资无法收回，使建设项目各方破产倒闭，甚至还会影响到国家的经济发展。

（2）风险管理直接影响建设项目各方的经济效益。通过有效的风险管理可减少各种不确定事件的发生，降低项目的风险成本，使项目的总成本降至最低。并且，还可使有关各方对其自有资金、设备和物资等资源进行更合理的安排，从而提高其经济效益。例如，当承包商考虑到工程用的建材有涨价的可能时，他就会事先存储足够的建材以防涨价的风险，这样势必会占用大量的资金。但是，如果在承包合同中约定对材料按实结算或可根据市场价格进行调整，那么承包商就可以将这笔资金用到别的地方，从而产生额外的利润。

（3）风险管理有助于提高重大决策的质量，使决策更有把握，更符合项目的方针和目标。通过风险分析，可加深对项目及其风险的认识和理解，澄清各决策方案的利弊，使方案的选择更符合实际、制定的应急计划更具有针对性。例如，如果承包商想采用租赁方式解决施工所需的机具问题，那么他就需要考虑租赁方式可能带来的风险，如损坏赔偿等，这样他才能做出正确的决定。

（4）做好风险管理，不单纯是消极避险，更有助于建设项目各方确立其良好的信誉，加强其社会地位以及与其他合作者的良好协作关系，进而使其在竞争中处于优势地位。对于某一特定的项目风险，项目各方预防和处理的难度是不同的。风险管理通过合理分配风险，使其由最适合的当事方来承担，这样就会大大降低该风险发生的可能性和风险带来的损失。同时，通过明确各风险的责任方，可避免风险发生后相互推诿责任，避免纠纷的产生。

（5）风险管理可提高建设项目各种计划的可信度，有利于改善项目执行组织内部和外部之间的沟通。制定项目计划需要考虑项目在未来可能出现的各种不确定因素，而风险管理的职能之一恰恰就是减少项目整个过程中的不确定性。因此，风险管理使项目计划的制订周密完善、实用可行。

1.4.4 建设项目风险管理的组织

组织是指一个具有明确的目标导向、有序的结构、有协调意识的活动，并同外部环境保持密切联系的有机结合的统一体。建设项目风险管理的有效进行离不开合理和健全的组织结构。组织结构又可称为组织形式，是表现组织内部各部门、各层次排列顺序、空间位置、聚集状态、联系方式以及各要素之间相互关系的一种模式，反映了生产要素相结合的结构形式，即管理活动中各种职能的横向分工和层次划分，是执行管理任务的体制，包括组织结构、管理体制和领导人员。

建设项目风险管理组织的设立、方式和规模，取决于多种因素。其中决定性的因素是项目风险在时空上的分布特点。项目风险存在于建设项目的所有阶段和方面，如果从某个建设项目全过程的任何一个时点来观察，就会发现每个参与方都在进行各自在该工程上的风险管理，包括项目的发起方、投资方、业主方以及工程监理、咨询单位等，因此，项目风险管理职能是分散在项目管理的所有方面，项目管理班子的所有成员都负有一定的风险管理责任。由此可知，建设项目风险的管理主体不是唯一的，其业务主体是多元的。从项目采购的角度看，建设项目风险的管理主体可划分为：业主方的建设项目风险管理组织（包括发起方、投资方和业主方等对项目所有权的组织）和承包方的建设项目风险管理组织。

此外，建设项目的规模、技术和组织上的复杂程度、面临风险的复杂和严重程度、项目最高管理层对项目风险的重视程度等因素都对建设项目的风险管理组织有影响。

1.4.5　建设项目风险管理的成本效益

1. 风险成本

进行建设项目风险管理必须要投入一定的资金和人员，为制定合理的投入计划并产生最大的经济效益，必须对风险成本有一定的理解。一般来说，风险成本是指风险事故造成的损失或减少的收益以及为防止发生风险事故采取预防措施而支出的费用之和，包括：有形成本、无形成本、预防和控制风险的费用。前两项可理解为风险损失，后一项为风险管理投入。

（1）有形成本

有形成本是指风险事故发生后，造成的可看得见和摸得着的资产和设备的损坏、人员伤亡的补偿费用等直接损失以及由此造成的停工停产等构成的间接损失。例如，建设项目在施工过程中发生火灾。直接损失包括火灾烧毁的各种建筑材料、受伤人员的医疗费、休养费和工资等；间接损失包括由于火灾不能正常施工产生的工期延误等。

（2）无形成本

无形成本是指由于风险事故产生的除有形成本外的其他支出或代价，包括应对风险减少的机会成本、公司形象的影响等。例如，业主为保证建设项目的工期和质量，要求承包商提供履约保证金。这样，这笔资金就不能投入再生产，造成机会成本的丧失。

（3）风险管理投入

为预防风险事件的发生和控制风险损失的进一步扩大，建设项目管理者必须采取各种措施，例如，事前预防风险的措施，包括：保险、对工作人员的安全培训、对设备的维护费等；控制风险损失的措施，包括各种突发事件的应急预案等。

2. 风险管理的成本效益分析

实际上，风险管理的效果与投入不是线性的，也就是说，风险管理的高投入并不一定能保证好的风险管理效果。图1-4从理论上描述了项目风险管理的投入与风险损失二者之间的关系。

在项目不进行风险管理时，即没有风险管理投入时，项目面临的风险是最大的，所产生的风险损失也是最多的；随着用于风险管理的投入的不断增加，风险带来的损失逐渐减少；但是，当风险管理的投入达到一定程度时，再多投入，风险损失也没有明显变化，如图1-4所示。因此，用于风险管理的投入在理论上必然存在一点，即最优的风险管理投入，该点对应的项目风险总支出最少

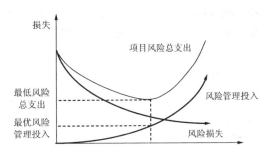

图1-4　建设项目风险管理成本效益示意图

（项目风险总支出等于风险管理投入与风险损失之和）。

综上所述，进行风险管理必须要考虑成本效益问题，管理者需要选择最优的风险控制方案，以最少的投入使项目总风险降到最低。当用于风险管理的支出大于风险可能带来的损失时，管理者就需要考虑风险自留或放弃项目等其他风险规避策略。

1.5　建设项目风险管理与建设项目管理的关系

建设项目风险管理是建设项目管理的重要组成部分，除了风险管理外，建设项目管理还包括：成本管理、质量管理、进度管理、安全管理等。这些项目管理各方面的目的都是保证项目总目标的实现。具体来说，建设项目风险管理与建设项目管理的关系如下：

（1）风险管理与项目管理的目标一致

项目风险管理是通过风险因素的识别、估计和评价，对项目面临的风险情况有个深入了解，并在此基础上采取相应的预防、转移等风险规避策略，使建设项目正常实施，最终实现项目的成本、进度、安全和质量等目标。可以看出，这些目标也是项目管理的目标。

（2）风险管理为项目变更管理提供决策数据

由于建设项目的周期长、难度大，在其生命周期内不可避免会出现各种各样的变更。变更后，会产生新的不确定性。项目管理人员必须要清楚知道这些不确定性会对建设项目的目标造成的影响。而通过风险分析中的盈亏平衡分析和敏感性分析等方法正可为项目变更管理提供这些决策数据。

（3）风险管理为制定项目计划提供依据

项目计划是非常重要的，是项目开展的前提。建设项目在实施之前，必须要制定合理的计划，这样，项目人员才能够按照计划规定的内容进行工作，最终完成项目。项目计划考虑的是未来的事情，但未来充满太多的不确定因素，这些不确定因素直接影响项目计划的质量。风险管理的职能之一就是减少整个建设过程的不确定性，因此，风险管理工作会对提高项目计划管理的准确性和可行性有极大的帮助。

（4）风险管理为项目人力资源管理提供支持

在项目可支配的所有资源中，人是最重要的资源。项目人力资源管理是通过采取一定措施，充分调动广大员工的积极性和创造性，最大限度地发挥人的主观能动性，从而推动

11

建设项目的顺利进行和企业的进一步发展。项目人力资源管理中项目成员的劳保、医疗、退休、住房等许多福利都是通过保险来解决，而这些工作恰恰是项目风险管理的任务。另外，项目风险管理还可以通过风险分析，确定哪些风险与人有关，项目成员身心状态的哪些变化会影响到项目的实施，这些又为人力资源管理提供了支持。

（5）风险管理可有效控制项目实施过程中的潜在威胁

从建设项目的实施过程来看，许多风险都是在项目的实施过程中由潜在威胁变成现实的。风险管理是在认真分析风险的基础上，拟定各种具体的风险转移、减轻等规避措施，减少这些潜在威胁发生的可能性。另一方面，风险管理还事先制定各种风险应对措施，一旦潜在威胁转变成现实时，可以降低风险事故带来的损失。

1.6　本章小结

本章从介绍风险管理的产生和发展开始，给出了风险的具体定义，描述了风险的构成要素和特征。从风险造成后果、损失发生原因、风险控制角度、风险后果的承担者和风险作用的强度等划分标准将风险进行了分类。进而，结合建设项目的特点，定义了建设项目风险管理的概念，并对建设项目风险管理的步骤及其必要性、组织和成本效益方面进行了阐述。最后，本章还介绍了建设项目风险管理和建设项目管理二者之间的关系，指出建设项目风险管理是建设项目管理的重要组成部分，而建设项目管理中的成本管理、计划管理、人员管理等与风险管理存在着密切的联系，是实现建设项目管理目标的保障。

复习思考题

1. 什么是风险？风险的特征是什么？
2. 按不同的分类标准，风险可以分成哪几类？每类都包括哪些风险？
3. 什么是建设项目风险管理？其具体过程包括哪些步骤？
4. 为什么说建设项目风险管理是重要的？
5. 建设项目风险管理和建设项目管理的关系？

第 2 章 风 险 规 划

2.1 风险规划概述

2.1.1 风险规划内涵

规划是一项重要的管理职能，组织中的各项活动几乎都离不开规划，规划工作的质量也集中体现了一个组织管理水平的高低。掌握必要的规划工作方法与技能，是建设项目风险管理人员的必备技能，也是提高建设项目风险管理效能的基本保证。

建设项目风险规划，是在建设项目正式启动前或启动初期，对项目、项目风险的一个统筹考虑、系统规划和顶层设计的过程，开展建设项目风险规划是进行建设项目风险管理的基本要求，也是进行建设项目风险管理的首要职能。

建设项目风险规划是规划和设计如何进行项目风险管理的动态创造性过程，该过程主要包括定义项目组织及成员风险管理的行动方案与方式，选择适合的风险管理方法，确定风险判断的依据等，用于对风险管理活动的计划和实践形式进行决策，它的结果将是整个项目风险管理的战略性和寿命期的指导性纲领。在进行风险规划时，主要应考虑的因素有：项目图表、风险管理策略、预定义的角色和职责、雇主的风险容忍度、风险管理模板和工作分解结构 WBS 等。

2.1.2 风险规划的任务

建设项目风险规划是确定一套系统全面的、有机配合的、协调一致的策略和方法并将其形成文件的过程，形成的文件为风险管理计划。风险管理计划要说明如何把风险分析和管理步骤应用于项目之中，该文件详细地说明风险识别、风险估计、风险评价和风险控制过程的所有方面。风险管理计划还要说明项目整体风险评价基准是什么，应当使用什么样的方法以及如何参照这些风险评价基准对项目整体风险进行评价。

1. 风险管理计划制定的依据

（1）项目范围说明书

项目范围说明书描述项目应该产生的成果和项目交付的特征，并在此基础上明确和规定项目利益相关者之间希望达成共识的项目范围，通过项目范围说明书可确定最终可能需要多大程度的风险管理。

（2）成本管理计划

成本管理计划是为实现项目成本目标所制定的管理计划。成本管理计划为风险管理计划定义了如何核定和报告风险预算、应急储备和管理储备。

（3）进度管理计划

进度管理计划确定进度计划编制的方法和工具，为编制进度计划、控制项目进度设定格式和准则。进度管理计划为风险管理计划定义了如何核定和报告进度应急储备。

（4）沟通管理计划

沟通管理计划是对于项目全过程的沟通内容、沟通方法、沟通渠道等方面的计划与安排。沟通管理计划明确了各种风险及其应对措施信息的共享。

（5）决策者的对风险的态度

决策者对于风险的态度决定组织愿意和能够承受的风险程度以及组织愿意为风险管理付出的代价。

（6）类似建设项目的风险管理资料

以前从事过的类似建设项目的风险管理资料为管理者进行项目的风险规划、风险识别、风险应对计划的制订等提供非常可贵的参考。

2. 风险管理计划的内容

风险管理计划的内容主要包括：

（1）方法

有效的建设项目风险管理必须采取一定的方法。项目管理者必须结合建设项目特点、自身的管理水平和能力、可用的资源等实际情况，确定项目风险管理使用的方法、工具和数据资源，这些内容可随项目阶段及风险评估情况做适当的调整。

（2）人员

进行建设项目风险管理需要建立项目风险管理小组，该风险管理小组负责建设项目风险的识别、估计、评价等具体风险管理工作。风险管理小组的规模由建设项目的规模和复杂性来决定，小组组长一般由项目经理担任，主要负责定期召集小组举行例会，识别项目风险，制定项目风险应对措施，并赋予实施。小组成员由项目业务负责人或业务骨干以及项目管理人员组成，负责协助组长识别有关业务方面存在的项目风险，制定项目风险管理计划，执行与自身业务有关的项目风险计划。如果项目组缺乏建设项目风险管理的知识和经验，可以聘请项目外部的风险管理专家来担任顾问，支持建设项目风险管理小组的工作。建设项目风险管理计划要明确风险管理活动中领导者、支持者及参与者的角色定位、任务分工及其各自的责任、能力要求。个人管理风险的能力各不相同，但为了有效地管理风险，项目风险管理人员必须具备一定的管理能力和技术水平。

（3）时间周期

为保证建设项目风险管理的及时和有效，在风险管理计划中必须制定出风险管理时间表，用以界定项目生命周期中风险管理过程的各运行阶段及过程评价、控制和变更的时间或周期，例如，在建设项目过程中多长时间进行一次项目风险的识别和度量以及何时采取项目风险应对措施等。

（4）预算·

建设项目风险管理需要投入一定数量的人力、物力和财力等资源，为使这些资源得到有效使用，必须制定项目风险管理的预算。预算涉及两个方面：一是项目风险投入决策，说明项目资源投入多少、投到哪里、何时投入等决策问题；二是项目风险利益的大小，指投入资源后建设项目的风险是否降低到可接受的水平，投入的资源是否取得了应有的效果等。

（5）风险度量和应对方法

定义并说明风险评估和风险量化的类型级别、风险度量和应对的具体方法，明确的定义和说明对于防止决策滞后和保证过程连续是很重要的，对于是否应该对某一项项目风险采取行动以及如何采取行动也是非常重要的。

（6）风险基准

定义风险决策时用到的风险基准，根据该基准项目决策者可以判断某类风险或项目整体的风险大小，即决策者判断某类风险可接受还是不可接受，项目风险太大而放弃项目还是风险小而继续实施该项目。风险基准一般采用阈值表示，阈值的设置要把握尺度，如果基准设计过松则会发生漏报；如果基准设置过严则会导致误警。

（7）汇报形式

规定风险管理各过程中应汇报或沟通的内容、范围、渠道、方式、时间和频率等。汇报与沟通应包括项目团队内部之间的沟通及项目外部与投资方等项目利益相关者之间的沟通。

（8）跟踪

跟踪是指对建设项目各种风险管理工作和过程的跟踪审计。由于项目风险管理是一个动态的过程，因此要对项目风险不断进行跟踪评估，包括：监测已识别出的风险变化、实际环境的发展变化、新风险的产生、应对策略的实施等。风险管理计划中规定如何以文档的方式记录项目过程中风险及风险管理的跟踪审计过程，这些文档对当前项目的管理、项目的监控、经验教训的总结及日后项目的指导等有效。

2.2 风险规划的技术和工具

2.2.1 规划会议和分析

风险规划的主要工具是召开风险规划会议，参加人包括项目经理和负责项目风险管理的团队成员，通过风险管理规划会议，确定实施风险管理活动的总体计划，确定风险管理的方法、工具、报告、跟踪形式以及具体的时间计划等，会议的结果是制定一套项目风险管理计划。有效的风险管理规划有助于建立科学的风险管理机制。

2.2.2 项目工作分解结构

工作分解结构图（WBS，Work Breakdown Structure）是将项目按照其内在结构或实施过程的顺序进行逐层分解而形成的结构示意图，它可以将项目分解到相对独立的、内容单一的、易于成本核算与检查的工作单元，并能把各工作单元在项目中的地位与构成直观地表示出来。

1. WBS 单元级别

WBS 单元是指构成分解结构的每一独立组成部分。WBS 单元应按所处的层次划分级别，从顶层开始，依次为 1 级、2 级、3 级，一般可分为 6 级或更多级别。

工作分解既可按项目的内在结构，也可按项目的实施顺序。同时，由于项目本身复杂程度、规模大小也各不相同，从而形成了 WBS 的不同层次。根据项目的相关术语定义，

WBS 的基本层次如图 2-1 所示。

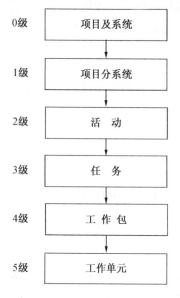

图 2-1 6 级 WBS 示意图

0级　项目及系统
1级　项目分系统
2级　活　动
3级　任　务
4级　工作包
5级　工作单元

在实际的项目分解中，有时层次较少，有时层次较多，不同类型的项目会有不同的项目分解结构图，如建设项目的 WBS 图与飞机制造的 WBS 图是完全不一样的。

2. WBS 在建设项目风险规划中的应用

WBS 是实施项目、创造最终产品或服务所必须进行的全部活动的一张清单，是进度计划、人员分配、预算计划的基础，是对项目风险实施系统工程管理的有效工具。WBS 在建设项目风险规划中的应用主要体现在以下两个方面：

（1）将风险规划工作看成一个项目，采用 WBS 把风险规划工作细化到工作单元；

（2）针对风险规划工作的各项工作单元分配人员、预算、资源等。

3. 风险规划的 WBS 制定

运用 WBS 对风险规划工作进行分解时，一般应遵循以下步骤：

（1）根据建设项目的规模及其复杂程度以及决策者对于风险规划的要求确定工作分解的详细程度。如果分解过粗，可能难于体现规划内容；分解过细，会增加规划制定的工作量。因此，在工作分解时要考虑下列因素：

1）分解对象。若分解的是大而复杂的建设项目风险规划工作，则可分层次分解，对于最高层次的分解可粗略，再逐级往下，层次越低，可越详细；若需分解的是相对小而简单的建设项目风险规划工作，则可简略一些。

2）使用者。对于项目经理分解不必过细，只需要让他们从总体上掌握和控制规划即可；对于规划的执行者，则应分解得较细。

3）编制者。编制者对建设项目风险管理的专业知识、信息、经验掌握得越多，则越可能使规划的编制粗细程度符合实际的要求；反之则有可能失当。

（2）根据工作分解的详细程度，将风险规划工作进行分解，直至确定的、相对独立的工作单元。

（3）根据收集的信息，对于每一个工作单元，尽可能详细地说明其性质、特点、工作内容、资源输出（人、财、物等），进行成本和时间估算，并确定负责人及相应的组织机构。

（4）责任者对该工作单元的预算、时间进度、资源需求、人员分配等进行复核，并形成初步文件上报上级机关或管理人员。

（5）逐级汇总以上信息并明确各工作单元实施的先后次序，即逻辑关系。

（6）形成风险规划的工作分解结构图，用以指导风险规划的制定。

2.3 案例分析

1. 建设项目概述

该建设项目为香港著名房地产开发商开发，由国内某建设工程有限公司承建。通过调查，业主的资信度较好，但业主与承建商签订的施工合同条款非常苛刻，且明显具有较强的对抗施工企业"二次经营"的痕迹，对工程变更和现场签证控制都非常严格。本工程通过激烈的市场竞争使得中标价低于常规价格，项目投资方作为一个有经验的房地产开发商，在投标的过程中就将其面临的风险进行了化解，并以国际通行 FIDIC 合同条件作为蓝本，将对业主不利的条款进行修改，这一切使得承建商处于劣势。与此同时，建筑材料尤其是钢材受国际市场价格影响，在建设期内涨幅较大。对于项目管理者来讲，该项目存在巨大的成本风险，稍有不慎就将面临严重亏损。

2. 项目风险管理体系

该项目部按照建设工程股份有限公司要求与标准，制定了该高层住宅项目的风险管理体系。主要包括：项目风险管理通则、项目风险管理的职责划分、项目风险管理计划、项目风险管理主要业务流程和项目风险管理主要表格。

3. 项目风险管理通则

（1）该建设项目风险管理贯穿于项目管理的全过程，一般包括项目投标、项目实施和项目收尾三个阶段。

（2）风险管理的内容包括五个方面，即：识别项目风险、风险评估与分析、风险规划与对策、对策的实施、监督与检查。

（3）该建设工程项目部必须建立项目风险管理体系，落实各层次风险管理责任部门和责任人，有效控制和管理项目全过程中的各种风险，以保证项目目标的实现。

（4）该建设项目风险管理责任部门应根据自身实际情况对工程项目风险进行分类并建立风险判断的量化标准。

4. 项目风险管理的职责划分

（1）项目全过程风险管理的主要责任部门是局及下属各级单位的项目管理部。其管理职责包括：

1）负责建立典型的项目风险分类；

2）负责编制各阶段风险管理流程并督促风险管理责任部门和责任人按照流程对风险进行通报和管理；

3）对各部门或项目建议的风险应对方案提出决策意见；

4）负责对风险对策所需投入的资源、时间和收益进行预测；

5）负责对企业整体风险管理的有效性进行监督和评估；

6）负责企业风险管理成果和数据库的更新。

（2）项目投标阶段风险管理的主要责任部门是各级单位的市场商务部。其管理职责包括：

1）负责根据招投标阶段风险管理流程对拟投标项目组织风险识别和评估，确定风险等级；

2）重点评估业主的资信风险、项目的工期风险以及成本风险；

3）输出该阶段工作成果：风险评估报告。

（3）项目实施阶段风险管理的主要责任部门是项目经理部。其管理职责包括：

1）对施工过程中可能出现的风险因素进行识别，并就其对项目的影响程度进行排序；

2）确定实施项目风险管理的方法、工具及数据来源；

3）确定风险管理计划中每项活动的责任人及各自职责；

4）分配资源，并估算风险管理所需费用，将之纳入项目费用预算；

5）明确项目实施风险管理过程的次数和总结汇报的频率，并确定应纳入项目进度计划的风险管理活动；

6）负责识别和分析新的项目风险并制定风险应对措施；

7）负责按期上报风险管理报告。

5. 项目风险管理计划

（1）该项目风险管理程序

风险识别→风险评估→风险应对→风险监控

（2）项目风险管理计划制定的依据

1）项目范围说明；

2）投标文件与工程合同；

3）项目工作结构分解；

4）项目进度安排；

5）项目管理策划的其他结果；

6）企业风险管理程序和有关规定；

7）其他各种信息和历史资料。

（3）项目风险管理计划的内容

1）风险管理目标；

2）风险管理范围；

3）项目主要风险识别、评估、排序；

4）风险应对措施和风险的跟踪监控；

5）风险管理的职责与权限；

6）必需的资源和费用预算；

7）采用的风险管理方法、工具。

6. 风险管理业务流程规划

（1）招投标阶段的风险管理业务流程规划

该高层住宅建设项目招投标阶段的风险管理业务流程规划如图 2-2 所示：

（2）项目实施阶段的风险管理业务流程规划

该高层住宅建设项目实施阶段的风险管理业务流程规划如图 2-3 所示：

（3）项目后评价阶段的风险管理业务流程规划

该高层住宅建设项目后评价阶段的风险管理业务流程规划如图 2-4 所示：

7. 项目风险管理主要表格

在该项目中，常用的风险管理表格包括项目风险登记表、项目风险评估表和项目风险管理计划表，见表 2-1、表 2-2 和表 2-3，这些表格的正确填写强化了工程项目的风险管理工作，保证了该项目的顺利进行。

工作内容	完成时间	工作输入	职责部门	工作输出
业主资信风险	对业主资信调查结束后7日内	业主近三年经营情况、财务状况和本项目资金筹集情况	组织:商务部经理 主办:负责跟踪的人员 协办:商务部相关人员	业主资信评估报告
项目成本风险	取得招标文件或施工图纸后7日内	招标文件;施工图纸;企业基础成本数据和资料	组织:商务部经理 主办:商务部造价师 复核:项目管理部	项目成本费用估算书
项目财务风险	收到项目费用估算书后7日内	招标文件;业主资信评估报告;项目费用估算书;施工进度计划		
招投标阶段风险评估	投标决策前7日内	招标文件;业主资信评估报告;项目费用估算;项目资金预测	组织:主管经营副总 主办:市场商务部 协助:相关职能部门	项目投标风险评估报告

图 2-2　该高层住宅建设项目招投标阶段的风险管理业务流程规划图

工作内容	完成时间	工作输入	职责部门	工作输出
项目施工阶段风险识别	项目中标后7日内	招标文件;合同和协议书;项目风险评估报告;项目管理策划书	组织:主管生产副总 主办:项目管理部 协助:相关职能部门、项目经理	项目风险登记册(初步)
项目施工阶段风险分析	项目风险识别后3日内	项目风险登记册;企业项目风险管理规划模板	组织:主管生产副总 主办:项目管理部 协助:相关职能部门、项目经理	项目风险登记册(更新)
项目施工阶段风险管理计划	项目风险识别后15日内	招标文件;合同和协议书;项目管理策划书;项目风险登记册	组织:主管生产副总 主办:项目管理部 协助:相关职能部门、项目经理	项目风险管理计划书
对已识别风险的管理和监控	规定的项目风险管理各过程	项目风险管理计划书;项目变更和签证;项目月度经济活动分析	组织:项目部经理 主办:项目部风险管理职责部门 监督:上级单位项管部	项目风险发生情况和应对措施的实际结果
对新风险的识别和应对	规定的项目风险管理各过程	项目风险管理计划书;项目变更和签证;项目月度经济活动分析	组织:项目部经理 主办:项目部风险管理职责部门 监督:上级单位项管部	新识别的项目风险清单和推荐的应对措施
项目风险管理计划的实施与控制	规定的项目风险管理各过程	项目风险管理计划书;已识别风险的实际控制结果;新识别风险的应对措施	组织:项目部经理 主办:项目部风险管理职责部门 监督:上级单位项管部	

图 2-3　该高层住宅建设项目实施阶段的风险管理业务流程规划图

工作内容	完成时间	工作输入	职责部门	工作输出
项目风险管理成果总结	项目竣工审计后1个月内	各阶段项目风险管理进展报告；项目保本保利分析报告	组织：项目经理部经理 主办：项目部风险管理职责部门	项目风险管理成果评估总结报告
企业风险管理模板更新	项目承包兑现审计后1个月内			更新的项目风险登记册；更新的项目管理计划模板；更新的项目风险分解结构

图2-4　该高层住宅建设项目后评价阶段的风险管理业务流程规划图

项目风险登记表　　　　　　　　　　　　　　　　　　　表2-1

已识别的风险因素	风险来源	影响的项目阶段	发生的概率	评定的等级	预防措施

项目风险评估表　　　　　　　　　　　　　　　　　　　表2-2

主要风险因素	风险等级	风险权重	综合得分	评定人签字
业主资信				
项目工期				
成本风险				
资金风险				
……				
项目总风险				

项目风险管理计划表　　　　　　　　　　　　　　　　　表2-3

项目风险来源	项目风险因素	风险应对措施	风险管理责任人	风险应对时间和资源	风险管理目标

2.4　本章小结

　　风险规划是项目风险管理的有机组成部分，是实施项目风险管理的基本依据。本章首先从系统的角度论述了风险规划过程，介绍了风险规划的过程活动，主要包括：为严重风险确定风险设想，制订风险管理计划，建立风险预防的阈值等；其次，描述了风险管理计划的基本内容及基本要求，项目风险管理计划至少应包括：方法、人员、时间周期、预算、风险度量和应对方法、风险基准、汇报形式、跟踪等；最后，介绍了风险规划技术和工具，其关键是应建立有效的风险规划管理机制，保证风险管理计划的有效性。同时，要善于利用组织学习功能，诸如召开风险管理规划会议等，集思广益，科学决策，确定风险管理的方法、工具、报告和跟踪形式以及具体的时间计划等主要内容，绘好项目风险管理的蓝图。

复习思考题

1. 什么是建设项目风险规划？
2. 制订风险管理计划的依据有哪些？
3. 风险管理计划包括哪几方面的内容？
4. 常用的风险规划技术和方法有哪些？

第3章 风险识别

3.1 风险识别概述

3.1.1 风险识别的含义

建设项目风险识别（Risk Identification）是对存在于项目中的各类风险源或不确定性因素，按其产生的背景、表现特征和预期后果进行界定和识别，对建设项目风险因素进行科学分类。简而言之，建设项目风险识别就是确定何种风险事件可能影响项目，并将这些风险的特性整理成文档，进行合理分类。

建设项目风险识别是风险管理的首要工作，也是风险管理工作中的最重要阶段。由于项目的全寿命周期中均存在风险，因此，项目风险识别是一项贯穿于项目实施全过程的项目风险管理工作。它不是一次性的工作，而应是有规律的贯穿整个项目中，并基于项目全局考虑，避免静态化、局部化和短视化。

建设风险识别是项目管理者识别风险来源、确定风险发生条件、描述风险特征并评价风险影响的过程。通过风险识别，应该建立以下信息：

（1）存在的或潜在的风险因素；

（2）风险发生的后果，影响的大小和严重性；

（3）风险发生的概率；

（4）风险发生的可能时间；

（5）风险与本项目或其他项目及环境之间的相互影响。

3.1.2 风险识别的作用

风险识别是风险管理的基础，没有风险识别的风险管理是盲目的。通过风险识别，才能使理论联系实际，把风险管理的注意力集中到具体的项目上来。通过风险识别，可以将那些可能给项目带来危害和机遇的风险因素识别出来。风险识别是制定风险应对计划的依据，其作用主要有以下几点：

（1）风险识别可以帮助我们找出最重要的合作伙伴，为以后的管理打下基础；

（2）风险识别为风险分析提供必要的信息，是风险分析的基础性工作；

（3）通过风险识别可以确定被研究的体系或项目的工作量；

（4）风险识别是系统理论在项目管理中的具体体现，是项目计划与控制的重要基础性工作；

（5）通过风险识别，有利于项目组成员树立项目成功的信心。

3.1.3　风险识别的特点

建设项目风险识别具有如下一些特点：

（1）全员性。建设项目风险的识别不只是项目经理或项目组个别人的工作，而是项目组全体成员参与并共同完成的任务。因为每个项目组成员的工作都会有风险，每个项目组成员都有各自的项目经历和项目风险管理经验。

（2）系统性。建设项目风险无处不在，无时不有，决定了风险识别的系统性。即项目寿命期过程中的风险都属于风险识别的范围。

（3）动态性。风险识别并不是一次性的，在项目计划、实施甚至收尾阶段都要进行风险识别。根据项目内部条件、外部环境以及项目范围的变化情况适时、定期进行项目风险识别是非常必要和重要的。因此，风险识别在项目开始、每个项目阶段中间、主要范围变更批准之前进行。它必须贯穿于项目全过程。

（4）信息性。风险识别需要做许多基础性工作，其中重要的一项工作是收集相关的项目信息。信息的全面性、及时性、准确性和动态性决定了项目风险识别工作的质量和结果的可靠性和精确性，项目风险识别具有信息依赖性。

（5）综合性。风险识别是一项综合性较强的工作，除了在人员参与上、信息收集上和范围上具有综合性特点外，风险识别的工具和技术也具有综合性，即风险识别过程中要综合应用各种风险识别的技术和工具。

3.1.4　风险识别的依据

项目风险识别的主要依据包括：风险管理计划，项目规划，历史资料，风险种类，制约因素与假设条件。

1. 风险管理计划

项目风险管理计划是规划和设计如何进行项目风险管理的过程，它定义了项目组织及成员风险管理的行动方案及方式，指导项目组织如何选择风险管理方法。项目风险管理计划针对整个项目生命周期制定如何组织和进行风险识别、风险估计、风险评价、风险应对及风险监控的规划。从项目风险管理计划中可以确定：

（1）风险识别的范围；

（2）信息获取的渠道和方式；

（3）项目组成员在项目风险识别中的分工和责任分配；

（4）重点调查的项目相关方；

（5）项目组在识别风险过程中可以应用的方法及其规范；

（6）在风险管理过程中应该何时、由谁进行哪些风险重新识别；

（7）风险识别结果的形式、信息通报和处理程序。

因此，项目风险管理计划是项目组进行风险识别的首要依据。

2. 项目规划

项目规划中的项目目标、任务、范围、进度计划、费用计划、资源计划、采购计划及项目承包商、业主方和其他利益相关方对项目的期望值等都是项目风险识别的依据。

3. 历史资料

项目风险识别的重要依据之一就是历史资料，即从本项目或其他相关项目的档案文件中、从公共信息渠道中获取对本项目有借鉴作用的风险信息。以前做过的、同本项目类似的项目及其经验教训对于识别本项目的风险非常有用。项目管理人员可以翻阅过去项目的档案，向曾参与该项目的有关各方征集有关资料，这些人手头保存的档案中常常有详细的记录，记载着一些事故的来龙去脉，这对本项目的风险识别极有帮助。

4. 风险种类

风险种类指那些可能对项目产生正面或负面影响的风险源。一般的风险类型有技术风险、质量风险、过程风险、管理风险、组织风险、市场风险及法律法规变更等。项目的风险种类应能反映出项目所在行业及应用领域的特征，掌握了各风险种类的特征规律，也就掌握了风险辨识的钥匙。

5. 制约因素与假设条件

项目建议书、可行性研究报告、设计等项目计划和规划性文件一般都是在若干假设、前提条件下估计或预测出来的。这些前提和假设在项目实施期间可能成立，也可能不成立。因此，项目的前提和假设之中隐藏着风险。项目必然处于一定的环境之中，受到内外许多因素的制约，其中国家的法律、法规和规章等因素都是项目活动主体无法控制的，这些构成了项目的制约因素，都是项目管理人员所不能控制的，这些制约因素中隐藏着风险。为了明确项目计划和规划的前提、假设和限制，应当对项目的所有管理计划进行审查。例如：

（1）审查范围管理计划中的范围说明书能揭示出项目的成本、进度目标是否定得太高，而审查其中的工作分解结构，可以发现以前未曾注意到的机会或威胁；

（2）审查人力资源与沟通管理计划中的人员安排计划，能够发现对项目的顺利进展有重大影响的那些人，可判断这些人员是否能够在项目过程中发挥其应有的作用。这样就会发现该项目潜在的威胁；

（3）审查项目采购与合同管理计划中有关合同类型的规定和说明。不同形式的合同，规定了项目各方承担不同的风险。外汇汇率对项目预算的影响，项目相关方的各种改革、并购及战略调整给项目带来直接和间接的影响。

3.1.5 风险识别的步骤

建设项目风险识别过程通常需要如下五个步骤：

（1）确定目标。不同建设项目，偏重的目标可能各不相同。有的项目可能偏重于工期保障目标，有的则偏重于成本控制目标，有的偏重于安全目标，有的偏重于质量目标，不同项目管理目标对风险的识别，自然不完全相同；

（2）确定最重要的参与者。建设项目管理涉及多个参与方，涉及众多类别管理者和作业者。风险识别是否全面、准确，需要来自不同岗位人员的参与；

（3）收集资料。除了对建设项目的招、投标文件等直接相关文件认真分析，还要对相关法律法规、地区人文民俗、社会及经济金融等相关信息进行收集和分析；

（4）估计项目风险形势。风险形势估计就是要明确项目的目标、战略、战术以及实现项目目标的手段和资源，以确定项目及其环境的变数。通过项目风险形势估计，确定和判断项目目标是否明确，是否具有可测性，是否具有现实性，有多大不确定性；分析保证项目目标实现的战略方针、战略步骤和战略方法；根据项目资源状况分析实现战略目标的战术方案存在多大的不确定性，彻底弄清项目有多少可用资源。通过项目风险形势的估计，可对项目风险进行初步识别；

（5）根据直接或间接的征兆，将潜在项目风险识别出来。

3.2 常用的风险识别方法

需要说明的是，项目风险识别不是一次性的工作，它需要更多系统的、横向的思考，并需要借助一些分析技术和工具。借助这些手段，识别风险的效率高而且操作规范，不容易产生遗漏。在具体应用过程中要结合项目的具体情况，组合起来应用这些工具。

3.2.1 核对表

风险识别实际是关于将来风险事件的设想，是一种预测。核对表，是管理中用来记录和整理数据的常用工具。用它进行风险识别时，将项目可能发生的许多潜在风险列于一个表上，供识别人员进行检查核对，用来判别某项目是否存在表中所列或类似的风险。核对表中所列的内容都是历史上类似项目曾发生过的风险，例如以前项目成功或失败的原因、项目其他方面规划的结果（范围、成本、质量、进度、采购与合同、人力资源与沟通等计划成果）、项目产品或服务的说明书、项目班子成员的技能、项目可用的资源等。除此以外，还可以到保险公司去索取资料，认真研究其中的保险案例，防止将那些重要风险因素忽略掉。表 3-1 就是一张项目管理成功与失败原因的核对表。

项目管理成功与失败原因核对表　　　　　　　　　　　　表 3-1

项目管理成功的原因	项目管理失败的原因
● 项目目标清楚，风险措施切实可行； ● 与项目各参与方共同决策； ● 项目各方的责任和承担的风险明确划定； ● 项目所有的采购、设计和实施都进行了多方案比较论证； ● 对项目规划阶段进行了潜在问题分析（包括组织和合同问题）； ● 委派了非常敬业的项目经理并给予充分的授权； ● 项目团队精心组织，能力强，沟通和协作好，集体讨论项目重大风险问题； ● 制定了针对外部环境变化的预案并及时采取了行动； ● 进行了项目组织建设，表彰和奖励及时、有度； ● 对项目组成员进行了有计划和针对性的培训	● 项目决策前未进行可行性研究或论证； ● 项目提出非正常程序，从而导致项目业主缺乏动力； ● 沟通不够，决策者远离项目现场，项目各有关方责任界定不清； ● 规划工作做得不细，计划无弹性或缺少灵活性； ● 项目分包层次太多； ● 把工作交给了不称职的人，同时又缺少检查、指导； ● 变更不规范、无程序，或负责人、责任、项目范围、项目计划频繁变更； ● 决策前的沟通和信息收集不够，未征求各方意见； ● 未能对经验教训进行分析； ● 其他错误

核对表的优点在于使风险识别的工作变得较为简单，容易掌握。缺点是对单个风险的来源描述不足，没有揭示出风险来源之间的相互依赖关系，对指明重要风险的指导力度不

足，而且受制于某些项目的可比性，有时候不够详尽，没有列入核对表的风险容易发生遗漏。

制定核对表的过程如下：

（1）对问题有个准确的表述，确保达到意见统一。

（2）确定资料收集者和资料来源，内容包括：

1）资料收集人根据具体项目而定，资料来源可以是个体样本或总体；

2）资料收集人要有一定的耐心、时间和专业知识，以保证资料的真实可靠；

3）收集时间要足够长，以保证收集的数据能够体现项目风险规律；

4）如果在总体中有不同性质的样本，在抽样调查时要进行分类。

（3）设计一个方便实用的检查表。

经过系统地收集资料，并进行初步的整理、分类和分析，就可着手制作核对表。

在复杂的工作中，为避免出现重复或遗漏，采取工作核对表，每完成一项任务就要在核对表上标出记号，表示任务已结束。

需要说明的是，核对表的格式结合实际需要，可灵活掌握，表3-2就是一个关于工程项目总体风险核对表的一个样式。

工程项目总体风险核对表 表3-2

风 险 因 素	识别标准	风 险 评 估		
		低	中	高
1. 项目的环境				
• 项目的组织机构；	稳定/胜任	☐	☐	☐
• 组织对环境的影响；	较小	☐	☐	☐
• 项目对环境的影响；	较低	☐	☐	☐
• 政府的干涉程度；	较小	☐	☐	☐
• 政策的透明程度；	透明	☐	☐	☐
……				
2. 项目管理				
• 业主对同类项目的经验；	有经验	☐	☐	☐
• 项目经理的能力；	经验丰富	☐	☐	☐
• 项目管理技术；	可靠	☐	☐	☐
• 切实地进行了可行性研究；	详细	☐	☐	☐
• 承包商富有经验、诚信可靠；	有经验	☐	☐	☐
……				
3. 项目性质				
• 工程的范围；	通常情况	☐	☐	☐
• 复杂程度；	相对简单	☐	☐	☐
• 使用的技术；	成熟可靠	☐	☐	☐
• 计划工期；	可合理顺延	☐	☐	☐
• 潜在的变更；	较确定	☐	☐	☐
……				

风 险 因 素	识别标准	风 险 评 估		
		低	中	高
4. 项目人员				
• 基本素质;	达到要求	□	□	□
• 参与程度;	积极参与	□	□	□
• 项目监督人员;	达到要求	□	□	□
• 管理人员的经验;	经验丰富	□	□	□
……				

3.2.2 流程图

流程图是又一种项目风险识别的常用工具。借助于流程图可以帮助项目识别人员去分析和了解项目风险所处的具体项目环节、项目各个环节之间存在的风险以及项目风险的起因和影响。通过对项目流程的分析,可以发现和识别项目风险可能发生在项目的哪个环节或哪个地方以及项目流程中各个环节风险影响的大小。

项目流程图是用于给出一个项目的工作流程,项目各个不同部分之间的相互联系等信息的图标。项目流程图包括:项目系统流程图、项目实施流程图、项目作业流程图等多种形式以及不同详细程度的项目流程图。借用这些流程图去全面分析和识别项目的风险。

绘制项目流程图的步骤:

首先,确定工作过程的起点(输入)和终点(输出);

其次,确定工作过程经历的所有步骤和判断;

最后,按顺序连接成流程图。

流程图用来描述项目工作的标准流程,它与网络图的不同之处在于:流程图的特色是判断点,而网络图不能出现闭环和判断点。流程图用来描述工作的逻辑步骤,而网络图用来排定项目工作时间。

3.2.3 头脑风暴法

头脑风暴法又叫集思广益法,它是通过营造一个无批评的、自由的会议环境,使与会者畅所欲言,充分交流、互相启迪,产生出大量创造性意见的过程。

头脑风暴法以共同目标为中心,参会人员在他人的看法上建立自己的意见。它可以充分发挥集体的智慧,提高风险识别的正确性和效率。

头脑风暴法包括收集意见和对意见进行评价两个阶段,共计五个过程:

(1)人员选择。参加头脑风暴会议的人员主要由风险分析专家、风险管理专家、相关专业领域的专家以及具有较强逻辑思维能力、总结分析能力的主持人组成。主持人是一个非常重要的角色,通过他的引导、启发可以充分发挥每个与会者的经验和智慧火花。要求主持人要尊敬他人,不要喧宾夺主,要善于鼓励组员参与,主持人要理解力强并能够忠实地记录,要善于创造一个和谐开放的会议气氛。主持人要具有较高的素质,特别是反应灵敏、较高的归纳力和较强的综合能力。

（2）明确中心议题，并醒目标注。各位专家在会议中应集中讨论的议题主要包括：如果承接某个工程、从事新产品开发与风险投资等项目时会遇到哪些风险，这些风险的危害程度如何等。议题可以请两位组员复述，以确保每人都正确理解议题的含义。

（3）轮流发言并记录。无条件接纳任何意见，不加以评论。在轮流发言时，任何一个成员都可以先不发表意见而跳过。应尽量原话记录每条意见，主持人应一边记录一边与发言人核对表述是否准确。一般可以将每条意见用大号字写在白板或大张白纸上。

（4）发言终止。轮流发言的过程可以循环进行，但当每个人都曾在发言中跳过（暂时想不出意见）时，发言即可停止。

（5）对意见进行评价。组员在轮流发言停止之后，共同评价每一条意见。最后由主持人总结出几条重要结论。所以头脑风暴会要求主持人要有较高的素质和较强的归纳、综合能力。

应用头脑风暴法要遵循一个原则：即发言过程中没有讨论，不进行判断性评论。

3.2.4 情景分析法

1. 情景分析法的基本含义

情景分析法就是通过有关数字、图表和曲线等，对项目未来的某个状态或某种情况进行详细的描绘和分析，从而识别引起项目风险的关键因素及其影响程度的一种风险识别方法。它注重说明某些事件出现风险的条件和因素，并且还要说明当某些因素发生变化时，又会出现什么样的风险，会产生什么样的后果等。

2. 情景分析法的主要功能

情景分析法在识别项目风险时主要表现为以下四个方面的功能：

（1）识别项目可能引起的风险性后果，并报告提醒决策者；

（2）对项目风险的范围提出合理的建议；

（3）就某些主要风险因素对项目的影响进行分析研究；

（4）对各种情况进行比较分析，选择最佳结果。

3. 情景分析法的主要过程

情景分析法可以通过筛选、监测和诊断，给出某些关键因素对于项目风险的影响。

（1）筛选。所谓筛选，就是按一定的程序将具有潜在风险的产品过程、事件、现象和人员进行分类选择的风险识别过程。

（2）监测。监测是在风险出现后对事件、过程、现象、后果进行观测，记录和分析的过程。

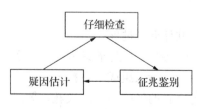

图 3-1　风险识别元素图

（3）诊断。诊断是对项目风险及损失的前兆、风险后果与各种起因进行评价与判断，找出主要原因并进行仔细检查。

图 3-1 是一个描述筛选、监测和诊断关系的风险识别元素图。该图表述了风险因素识别的情景分析法中的三个过程使用着相似的工作元素，即疑因估计、仔细检查和征兆鉴别三种工作，只是在筛选、监测和诊断这三种过程中，这三项工作的顺序不同。具体顺序如下：

筛选：仔细检查→征兆鉴别→疑因估计

监测：疑因估计→仔细检查→征兆鉴别

诊断：征兆鉴别→疑因估计→仔细检查

3.2.5 德尔菲法

德尔菲法是一种反馈匿名函询法。其做法是：在对所要预测的问题征得专家意见之后，进行整理、归纳、统计，再匿名反馈给各专家，再次征求意见，再集中，再反馈，直至得到稳定的意见。其过程可简单表示如下：

匿名征求专家意见→归纳、统计→匿名反馈→归纳、统计→……，若干轮后，停止。

德尔菲法的应用步骤如下：

第一步：挑选企业内部、外部的专家组成小组，专家们不会面，彼此互不了解；

第二步：要求每位专家对所研讨的内容进行匿名分析；

第三步：所有专家都会收到一份全组专家的集合分析答案，并要求所有专家在这次反馈的基础上重新分析，如有必要，该程序可重复进行。

3.2.6 敏感分析法

敏感性分析研究在项目寿命期内，当项目数（例如产量、产品价格、变动成本等）以及项目的各种前提与假设发生变动时，项目的性能（例如现金流的净现值、内部收益率等）会出现怎样的变化以及变化范围如何。敏感性分析能够回答哪些项目变数或假设的变化对项目的性能影响最大。这样，项目管理人员就能识别出风险隐藏在哪些项目变数或假设下。

此外，在项目风险识别过程中还可以应用树分析法和 WBS 法等，详细过程可参考其他部分的内容。

3.2.7 预先分析法

1. 预先分析法概念

预先分析法是指在每一项活动（如设计、生产等）开始之前，对项目存在的风险因素类型、产生的条件、风险的后果预先作概略分析。其优点在于，对项目风险因素的预测和识别是在活动开始之前，若发现风险因素，可立即采取防范措施，以避免由于考虑不周而造成的损失。这一分析方法，特别适合于新开发项目。一般来说，人们往往对新开发项目存在的风险因素缺乏足够的认识，因此，项目风险管理者必须重视对其风险因素的预先分析。

做好风险因素预先分析的关键在于：对生产目的、工艺过程、原材料、操作条件和环境条件要有充分的了解，通过预先分析，要力图找出可能造成损失的所有风险因素。为了使风险因素不致遗漏，而且预测和识别工作又能有条不紊地进行，必须按系统、子系统一步一步地进行分析。

2. 预先分析法过程

（1）分析项目发生风险的可能类型。通过对国内外相关项目风险进行广泛的调查研究，了解与本项目相关的、曾经出现过的风险事故；听取工程技术人员、操作人员讲述的经验、教训和建议；深入调查系统的外部环境（如地理位置、气候条件、社会环境等），以了解外部环境可能给项目带来的风险事故；仅凭经验还不可能认识潜在的风险（特别是对新材料、新工艺等），还必须对所用原材料和成品的物化性质、工艺流程等，从理论上进行深入分析，了解其可能出现的风险事故应属于哪一种类型。

所有项目风险都具有潜在的性质，为了迅速而又不遗漏地找出项目可能存在的风险，可从以下几方面进行：

1）有害物质。若项目中使用的原材料、半成品、成品具有毒性，则当毒品泄漏时，就可能造成生命、财产受损和环境污染的风险。

2）外力作用。外力是指自然力或项目系统发生的事故波及项目而对系统产生的作用力，外力作用所造成的事故取决于系统所处的地理位置和外部环境，要分析因外力作用而可能存在的风险，如环境变化。

3）能量失控。能量是人类赖以生存的条件，能量失控通常有化学形式和物理形式两种，由能量失控造成的事故主要有火灾和爆炸。

（2）深入调查项目风险源。弄清风险因素存在于哪些地方，其目的是确定项目风险源。在进行风险源调查时，风险管理者应具有广泛的知识，如必须了解物质的毒性、腐蚀性、可燃性、爆炸性以及爆炸条件、安全规程等。因此，风险源的调查必须系统、规范，以免有所遗漏，一般需要采用风险因素核对表。

（3）系统识别风险转化条件。项目风险只是一种产生危害或损失的可能性，风险源转变为危险状态或风险事故还需要特定的条件。风险源转化的条件，有些可能是单一的，有些可能是多样的，而这些条件的产生原因有可能是多种多样的。因此，在明确项目风险源的基础上，还必须系统分析风险源转化的内部、外部条件，准确掌握风险事故发生的机理，以便有针对性地采取防范措施。

（4）合理划分风险等级。为了有效实施风险管理，合理采取相应的防范或控制措施，在确定风险源、掌握风险事故发生机理的基础上，还必须确定出风险等级。划分型号项目风险等级，一般可按风险事故后果的严重程度来确定，共分为四级：

一级：后果可以忽略，可不采取控制措施。

二级：后果轻微，暂时还不会造成人员伤亡和系统破坏，可考虑采取控制措施。

三级：后果严重，会造成人员伤亡和系统破坏，需立即采取控制措施。

四级：灾难性后果，必须彻底消除或采取措施缓解风险事故严重后果。

预先分析法，是一种有效的项目风险分析方法，上述步骤给出了基本分析过程，在项目风险识别过程中可根据需要灵活运用，适当加以裁剪。风险预先分析法，一般以表格的形式来描述其分析结果。

3.2.8 常识、经验和判断

以前做过的项目积累起来的资料、数据、经验和教训，项目班子成员个人的常识、经验和判断在风险识别时非常有用。对于那些采用新技术、无先例可循的项目，更是如此。另外，把项目有关各方找来，同他们就风险识别进行面对面的讨论，也有可能触及一般规划活动中未曾或不能发现的风险。

3.3 风险识别的结果

风险识别的结果就是风险识别之后的输出，也是项目风险量化的输入，一般由项目风险来源表、风险征兆、风险的类型说明、其他要求四部分组成。

1. 项目风险来源表

项目风险来源表将所有已经识别出的项目风险罗列出来，并将每个风险来源加以说明。至少要包括如下一些说明：

（1）风险事件的可能后果；

（2）对该来源产生的风险事件预期发生时间所作的估计；

（3）对该来源产生的风险事件预期发生次数所作的估计。

2. 项目的风险征兆

风险征兆，有时候也被称为触发器或预警信号，是指风险已经发生或者即将发生的外在表现，是风险发生的苗头和前兆。

3. 项目风险的类型说明

为了便于进行风险分析、量化评价和管理，还应该对识别出来的风险进行分组或分类。一般可按项目阶段进行划分，也可以按照管理者或者其他角度进行划分。

建设项目的风险可以分为项目建议书、项目可行性研究、项目融资、项目设计、项目采购、项目实施及运营等7组，建设项目施工阶段的风险则可按照管理者分为业主风险和承包商风险两类。每一组和每一类风险都可以按照具体实际情况进一步细分。

4. 其他要求

项目管理是一个不断改进和不断完善的过程，因此任何一个阶段的工作结果都要包括对前面工作进行改进的建议和要求，项目风险识别工作的结果也是如此。

3.4 案例分析

项目为长江三峡水利枢纽工程（简称三峡工程），因位于长江干流三峡河段而得名。1992年4月3日，全国人大七届五次会议通过了《关于兴建长江三峡工程决议》。1993年初开始了施工准备和一期导流工程施工。1994年12月14日三峡工程正式开工。

三峡工程方案是：水库正常蓄水位175m（相对吴淞基面，以下均同），初期蓄水位156m。大坝坝顶高程185m，"一级开发，一次建成，分期蓄水，连续移民"。"一级开发"系指从三峡坝址到重庆之间的长江干流上只修建三峡工程一级枢纽；"一次建成"指工程按合理工期一次连续建成，不采用有些大型工程初期先按较小规模建设以后扩建的方式；"分期蓄水"指枢纽建成后水库运行水位分期抬高。以缓和水库移民的难度，并可通过初期蓄水运用时水库泥沙淤积的实际观测资料、验证泥沙试验研究的成果；"连续移民"则指移民分批不分期，连续搬迁。该工程分为枢纽工程、移民工程和输变电工程三大部分。工程建成后可产生巨大的防洪、发电和航运方面的效益与一定的水产、旅游、灌溉等方面的效益。

三峡工程由大坝、水电站厂房、通航建筑物等主要建筑物组成。选定的枢纽布置方案是：泄流坝段位于河床中部，即原主河槽部位，两侧为电站坝段及非泄流坝段；水电站厂房位于电站坝段坝后，另在右岸留有将来扩机的地下厂房位置；通航建筑物均位于左岸。大坝为混凝土重力坝，最大坝高175m，大坝轴线总长2309.47m。泄流坝段总长483m，设23个7m×9m（宽×高）的深孔和22个宽8m的表孔，深、表孔底高程分别为90m及158m。左厂房安装14台水轮发电机组，右厂房安装12台。永久船闸为双线5级连续梯级船闸，闸室有效尺寸为280m×34m×5m（长×宽×闸坎上水深），可通过万吨级船队；升船机为单线1级垂直升船机，承船厢有效尺寸为120m×18m×3.5m，可通过1条3000t级的客货轮；另设施工期临时通航船闸1座，闸室有效尺寸为240m×24m×4m。

工程施工分三期进行。一期工程主要在一期围堰范围内修建导流明渠和混凝土纵向围堰，同时进行左岸临时船闸和垂直升船机以及其他水上部分基础开挖的施工，工期3年；第二期工程主要是主河槽截流，填筑围主河槽的二期围堰，修建溢流坝及左岸大坝和厂房，同时进行永久船闸和升船机的施工，二期工程工期6年；第三期工程封堵导流明渠，并使三期围堰蓄水位至135m，二期工程中已建成的电厂即开始发电，升船机及永久船闸也开始通航，同时修建三期围堰内的右岸工程和进行左、右厂房的机组安装，三期工程工期6年。在一期工程之前还有准备工期3年，故工程总工期为18年，第一批机组开始发电工期为12年。

工程总投资（按水电项目投资估算惯例，包括枢纽工程投资及水库移民投资两部分，不包括电网输变电投资，该项投资列入电网投资内），按1986年不变价格计算，共324.2亿元。其中，枢纽工程投资187.67亿元，水库淹没补偿及移民安置费136.53亿元。如计入电网输变电投资62.82亿元，则该工程项目的总投资为387.02亿元。淹没区的人口为72.55万人，耕地35.69万亩，柑橘地7.44万亩。

三峡工程资金来源，主要有国家注入的资本金和银行贷款两部分。国家资金包括全国电网征收的三峡工程建设基金、葛洲坝电厂的利润和三峡电站施工期发电收入；工程贷款主要来自国家开发银行。不足部分通过发行国内债券以及利用进口设备的出口信贷向国外筹集。几年来，在国务院直接关心和有关部门的大力支持下筹资顺利，资金到位情况良好，为工程建设的顺利进行提供了条件。

三峡工程的建设管理实行项目法人责任制为中心的招标承包制、合同管理制和建设监理制。三峡工程最高层次的决策机构是国务院三峡工程建设委员会（简称三建委）。三建委下设办公室和移民开发局。办公室负责三建委的日常工作和需要由中央协调的各有关方面的关系。移民开发局负责制定水库移民安置的方针政策，审批移民规划并监督计划的实施。由国务院批准建立的中国长江三峡工程开发总公司（简称三峡总公司）是工程建设项目的法人，负责三峡工程的建设和建成后的运行管理，负责建设资金（包括枢纽工程费和移民费）的筹集和偿还。三峡工程的施工采用招标承包方式，优选施工承包单位，三峡工程施工监理由三峡总公司聘用有资格的设计、科研、施工单位承担。工程设计由长江水利委员会（简称长江委）组成。水库移民安置的实施工作由四川、湖北两省及库区淹没所涉及县的地方政府负责。

对该工程风险进行辨识时，首先应区分为投入与产出即费用与效益两部分分别进行辨识。采用的方法是，按照"分级分类"法进行。即把总费用和总效益分解成几个主要分项，再把各个分项分解为更小的分项，继续下去，然后对各个最小的分项进行风险辨识，以找出主要的风险因素。

1. 枢纽工程建设费用的风险辨识

枢纽工程建设费用支出主要用于以下 11 个项目,每个项目都具有各自不同的风险因素,而每个风险因素又都有其各自不同的作用机理:①资源费用;②现场准备工程和杂项费用;③第一期导流工程;④临时船闸工程;⑤第二期导流工程;⑥左岸电厂坝段和泄洪坝段;⑦左岸电厂施工;⑧第三期导流工程;⑨右岸电厂坝段和泄洪坝段;⑩永久梯级船闸;⑪工程、管理和建设单位的费用。

(1)资源费用

资源费用是枢纽工程建设投资中的第一大项,也是其投资风险的主要来源。资源是工程的骨架,一般在开工之前必须有计划地订购好,否则将影响工程进度。资源费用投资风险的一个特点,就是它是由社会、经济、政策等宏观现象引起的,是必然存在而不可避免的。引起资源费用投资风险的风险因素主要包括:劳动力;建设设备;水轮机和发电机;钢材;木材、水泥、石砂等建筑材料;材料供应不足;汇率。

(2)现场准备工程和杂项费用

在枢纽工程中,现场施工准备具有很大的不确定性。主要有以下几种:临时住宿基地;运输系统;服务系统;对外交通系统;对外通信系统;永久性基础设施。

工程施工过程中可能出现的风险因素有很大相似之处,但每个工程又都有其自身的特点。下面先在(3)中给出工程施工的一般风险因素,然后再分别论述每项工程的独特风险因素。

(3)工程施工的一般风险因素

工程施工的一般风险因素主要包括:基础清理和开挖;地基处理;材料开采;材料运输;材料加工;混凝土浇筑;劳动生产率;洪水;气候;地震;设备供应;设备损坏;施工质量控制;意外事故;施工管理工作;材料供应。

(4)第一期导流的特殊风险

1)导流明渠。导流明渠的开挖可能出现意外的难度,如基岩过硬、开挖进展过慢,或基岩破碎、需增加处理费用。

2)纵向导流围墙。导流围墙施工的难度很大。因为河流的流量很大,如果控制不好,填料可能一次次地被冲走,而且水上作业施工很不方便,施工进度很难预计准确。

(5)临时船闸工程

由于该工程航运流通量很大,所以施工时必须增设很多通航设备,如船闸、交通灯等。由于流量大而急,闸门很难控制,容易出现故障,影响通航,如果施工中出现超标准洪水,则甚至有可能冲毁船闸。

(6)第二期导流工程

第二期导流工程主要是建筑土石围堰。由于围堰是水中作业,施工的进度和精度就成了决定围堰成功与否的关键。特别是江水流量大而急,如果控制不好,填料可能一次次地被冲走,不仅增加了投资,而且影响了整个工程的进度。围堰的防渗和防冲是保证围堰起作用的关键。土石围堰的防渗和防冲能力较弱,如果施工质量控制不好,会造成失事。溃堰风险除与洪水有关外,还与其他一些关键因素有关,如渗透、围堰合龙时流量的选择。如果合龙失败,或错过了合龙的最佳时机,可能导致工期延误。

（7）左岸电厂坝段和泄洪坝段

除以上（3）中的施工公共风险之外，还有由于地基开挖加深而导致的设计风险。此时应按新的地基高程重新设计。

（8）右岸电厂施工

其风险因素和作用同（7）。

（9）第三期导流工程

第三期导流工程的风险与第二期基本相同。但是，第三期导流工程存在一个更大的风险源——截流工程风险。截流工程如果不能按时完成，就会延误整个河床部分建筑物的开工日期。如果截流失败，失去了以水文年计算的良好截流时机，则可能拖延工期一年。可是，由于水下地质勘测的模糊性，往往不能充分掌握河流的水文特性和河床的地形、地质条件，截流过程中水流的变化规律也不好把握，因此很容易造成截流多次失败的情景。

（10）右岸电厂坝段和泄洪坝段

风险因素和作用同（7）。

（11）永久梯级船闸

风险因素和作用同（7）。

2. 移民迁建费用的风险辨识

这一项是费用组成中的第二大项，约占总费用的三分之一。移民计划的规模和范围变化，在数量上以及在费用上都存在着许许多多的不确定性。其费用支出主要用于六个项目：①迁移人口费用；②土地淹没补偿费用；③住房补偿费用；④基础设施补偿费用；⑤工厂重建费用；⑥其他费用。

以上每个项目都存在着不确定性因素。

（1）迁移人口费用

由于大部分移民迁建费用是以受影响的人口数字为根据的，所以，从未注册登记户口的人口数字、自然增长率和迁徙率等方面的不确定性所引起的变化很显著。

（2）土地淹没补偿费用

土地的淹没面积和本身的经济价值都具有不确定性。淹没地区虽然土地贫瘠，经济落后，但是仍然能够使这块土地上的人们赖以生存。因此，土地淹没补偿费用是一项巨款，且与迁移人口有关。而迁移人口本身就具有很大的不确定性。所以，土地淹没补偿费用是不确定的。

（3）住房补偿费用

补偿多少住房和住房本身的价值都具有不确定性。

（4）基础设施补偿费用

基础设施的数量和价值都具有不确定性。

（5）工厂重建费用

工厂重建费用所占比重很大。工厂的数量和价值不确定，而且由于物价上涨，建筑材料的价格在上升，上升幅度也不确定。

（6）其他费用

如果库尾淤积引起回水位抬高，则可能大幅度地增加迁移人口费用。另外，如果管理不善，移民人数、住房等都可能增加，也会增加移民费用。总之，移民机构的健全完善程度，在很大程度上影响着整个移民费用的多少。

3. 输变电费用的风险辨识

（1）材料、设备和劳动力费用估算中的不确定性

材料、设备和劳动力在建设过程中的需要数量具有不确定性。材料可能由于浪费或事故而损失，设备因损坏要求更新，若劳动力的素质低，可能需要增加劳动力的培训投资。

（2）材料、设备和劳动力价格的不确定性

材料和设备的价格可能由于将来可能出现的通货膨胀、物价上涨和物资短缺等情况而上涨。劳动力价格的上涨主要是由于劳动市场竞争，特别是技术劳动力比较少，竞争将更加激烈。

4. 其他费用风险辨识

（1）运行和维护费用

运行后，巨大的泄洪能量冲刷下游坝基，应加强下游消能、防冲和维护措施。另外，下游河道长期受到冲刷，容易产生大的变形，发生河岸滑坡、河道移动等。因此，河道保护费用是必要的。水库蓄水后，因河道含沙量在不断增加故泥沙处理费用也具有不确定性。

（2）环保费用

水库蓄水后，对引起的水文、气候、泥沙、水层、水生和陆生生物等影响都应采取适当的措施加以改善。另外，诱发地震的发生也具有不确定性，一旦发生，后果不堪设想，应有一定的预防措施。

（3）库尾航道疏浚费用

由于库区流速减慢，泥沙淤积可能影响航道，应考虑加以处理。

5. 枢纽工程费用中风险因素的相关性分析

枢纽工程费用的风险因素中，已辨识了临时船闸工程、左岸电厂坝段和泄洪坝段费用、右岸泄洪坝段和电厂坝段费用、永久梯级船闸建设费用等因素。这些工程中分别存在着基础开挖和混凝土浇筑的相关性、厂房施工与水轮和发电机安装、调试的相关性。现分析如下：

（1）基础开挖是水利水电枢纽工程施工中比较艰巨的项目，经常会影响施工进度。由于施工进度拖延所造成的追加工程费用是较大的。临时船闸混凝土浇筑需视地基开挖与处理情况而定，一般多安排在开挖完成了大部分工程量之后即开始浇筑。如果出现基础地质不好，则将影响混凝土浇筑，所以地基开挖及处理与混凝土浇筑这两个风险因素是相关联的。基础开挖是主要的、独立的风险因素，而混凝土浇筑是受基础开挖影响的相关风险因素。

（2）厂房施工与水轮机安装、调试的相关性。厂房施工属地下建筑物，主要在地面下进行，由于受水文、地质和施工条件等影响，比地面上建筑困难，工作面狭窄，干扰性较大，且有有害气体和地下水等，这些都影响到厂房施工，进而影响到水轮机和发电机的安装与调试。由于厂房施工的拖延，造成水轮机和发电机安装、调试的拖延，最终都会反映到各自工程费用的增加。所以厂房施工是主要的、独立的风险因素，而水轮机安装与调试是受其影响的相关风险因素。

6. 工程效益风险辨识

该工程具有多方面的效益，如防洪、发电、航运、灌溉、旅游等等。这里仅以防洪、发电、航运进行辨识。不同的受益部门由于各自的影响因素不同，其经济效益具有很大的随机性。

（1）防洪效益的风险辨识

影响防洪效益的风险因素主要是防洪出现的随机性。在工程的防御能力之内，所遇洪水越大，则防洪效益越大；而大的效益也随大的洪水稀遇而较少实现。因此，防洪效益的计算结果应能比较准确地反映其大小及其实现的可能性。

防洪效益的计算，一般是求出工程兴建前后在洪灾损失曲线上相对应频率相减得到工程所减免的洪灾损失。在防洪效益计算中，我们考虑了四种风险因素：①农田淹没损失值的不确定性；②城镇淹没综合损失值的不确定性；③财产损失年增长率的不确定性；④特大洪水发生时间的不确定性。

（2）发电效益的风险辨识

发电效益的计算考虑两个方面，即容量效益和电量效益。容量效益可以认为是一确定值，为了满足负荷要求，电力系统应该有相应的工作容量和备用容量，达不到这一要求，电力系统的正常工作就会遭受破坏。如果没有拟建的水电站，则它在系统中所担任的那部分负荷，就必然要由其他火电站等来承担。按照替代方案的概念，建造相同有效容量的替代电站所需花费的投资和运行费用，就是拟建水电站的容量效益；而将发出相同上网电量时火电站所需的燃料费用，作为拟建工程的电量效益。本案例在发电效益中考虑了发电量的不确定性和电价的不确定性。

（3）航运效益的风险辨识

综合利用水利工程的航运效益，表现为工程使得河道提高航运的能力。航运经济效益与运量有直接的关系。当航运能力大于航运量需求时，航运量将会随着地区经济的发展而不断增加，因此，航运效益有伴随国民经济发展而稳步增长的趋势。但是，航运是一种复杂的社会生产形式，受许多不确定因素的影响，如航运系统内部因素的影响，区内经济发展和外区供求的影响，国家政策的影响，水利工程的影响等。这些因素有些是具有一定趋势，可以预测的，但大多是事先无法知晓的不确定性因素。因此，航运量是具有不确定趋势的随机变量序列。

航运效益作为经济随机变量不可能是独立的。因为航运的实现受航运设施的限制，运量在年际间不可能大幅度增加或跌落，年际间的货运完成量是相互关联的，亦即航运各子效益之间是有相互关联的，这种相关性可以通过运量资料建立时间序列模型。

航运效益计算中考虑了七个不确定性因素：航道整治费用、港口建设费用、船舶费用、航道维护费用、船舶运营费用、2000 万 t 运量节省费用、3000 万 t 新增效益。通过这七个风险因素对航运的效益进行风险分析。

（4）防洪、发电和航运效益之间的关系

1）防洪效益与发电效益。防洪和发电效益都与天然径流有关，但其所依据的频率并不相同。防洪效益产生于减免的洪水灾害损失，并非决定于年径流量而是决定于洪峰流量、洪水量与洪水历时。发电效益直接表现为发电量的大小，只有当年径流量大且分布均匀时，发电量才可能比较大；而当洪水量很大但年径流量并不大时，则可能造成发电量较小。由于天然径流具有时空分布的不均匀性，使得河川径流的洪水频率与年径流频率并不相同，也没有确定的函数关系，所以防洪效益与洪水因素变化一致，而发电效益与年径流量关系密切。

2）航运效益与防洪、发电效益之间的关系。航运效益的变化所依赖的主要因素是航运量的变化，还有包括径流在内的许多不确定因素的影响。其中径流对航运的影响是复杂的，如果洪水峰高量大，会使航道内的水位变化幅度过大，影响正常航运；而枯水则会使航道水深变浅，浅滩暗礁影响航运。但由于水库抬高了水位，又可使情况得到一定改善。总之，航运效益并不随径流或洪水变化而有明显的变化（尤其建成工程以后），因此可以认为航运效益与防洪效益、发电效益是相互独立的。

（5）发电工期的不确定性

风险分析也要考察建设项目进度计划的不确定性，即在第13年或13年以后开始发电，而不是计划的第12年。项目的种种施工活动都必须按进度计划完成，否则就要追加额外的费用。由于水利施工受季节性洪水的影响比较严重，以至某一项活动如果不能按计划完成，就可能造成几个月的拖延。这种拖延增加了额外费用，并直接影响工程将来的各项效益。第一期、第二期、第三期围堰施工，都需要在非常短的时间里填筑巨大数量的材料，万一围堰不能按时完成，基坑排水就要拖延到洪水通过以后，由于这一拖延，左岸厂房坝段和泄洪坝段的施工就要拖延，以至造成第一批机组发电推迟，进而又使水库可用于调洪时间拖后，终将影响到防洪效益。工期拖延也将导致减少货运及长时间断航，因而对航运效益产生副作用。所以，工期拖延将影响工程的许多施工活动。

7. 工程外部存在的风险因素

工程外部存在的风险因素主要包括汇率、经济增长与价格的不确定性。

（1）汇率对工程的影响

研究汇率风险的目的，是为使其损失降到最小，以减轻其给项目投资上带来不应有的损失。人民币不属于自由兑换的货币，因此汇率风险要全部转嫁到我国承担，再加上我国外汇体制以美元作为标准值，外汇额度以美元计算，但实际支付时（国家间计算）可能是日元、马克等，在美元疲软的趋势下，美元贬值会使进口蒙受损失，所以人民币对美元的贬值，美元对其他货币的贬值，使得进口时承担双重贬值的汇价损失。由于汇率的变化，使得投资额增大，而该工程需大量的物资中，有些设备还需进口，这样必然受汇率的影响，所以我们要考虑汇率对枢纽工程以及输变电工程费用的影响。

（2）经济增长的影响

我国经济的快速发展使工程建设地区的经济发展将大幅度增长，引起运输量的增长，航运量必然也随经济而增长，最终会影响到航运效率。在防洪效益中，随着经济增长，洪灾损失的资产价值也要增长，这使防洪效益的意义更大。我国目前电力十分紧张，经济增长也会显示电力开发的重要性。

（3）价格的不确定性

纵观我国物价水平，从物价总指数所反映的价格总水平变化趋势来看，价格总水平的发展趋势是上升的，社会供给小于社会需求，国民收入超生产额分配及人民币超经济发行造成的通货膨胀导致价格总水平上升。

物价上涨对该工程的影响分别反映到材料、设备费用和劳动力的费用上。该工程材料、设备费用占总费用的81%，其材料、设备价格的增长对该工程的总费用将产生极大的影响。

此外，全社会的工资水平也是上升的。随着社会的发展进步，人们赖以生存的基本生活水平大大提高，使人们对物质资料的需求无论在数量和质量上都大大提高，科学技术水平的高速度发展，使工人就业前后的教育培训费用大大增加，这在客观上都要求人们的工资水平不断上升；另外，受社会心理因素的影响，人们的工资水平只能不断上升。该工程劳动力费用占总数的9%，劳动力价格的上涨也必然增大工程的费用，所以物价波动将是工程造价增加的主要因素。

3.5　本章小结

通过本章的学习，应该掌握建设项目风险识别的基本过程、主要活动及其工具、技术，明确建设项目各阶段主要风险及类型，理解项目风险识别的基本概念体系以及建设项目风险管理的基本目标。

（1）建设项目风险识别就是确定哪些风险事件有可能对项目产生影响，同时将这些风险事件的特性加以识别并整理成文档。

（2）建设项目风险识别的关键是要树立风险识别分析的系统观，项目风险识别本身是一个系统过程，同时，它在建设项目整个寿命周期内又是一个连续的过程：在项目开始，在项目生命周期各阶段中间，在主要范围变更批准之前都要进行项目风险识别。

（3）项目风险识别的主要依据包括：风险管理规划，项目产品或服务描述，项目所有计划编制输出（比如：WBS、资源计划、采购计划、费用计划、进度计划等），风险种类，历史资料，制约因素和假定。

（4）项目风险识别过程：确定目标、明确最重要的参与者、收集资料、估计项目风险形势、根据直接或间接的症状将潜在的项目风险识别出来。

（5）项目风险识别的工具和技术：核对表、流程图（因果分析法）、头脑风暴法、情景分析法、德尔菲法、敏感性分析法、预先分析法及常识、经验和判断等。

（6）项目风险识别的输出结果：风险事件名称、风险来源、风险事件概率估计、风险损失范围估计、预期发生时间估计、风险征兆、风险种类和对其他方面要求等。

复习思考题

1. 什么是建设项目风险识别？
2. 风险识别的作用包括哪几方面？
3. 风险识别的特点有哪几点？
4. 进行风险识别的依据包括哪些？
5. 风险识别的步骤有哪几步？
6. 风险识别的常用方法有哪些？如何进行风险识别？
7. 风险识别的结果？

第4章 风险估计

　　建设项目风险估计是在风险识别之后，通过全面系统地分析建设项目所有不确定性和风险要素的基础上，计算风险发生的概率和对建设项目的影响程度。风险估计的对象是建设项目的单个风险，不是建设项目的整体风险，通过建设项目风险估计可进一步加深对项目不确定性和风险的理解。

4.1　风险估计概述

4.1.1　风险估计的含义

　　建设项目风险估计是在有效识别项目风险的基础上，根据项目风险的特点，运用概率论和数理统计的方法，对工程项目各个阶段的风险事件发生可能性的大小、可能出现的后果、可能发生的时间和影响范围的大小等进行估计。

　　建设项目风险估计的结果对风险按潜在危险大小进行优先排序和评价、制定风险对策和选择风险控制方案等方面具有重要的作用，具体表现在以下三个方面：

　　（1）有助于加深对项目自身和环境的理解。建设项目风险评估这一工作步骤，需要更加详细、系统地分析项目各方面的资料，从而使决策者对项目及其环境的认识更深入，为建设项目的各项决策提供更完善、可靠的信息。

　　（2）有利于明确不确定性对项目各方面产生的影响。决策者通过建设项目风险估计对不确定性影响的范围和程度有更清晰的认识，使建设项目各项计划的制订更加科学、合理。

　　（3）为进一步制订风险管理计划、进行风险评价、确定风险应对措施和实施风险监控提供依据。建设项目资源的有限性决定了风险管理只能针对重要的风险因素，风险估计得到的风险潜在危险大小的排序为决策者选择重要风险因素提供了依据。

4.1.2　风险估计内容

　　建设项目风险估计的主要内容包括以下五个方面：

　　1. 风险事件发生可能性的估计

　　建设项目风险估计的首要任务是分析和估计风险事件发生的概率与概率分布，即风险事件发生可能性的大小，这是建设项目风险分析估计中最为重要的一项工作，而且常常也是最困难的一项工作。主要原因在于两方面：一是和风险事件相关的数据和历史资料的收集相当困难；二是不同建设项目差异性较大，用类似建设项目数据推断当前建设项目风险事件发生的概率，其误差可能较大。

　　一般来讲，如果风险管理人员有足够的数据和历史资料时，可直接根据这些数据资料确定风险事件的概率分布。否则，可以利用理论概率分布或主观概率来进行风险估计。例如，某建筑公司承包一项从未干过的核反应堆工程，若想得到该工程工期的概率分布，由于国内这方面的数据非常少，则项目管理人员必须组织有关专家根据过去完成一般工业民用建筑的经验、核反应堆工程的特点和复杂程度以及其他相关主、客观条件等，估计核反应堆工程的工期概率分布。人们的实践和大量的研究成果说明，这种估计是有效的。

2. 风险事件后果严重程度的估计

建设项目风险估计的第二项内容是分析和估计建设项目风险事件发生后其后果的严重程度，即工程项目风险事件可能带来损失的大小，这些损失会对建设项目目标的实现造成不利影响，如进度的延误、费用的超支、质量和安全事故等。

在建设项目实施的过程中，经常会遇到这样的情况：风险事件发生的概率不一定很大，但如果它一旦发生，其后果是十分严重的。例如，在水利水电施工导流过程中，常用土石围堰进行挡水，当施工导流标准选得较高，则围堰漫水的风险较小，一旦出现了超标准的洪水，围堰发生漫水，就会给工程造成巨大的损失。

3. 风险事件影响范围的估计

建设项目风险估计的第三项内容是对风险事件影响范围的估计，包括估计风险事件对当前工作和其他相关工作的影响以及对项目利益相关各参与方的影响等。众所周知，建设项目是由若干相互联系、相互制约的各项活动、事件、众多组织等构成的复杂系统。风险事件发生不仅会影响当前工作，还会对相关工作和组织产生影响。例如，项目施工现场发生火灾，导致整个项目停工，给业主、承包商、分包商造成损失，并且由于救火时动用了救火车，对社会也造成了一定的影响。

在建设项目实施过程中，对某些风险事件，其发生的概率和本身造成的后果都不是很大，但如果一旦发生会影响到建设项目的许多方面，此时，就非常有必要对其进行严格的控制。例如，水利水电施工截流，一般而言，按正常设计组织施工，其失败的风险是很小的，万一不成功，则施工工期常由于水文等原因要推迟一年，影响范围广并且后果非常严重。

4. 风险事件发生时间的估计

项目风险事件的发生时间，即风险事件出现的时间，也是工程项目风险事件分析中的重要工作。这有两方面的考虑：一是从风险控制角度看，根据风险事件发生的时间先后进行控制的。一般情况下，早发生的风险应优先采取控制措施，而对于相对迟发生的风险，则可通过对其进行跟踪和观察，并抓住机遇进行调节，以降低风险控制成本；二是在工程项目实施中，对某些风险事件，完全可以通过时间上的合理安排，以大大降低其发生的概率或减少其可能带来的后果。例如，对于大体积混凝土的施工，在其他施工条件相同的情况下，夏季施工和冬季施工相比，夏季施工出现温度裂缝的风险要大。因此，在可能的范围内，一般尽可能将大体积混凝土的施工安排在冬季。

5. 风险事件发生的频率和损失时间分布的估计

风险事件发生的频率和损失时间分布对于建设项目的影响极大。例如，修建核电站和火电站。核电站事故的后果很严重，但发生的严重事故的概率很小；火电站排放烟尘和污水虽然在短期内不会成灾，但是每天都排放，污染环境的概率是百分之百；另一方面，如果数额较大的损失一次性落到建设项目上，则很有可能会使该项目由于流动资金不足等问题导致失败，而同样数额的损失如果在较长的时间分几次发生，则项目管理班子可设法弥补，使项目能够坚持下去。

4.1.3 风险估计过程

建设项目风险估计过程如图4-1所示。

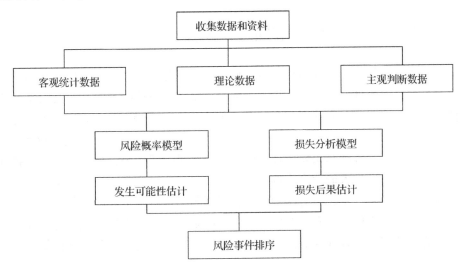

图4-1　工程项目风险估计过程

1. 收集数据和资料

建设项目风险估计的第一步是要收集和风险事件相关的数据和资料，完整的数据和资料才能得到好的评估结果。数据和资料的来源可以从各种书籍、期刊、统计年鉴等文献资料中取得；可以从过去类似建设项目的经验总结或记录中取得；可以从建设市场和建设项目实际实施过程中取得；也可以从一些勘测、实验和试验数据中取得。所收集的数据和资料要求客观、真实，最好具有可统计性。

由于建设项目具有单件性、固定性和一次性等特点，在某些情况下，可供使用的、有价值的数据和资料不一定十分完备。此时，可采用问卷调查、专家调查等方法获得具有经验性的主观评价资料。

2. 建立风险模型

在取得有关建设项目风险事件的数据和资料基础上，对风险事件发生的可能性和可能出现的结果给出明确的量化描述，即风险模型。该模型又分为风险概率模型和损失分析模型，分别用以描述不确定因素与风险事件发生概率的关系以及不确定因素与可能产生损失的关系。

3. 风险发生的概率和损失后果的估计

根据所建立的风险模型，结合建设项目的特点和所收集的有关资料，风险分析人员就可用适当的方法去估计每一风险事件发生的概率和可能造成的损失后果。通常用概率来表示风险事件发生的可能性；可能的损失后果则可用成本的超支、进度的滞后、质量的缺陷和安全事故等方面来表示。

4. 风险事件排序

有了风险事件发生的概率和损失后果的估计结果，就可以应用风险图等方法对建设项目的各项风险事件进行量化，并按照量化结果对风险事件潜在危险大小进行初步排序。然后，还要根据该风险事件发生的频率和损失时间的分布对排序结果进行调整，得到修正后的风险事件排序。

4.2　风险事件发生概率的估计方法

风险与概率密切相关，风险事件发生的概率和概率分布是进行建设项目风险估计的基础。概率是度量某一事件发生的可能性大小的量，是随机事件的函数。假设用符号 A 表示某一事件，$P(A)=1$ 表示该事件必然发生，概率为 1；$P(A)=0$ 表示该事件必然不发生，概率为 0；$0 \leqslant P(A) \leqslant 1$ 表示该事件发生性介于两个"必然"之间，概率在 0 与 1 之间。概率分布是表示各种结果发生概率的函数，在风险评估中，概率分布用来描述损失原因所导致各种损失发生可能性大小的分布情况。

确定风险事件概率分布一般有四种方法：根据历史资料确定风险事件的概率分布、利用理论概率分布、主观概率法和综合推断法。一般来讲，风险事件的概率分布应当根据历史资料来确定，但当项目管理人员没有足够的历史资料时，也可以利用理论概率分布或主观概率进行风险估计。

4.2.1　根据历史资料确定风险事件概率分布

当建设项目某些风险事件或其影响因素积累有较多的数据资料时，就可通过对这些数据资料的分析，找出风险因素或风险事件的概率分布。数据资料的统计分析一般形成频率直方图或累计频率分布图，据此可找到与形状接近的函数分布曲线，进而就可得到对应的期望值、方差和标准差等信息。这是分析风险事件发生概率的重要途径。

例如，某建筑公司在过去的 10 年间共完工 80 项施工项目，其中有一些项目由于种种原因而导致工期拖延。为估计该建筑公司在今后承包工程时工期拖延的概率，公司管理人员将这 80 项施工项目工期的情况进行整理，工期拖延的情况用拖延的时间占计划的百分比表示，负值表示工程提前竣工，整理后的数据见表 4-1。

某建筑公司工期概率分布表 表 4-1

工期拖延时间（%）	组中值（%）t_i	频　　数	频率（概率 p_i）
[-35，-30]	-32.5	0	0
(-30，-25]	-27.5	2	2/80 = 0.0250
(-25，-20]	-22.5	1	1/80 = 0.0125
(-20，-15]	-17.5	4	4/80 = 0.0500
(-15，-10]	-12.5	8	8/80 = 0.1000
(-10，-5]	-7.5	11	11/80 = 0.1375

工期拖延时间（%）	组中值（%）t_i	频　数	频率（概率 p_i）
（-5, 0]	-2.5	16	16/80 = 0.2000
（0, 5]	2.5	13	13/80 = 0.1625
（5, 10]	7.5	9	9/80 = 0.1125
（10, 15]	12.5	5	5/80 = 0.0625
（15, 20]	17.5	7	7/80 = 0.0875
（20, 25]	22.5	3	3/80 = 0.0375
（25, 30]	27.5	1	1/80 = 0.0125
（30, 35]	32.5	0	0
合　　计	—	80	1

表4-1中，工程拖延的概率分布是根据该建筑公司80个样本确定的，因此叫样本分布或经验分布。如果样本量非常大，则样本的分布规律就会显现出来，这时的概率分布就叫做理论分布。

表4-1的样本数据可用直方图来表示，纵坐标表示工期拖延的概率，横坐标表示工期拖延时间，如图4-2所示。当样本量达到一定数值时，样本分布的形状就会接近图中虚线，这条虚线表示的就是一种理论分布——正态分布。

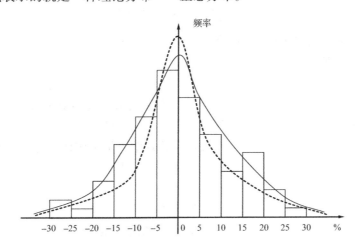

图4-2　工期拖延的经验分布和理论分布

该正态分布的数学期望和方差的估计值用 T 和 σ^2 来表示，则有：

$$T = \sum_{i=1}^{14} t_i p_i = (-0.275 \times 0.025 - 0.225 \times 0.0125 - 0.175 \times 0.05$$
$$-0.125 \times 0.1 - 0.075 \times 0.1375 - 0.025 \times 0.2 + 0.025 \times 0.1625$$

$$+ 0.075 \times 0.1125 + 0.125 \times 0.0625 + 0.175 \times 0.0875$$
$$+ 0.225 \times 0.0375 + 0.275 \times 0.0125) = 0.13\%$$

$$\sigma^2 = \sum_{i=1}^{14} (t_i - T)^2 p_i = (-0.275 - 0.0013)^2 \times 0.025 + (-0.225 - 0.0013)^2 \times 0.0125$$
$$+ (-0.175 - 0.0013)^2 \times 0.05 + (-0.125 - 0.0013)^2 \times 0.1$$
$$+ (-0.075 - 0.0013)^2 \times 0.1375 + (-0.025 - 0.0013)^2 \times 0.2$$
$$+ (0.025 - 0.0013)^2 \times 0.1625 + (0.075 - 0.0013)^2 \times 0.1125$$
$$+ (0.125 - 0.0013)^2 \times 0.0625 + (0.175 - 0.0013)^2 \times 0.0875$$
$$+ (0.225 - 0.0013)^2 \times 0.0375 + (0.275 - 0.0013)^2 \times 0.0125 = 0.1173^2$$

4.2.2 利用理论概率分布

在建设项目实践中，有些风险事件的发生是一种较为普遍的现象，已有很多专家学者做了许多这方面的研究，并总结出这些风险事件发生的分布规律。对这种情况，就可以利用已知的理论概率分布，并根据建设项目的具体情况去求解风险事件发生的概率。

建设项目风险估计中常用的概率分布有三角形分布、均匀分布、正态分布、指数分布等形式。

1. 三角形分布

在概率论和统计学中，三角形分布是低限为 a、众数为 c、上限为 b 的连续性概率分布，其概率密度函数为：

$$f(x) = \begin{cases} \dfrac{2(x-a)}{(b-a)(c-a)}, & a \leqslant x \leqslant c \\ \dfrac{2(b-x)}{(b-a)(b-c)}, & c \leqslant x \leqslant b \end{cases} \tag{4-1}$$

三角形分布的均值为 $(a+b+c)/3$，方差为 $(a^2 + b^2 + c^2 - ab - ac - bc)/18$，其概率密度曲线如图 4-3 所示。

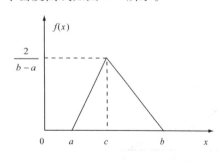

图 4-3 三角形分布密度曲线

在实践中，如果对结果的概率分布所知信息很少，仅知道最大值、最小值和最可能出现的结果，则就可以使用三角形分布进行模型。三角形分布在建设项目管理中大量用作计划评审技术以及关键路径的输入信息，用以建立在最大值与最小值之间事件发生的概率模型。

2. 均匀分布

如果对风险因素或风险事件的认识比较模糊，一般采用均匀分布来表示其发生的可能性大小，其概率密度函数为：

$$f(x) = \begin{cases} \dfrac{1}{b-a}, & a \leqslant x \leqslant b \\ 0, & \text{其他} \end{cases} \tag{4-2}$$

均匀分布的均值为 $(a+b)/2$，方差为 $(b-a)^2/12$，其概率密度曲线如图 4-4 所示。

当无法区分在 $[a, b]$ 内取值的随机变量 x 取不同值的可能性有何不同时，就可以假定 x 服从 $[a, b]$ 上的均匀分布。在建设项目风险估计中，均匀分布概率估计模型可以应用于人员伤亡的索赔、工程事故的损失等风险事件的估计。

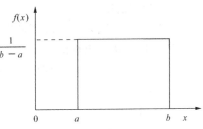

图 4-4　均匀分布密度曲线

3. 正态分布

正态分布又被称为高斯分布或常态分布，是概率论中最重要的一种分布，其概率密度函数为：

$$f(x) = \frac{1}{\sqrt{2\pi}\sigma}e^{-\frac{(x-\mu)^2}{2\sigma^2}} \tag{4-3}$$

正态分布的均值为 μ，方差为 σ^2，其概率密度曲线如图 4-5 所示。

正态分布有极其广泛的实际背景，生产与科学实验中很多随机变量的概率分布都可以近似用正态分布来描述。如果一个量是由许多微小的独立随机因素影响的结果，那么就可以认为这个量服从正态分布。

4. 指数分布

指数分布可以用来表示独立随机事件发生的时间间隔，其概率密度函数为：

$$f(x) = \begin{cases} \lambda e^{-\lambda x}, & x \geqslant 0 \\ 0, & x < 0 \end{cases} \tag{4-4}$$

指数分布的均值为 λ^{-1}，方差为 λ^{-2}，其概率密度曲线如图 4-6 所示。

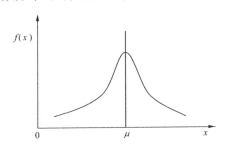

图 4-5　正态分布密度曲线

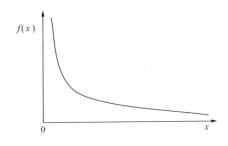

图 4-6　指数分布密度曲线

指数分布具有无记忆性的特征，即当前时间对未来结果没有影响，故常用于设备故障风险和工程结构可靠性的检查中。

4.2.3　主观概率

由于建设项目具有明显的一次性和单件性，建设项目的可比性较差，建设项目的风险来源和风险特性往往也相差很远，根本就没有或很少有可以利用的历史数据和资料。在这种情况下，项目管理人员就只能根据自己的经验猜测风险事件发生的概率分布或概率，这个概率就是主观概率。

所谓主观概率，就是在一定条件下，对未来风险事件发生可能性大小的一种主观相信程度的度量。主观概率和客观概率的主要区别在于：主观概率无法用试验或统计的方法来检验其正确性。主观概率反映的是特定的个体对特定事件的判断，在某种程度上，主观概率反映了个体在一定情况下的自信程度。

用主观概率估计风险因素或风险事件发生概率的常用方法有下列几种：

1. 等可能法

在分析风险因素或风险事件发生概率时，没有任何历史资料和数据的情况下，此时可认为各个自然状态出现的可能性是相等的。若有 n 种自然状态，每种自然状态出现的概率为 $1/n$，这种方法又称为等可能法或拉普拉斯（Laplace）法。

2. 主观测验法

对于自然状态出现的概率，项目管理人员也可用比较、试探的方法去估计，即为主观测验法。如令 Q 表示某种自然状态发生，$\overline{Q}$ 表示它不发生。首先比较 Q 和 $\overline{Q}$ 哪个更可能出现。若 Q 比 $\overline{Q}$ 更易发生，则有 $P(x=Q) \geqslant \dfrac{1}{2}$，此时再将（1/2，1）分成2段，分点是 3/4，让项目管理者选择，是接受 $P(x=Q) \geqslant \dfrac{3}{4}$，还是接受 $\dfrac{1}{2} \leqslant P(x=Q) \leqslant \dfrac{3}{4}$。若项目管理者认为后者成立，再把（1/2，3/4）分成2段，分点是 5/8，接着让项目管理者决定是接受 $P(x=Q) \geqslant \dfrac{5}{8}$，还是愿意接受 $\dfrac{1}{2} \leqslant P(x=Q) \leqslant \dfrac{5}{8}$，……，依此类推。直到项目管理者认为前后两者一样为止，此时 $P(x=Q)=p$，p 就是最后得到的主观概率。

3. 专家估计法

个体对风险因素或风险事件发生概率的判断可能主观性较大，为避免个体行为的偏差，使估计结果更符合客观实际，常充分利用专家们的集体智慧，由专家们来确定风险因素或风险事件的发生概率。

该方法是请若干专家，分别对风险因素或风险事件发生概率作出估计，然后项目管理者加以综合。由于每个专家的学识、经历和经验不一，因此，每位专家对事物的认识会有差异，项目管理者对每位专家的信赖程度也不同，常给每位专家的意见赋以不同的权重 α，$\alpha_1 + \alpha_2 + \alpha_3 + \cdots + \alpha_m = 1$，然后计算出加权平均结果，作为对风险因素或风险事件发生概率的估计值。

4.2.4 综合推断法

综合推断法是将利用已有数据并与主观分析判断相结合的一种综合的项目风险发生概率的估计方法。综合推断法又可分前推法、后推法和旁推法。

1. 前推法

前推法就是根据历史经验和数据来推断风险发生的概率。例如，兴建一个化肥厂，需要考虑大雨成灾的风险。为此，可根据这一地区水灾事件的历史记录进行前推，这里也有各种可能性，例如，如果历史记录呈现出明显的周期性，那么外推可认为是简单的历史重现，也就是将历史数据序列投射到未来，作为未来风险的估计；有时不能预见水灾发生的确切时间，只能根据历史数据估计出重现期的概率；有时由于历史数据往往是有限的，或者看不出什么周期性，可认为已获得的数据只是更长的关于水灾历史数据序列的一部分，关于这一序列又假设它服从某一曲线或函数分布，再进行外推。

有时需要根据逻辑上或实践上的可能性去推断过去未发生过的事件在将来发生的可能性。这是因为历史记录往往有失误或不完整的地方，气候和环境也在变化。另外对历史事件的解释也可能掺进某些个人的意见。因此，必须考虑历史上未发生事件在未来发生的可能性。实际上如果将历史数据看作是更长数据序列的一部分，亦有可能推断出历史上未曾发生的事件。在进行这一推断工作时，要采用各种方法，从简单的统计到复杂的曲线拟合和物理系统的分析，这要用到个人或集体经验外推的某些形式。

前推法经常使用的方法包括移动平均法、指数平滑法、线形回归等，这些方法的原理及其应用可参见统计学教材。

2. 后推法

如果没有直接的历史经验数据可供使用，可以采用后推的方法，亦即把未知想象的事件及后果与某一已知的事件及其后果联系起来，也就是把未来风险事件归算到有数据可查的、造成这一风险事件的起始事件上，在时间序列上也就是由前向后推算。如水灾，如果没有关于水灾的直接历史数据可查，可将水灾的概率与一些水文数据如年降水量等联系起来考虑。考虑到某一地区已有的或设计的排水条件，根据降水量的数据，估算出足以引起一定大小水灾的"假想的大雨"，再根据此假想大雨的概率，即可对水灾出现的可能性做出估计。

3. 旁推法

旁推法就是利用类似的其他地区或工程项目的数据，对本地区或工程项目进行外推。例如可以收集一些类似地区的水灾数以增加本地区的数据，或者使用类似地区一次大雨的情况来估计本地区的水灾出现的可能性等。

应当说，旁推法在我国工程界早已被采用。例如，在水文分析中的"水文比拟法"。在进行风险较大的工程项目时，如采用新的建筑材料或新的工程结构时，常采用"试点"、"由点到面"的方法，这是工程中较为典型的一种旁推法。用某一项目取得数据，去预测其他工程项目的状态，这是工程项目风险估计常用的方法之一。

4.3 风险损失的估计

建设项目风险损失估计是风险估计的一个重要方面，其估计的精度直接影响到项目决策或项目风险应对措施的选择。

4.3.1 风险损失估计的内容

建设项目风险损失就是项目风险一旦发生后，将会对建设项目目标的实现形成不利的影响。这种影响对象，即损失的标的，一般包括如下4个方面：

（1）进度（工期）拖延。反映在各阶段工作的延误或建设项目工期的滞后。例如，因恶劣的气候条件导致施工中断；处理质量事故要求暂停施工等。

（2）费用超支。反映在项目费用的各个组成部分的超支，如价格上涨，引起材料费超出计划值；处理质量事故使得费用增加等。

（3）质量事故或技术性能指标严重达不到要求。是指质量严重不符合有关标准的要求，而且一般要求返工，造成经济损失或工期延误。例如，大体积混凝土灌筑时散热做得不好，内部变形大出现裂缝和空洞；预制构件裂缝，预埋件移位，预应力张拉不足等。

（4）安全事故。是指在建设项目的施工阶段，由于操作者的失误、操作对象的缺陷以及环境因素等，或它们相互作用导致的人身伤亡、财产损失和第三者责任等。如塔吊操作人员的违章操作，致使塔吊倒塌，出现人员伤亡；现浇混凝土坍塌，造成安全事故等。

上述4类损失分属不同的性质。如，超支用货币来衡量，而进度则属时间的范畴，质量事故和安全事故既涉及经济，又可导致工期的延误，显得更加复杂。但在工程项目风险管理中，质量和安全的影响问题常可归结费用和进度的问题。在某些场合还可进一步将建设项目的进度问题归结为费用的问题去分析处理。

4.3.2　进度损失的估计

对于一般建设项目活动持续时间不确定性引起的进度损失问题，主要分两个步骤展开。

1. 风险事件对建设项目局部进度影响的估计

风险事件对建设项目局部进度影响的估计是风险事件引起建设项目进度损失的基础。这项分析既要确定影响局部进度风险事件的发生时间，又要确定局部活动延误的时间。

对于影响局部进度风险事件发生的时间，可根据建设项目整体的进度计划和建设项目整体环境的发展变化作出分析判断。

对于风险事件发生后对局部活动延误时间的计算，要根据建设项目实际情况进行分析。如建设项目施工阶段发生了一起较大的质量事故，这个质量事故对局部施工活动延误时间的计算应包括：质量事故调查分析所需的时间、质量事故处理所需的时间和质量事故处理后验收所需要的时间等。

2. 风险事件对整个建设项目工期影响的估计

当风险事件对局部活动延误的时间确定后，就可借助关键线路法进行分析，以确定风险事件发生后对建设项目工期的影响程度。一般而言，对关键线路上的活动，其时间上的滞后即为建设项目工期滞后的时间；对非关键线路上的活动，其时间上的滞后，对工期是否有影响要作具体分析。一般来说，对非关键线路上的某一些活动，其完成时间虽有滞后，但对建设项目的正常完成可能没有影响。

4.3.3　费用损失的估计

费用损失的估计在风险管理中占有非常重要的地位，特别在风险决策分析中，费用损失估计不准，可能会导致相反的结果，选择完全不同的方案。对风险管理者而言，费用损失估计需要估计风险事件带来的一次性最大损失和对工程项目产生的总损失。

1. 一次性最大损失的估计

风险事件的一次性最大损失是指风险事件发生后在最坏情况下可能导致的最大可能损失额。这一指标很重要，因为数额很大的损失若一次落在某一个建设项目头上，项目很可能因流动资金不足而终止，永远失去该项目可能带来的机会；而同样数额的损失，若是在较长的时间里，分几次发生，则项目班子可能会设法弥补，使建设项目能进行下去。

一次最大损失应包括在同一时段发生的各类风险引起的损失之和，包括费用、工期、质量、安全和第三者责任等引起的损失。

2. 项目整体造成损失的估计

建设项目风险发生后，会马上出现损失，这是一次性的损失。有一些风险除这一次性损失外，对后续阶段项目的实施还会有影响，即还会造成其他损失。因此，在进行风险决策、风险控制方案选择方面常常不仅需要估计项目风险事件发生后一次性的损失费用，还要估计对后续阶段项目实施带来的损失。例如，施工现场发生火灾，火灾烧掉的材料等属于一次性损失，而由于火灾导致工程停工以及救灾发生的费用等都属于后续影响造成的损失。

3. 各种不同类型风险损失的具体估计

（1）因经济因素而增加费用的估计。因经济因素而引起费用的增加，可直接用货币的形式来表现。这些因素包括价格、汇率、利率等的波动。

（2）因赶项目进度而增加费用的估计。为赶进度而增加的成本，包括建筑材料供应强度增大而增加的费用、工人加班而增加的人工费、机械使用费和相应增加的管理费等。另外，赶进度会使资金提前支付，由于资金具有时间价值，因此会带来利率方面的经济损失。

（3）因处理质量事故而增加费用的估计。质量事故导致的经济损失包括直接经济损失以及返工、修复、补救等过程发生的费用和第三者的责任损失。具体可分为：建筑物、构筑物或其他结构倒塌或报废所造成的直接经济损失；修补措施的费用；返工费用；引起工期拖延引起的损失；工程永久性缺陷对使用功能引起的损失；第三者责任引起的损失等。

（4）因处理安全事故而增加费用的估计。处理安全事故而引起的损失包括：伤亡人员的医疗或丧葬费用以及补偿费用；财产损失费用，包括材料、设备等的损失费用；引起工期延误带来的损失；为恢复正常实施而发生的费用；第三者责任引起的损失等。

4.4 风险估计的其他方法

4.4.1 盈亏平衡分析

盈亏平衡分析研究项目产品和服务数量、成本和利润三者之间的关系，以收益与成本平衡，即利润为零时的情况为基础，测算项目的生产负荷状况，据此判断在各种情况下项目适应能力和对风险的承受能力。盈亏平衡点越低，表明项目适应变化的能力越强，承受风险的能力越大。

盈亏平衡分析一般是根据项目正常生产年份的产量或销售量、可变成本、固定成本、产品价格和销售税金等数据资料计算盈亏平衡点的。由于销售收入与销售量、销售成本与销售量之间存在线性和非线性关系，因此，盈亏平衡分析也分为线性盈亏平衡分析和非线性盈亏平衡分析。

1. 线性盈亏平衡分析

线性盈亏平衡分析是指项目的销售收入与销售量、销售成本与销售量之间的关系为线性关系情况下的盈亏平衡分析。

设项目正常运转时每年的产量或向市场提供的数量为 Q，产品价格（单价）为 p，单位成本（变动成本）为 w，税率为 r，年固定成本为 F。于是

项目年总收入为　$T_r = pQ$

项目年总成本为　$T_c = wQ + rQ + F$

项目年总利润为　　$P = T_r - T_c = pQ - wQ - rQ - F = (p - w - r)Q - F$

（1）盈亏平衡点

当年利润 P 等于零，即 $T_r = T_c$ 时的产品或服务的数量 Q、单价 p、单位成本 w、税率 r、年固定成本 F 称为盈亏平衡点。这样，可以有五种盈亏平衡点，下面只讨论产量的盈亏平衡点。

产量的盈亏平衡点 Q_b 为：

$$Q_b = \frac{F}{(p - w - r)} \tag{4-5}$$

将项目销售收入函数与销售成本函数在同一坐标图上描述出来，就可得到盈亏平衡图，图中两条直线的交点就是盈亏平衡点（BEP，Break Even Point），如图4-7所示。

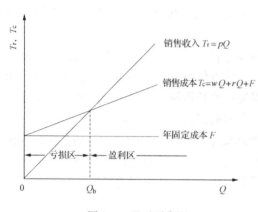

图4-7　盈亏平衡图

从图4-7可以看出，当项目实际产量达不到产量盈亏平衡点 Q_b 时，项目就要亏损；达到 Q_b 时，项目的利润为零；超过 Q_b 时，项目就能盈利。从风险管理的角度，项目管理单位要设法确保项目的产出达到或超过产量盈亏平衡点。

（2）项目生产负荷率

设项目的年设计产出能力为 Q_t，则盈亏平衡点 Q_b 与年设计产出能力 Q_t 的比值 BEP $(Q) = Q_b / Q_t$，叫做项目生产负荷率。生产负荷率是衡量项目生产负荷状况的重要指标。在项目的多方案比较中，生产负荷率越低，则项目的风险系数越小。一般认为，当生产负荷不超过0.7时，项目能够承受较大风险。

2. 非线性盈亏平衡分析

在实际的项目管理活动中，由于各种因素的影响，从而使销售收入、销售成本与销售量不成线性关系。因此，需要应用非线性盈亏平衡分析来确定盈亏平衡点。

假设非线性销售收入函数与销售成本函数用一元二次函数表示：

销售收入函数　$R(Q) = aQ + bQ^2$

销售成本函数　$C(Q) = c + dQ + eQ^2$

式中　　a、b、c、d、e——常数；

　　　　　　　Q——产量。

根据盈亏平衡原理，在平衡点有：

$$R(Q) = C(Q)$$
$$aQ + bQ^2 = c + dQ + eQ^2 \tag{4-6}$$

解此二次方程，得盈亏平衡点 Q_b^*：

$$Q_b^* = \frac{a - d}{2(e - b)} \pm \frac{\sqrt{(a - d)^2 - 4(e - b)c}}{2(e - b)} \tag{4-7}$$

可以看出，有两个盈亏平衡点 Q_{b1}^* 和 Q_{b2}^*。产量或销售量低于 Q_{b1}^* 或高于 Q_{b2}^* 时，项目亏损，在 Q_{b1}^* 和 Q_{b2}^* 之间，项目才盈利，项目的盈利 B 为：

$$B = R(Q) - C(Q) = (b-e)Q^2 + (a-d)Q - c \qquad (4-8)$$

在最大利润点上，边际利润为零。因此，对盈利 B 求导数，可求得最大利润点产量 Q^*_{maxB}。

$$\frac{dB}{dQ} = 2(b-e)Q + (a-d) = 0$$

$$Q_{maxB} = \frac{d-a}{2(b-e)} \qquad (4-9)$$

在最大利润点的左侧，利润率是上升的；在最大利润点右侧，利润率是下降的。

例 4-1 有一产品项目，根据数据资料可预测其单位产品的价格 $p = 7400Q^{-\frac{1}{2}}$，单位产品的变动成本为 50 元，固定成本 $F = 20$ 万元，对该项目进行盈亏平衡分析。

解：

（1）建立销售收入和销售成本函数

$$R(Q) = pQ = 7400Q^{\frac{1}{2}} \times Q = 7400Q^{\frac{1}{2}}$$
$$C(Q) = F + wQ = 200000 + 50Q$$

（2）求解盈亏平衡点

$$7400Q^{\frac{1}{2}} = 200000 + 50Q$$

求解该方程得到盈亏平衡点 Q^*_{b1} 和 Q^*_{b2}，$Q^*_{b1} = 12638$，$Q^*_{b2} = 1266$。

（3）求解利润最大点的产量 Q^*_{maxB}

$$\frac{dB}{dQ} = \frac{d(7400Q^{\frac{1}{2}} - 50Q - 200000)}{dQ} = 0$$

解得 $Q = 5746$

则在该点上的利润为：

$$B = 7400 \times \sqrt{5746} - 50 \times 5746 - 200000 = 73800$$

4.4.2 敏感性分析

在建设项目中，敏感性分析主要用于评估确定型风险变量对项目目标的影响，考虑某个或某些因素变化对评估目标影响的程度。如果该因素在给定范围内变动对项目目标的实现不会产生较大影响，则可认为该因素是不敏感因素，反之则是敏感因素。

敏感性分析的目的就是要在项目的诸多不确定因素中，确定敏感性因素和不敏感性因素，并分析敏感性因素对项目活动的影响程度，为项目的正确决策提供依据。具体而言，其作用主要体现在以下几个方面：

（1）找出影响项目经济效益变动的敏感性因素，分析敏感性因素变动的原因，为进一步进行不确定性分析提供依据；

（2）确定敏感性因素的变动引起项目经济效益变动的范围，分析判断项目承担风险的能力；

（3）比较分析各备选方案的风险水平，实现方案优选。

根据不确定性因素每次变动数目的多少，敏感性分析可以分为单因素敏感性分析和多因素敏感性分析。

1. 单因素敏感性分析

在实际工程风险评估中，必然涉及众多影响项目目标的各因素。在这些众多影响因素中，有针对性地选择一些因素，考察该因素在一定范围内变动，是否对项目指标产生影响，这就是单因素敏感性分析。敏感性分析中一般考察的主要因素有：产品产量、产品价格、原材料价格、投资、变动成本、税率和折现率等。

在进行敏感性分析时，首先要选择最能反映项目获利的经济指标作为敏感性分析的对象，然后计算各主要因素变化对该经济指标的影响。净现值、内部收益率、投资回收期等是进行敏感性分析时常被选择的经济指标。

比如，如果影响一个项目净现值的关键在于原材料价格的变化，那么可考虑原材料价格在一定范围内波动会对净现值变化产生多大影响。下面就是一个单因素敏感性分析的表述方式：如果原材料价格的变动幅度在±15%，净现值的变动幅度在±10万元。

除了文字表述，借助敏感图表示也是一种常用的方法，可直观地表述所考虑的因素变动幅度对项目目标的影响，特别是分别进行多个单因素敏感性分析的时候。图4-8就是一张这样的单因素敏感性分析图。

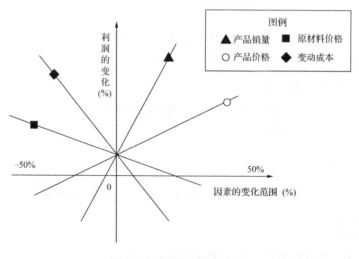

图4-8 单因素敏感性分析

从图4-8中可以看出，产品销量和工期延误是最敏感的风险因素。在具体项目运营中要注意开拓产品销售，并且保证工期不要延误。

例4-2 某一生产项目有几个备选方案，其中之一的建设期投资额、年设计生产能力、产品单价、变动成本、税率、折现率和项目10年折旧期结束时的残值分别为 $P_i = 340000$ 元，$Q_t = 600t$，$P = 400$ 元/t，$w = 220$ 元/t，$r = 20$ 元/t，$i = 16\%$，$S = 10000$ 元。试分析产量、产品价格和变动成本等因素的变动对净现值和内部收益率等经济指标的影响。

解：由技术经济学可知，项目净现值 NPV 的计算公式为：

$$NPV = -P_i + (p - w - r) \times Q \times \frac{(1+i)^n - 1}{i(1+i)^n} + \frac{S}{(1+i)^n}$$

为了测试净现值和内部收益率分别对产量、产品价格和变动成本的敏感性，在上面公式中分别让三个因素中的一个变动，而另两个保持不变，然后计算出变动后的净现值和内

52

部收益率。各因素变动的幅度一般按原值的百分比来取，如 10%、20%、-10%、-20% 等。表 4-2 是产量、产品价格和变动成本变动后的净现值和内部收益率数值。

表 4-2

产量、产品价格和变动成本变动后的净现值和内部收益率表

		-20%	-10%	0%	10%	20%
产量 Q	NPV	34359	79858	126257	172656	219655
	IRR	18.58%	22.03%	25.37%	28.62%	31.80%
产品价格 p	NPV	-105738	10259	126257	242254	358252
	IRR	7.14%	16.78%	25.37%	33.37%	41.03%
变动成本 w	NPV	265454	195855	126257	56658	-12940
	IRR	34.92%	30.22%	25.37%	20.32%	14.98%

从表 4-2 中可以看出，产品价格对净现值影响最大，其次是变动成本，产量影响最小。因此，从项目风险管理的角度来看，项目管理者应作好市场预测，采取措施控制市场供求出现不利变化而造成的损失。

2. 多因素敏感性分析

单因素敏感性分析一次只让一个因素变动，但实际情况一般是几个因素同时变动。为反映这种现实，各因素的变动幅度可以取不同的组合，然后计算这些因素同时变动时项目经济指标的变化，这种分析方法就是多因素敏感性分析。可以想象，如果风险因素非常多的情况下，因素组合的方式将数不胜数，因此，在实际应用中，应根据经验选择有限的几种组合进行运算，并且一般都假定选定同时变动的因素都是相互独立的。

例 4-3 某项目固定资产投资为 20 万元，年销售收入为 8 万元，年各项成本 3.8 万元，项目寿命周期为 10 年，期末固定资产残值 2 万元，折现率 16%。试进行固定资产投资和销售收入两因素对项目净现值的敏感性分析。

解：假设 X 为固定资产投资变化的百分数，Y 表示年销售收入变化的百分数，则根据净现值 NPV 定义，可知该项目的净现值 NPV 的表达式：

$$NPV = -200000 \times (1+X) + 80000 \times (1+Y) \times \frac{(1+16\%)^{10} - 1}{16\% \times (1+16\%)^{10}}$$

$$-38000 \times \frac{(1+16\%)^{10} - 1}{16\% \times (1+16\%)^{10}} + \frac{20000}{(1+16\%)^{10}}$$

令 $NPV = 0$，经整理得：$Y = 2.5X - 0.043$，将此直线绘于坐标图 4-9 上，该直线即为临界线，线上所有点对应的 $NPV = 0$。在临界线右下方，$NPV < 0$；在临界线左上方，$NPV > 0$。

从图 4-9 中可以看出，直线 $Y = 2.5X - 0.043$ 向斜下方平移时可得另一条直线：$2.5X - 0.043 - h$（$h > 0$），并且随着直线向斜下方移动，h 值会越来越大，即 NPV 会越来越小。反之，随着直线向斜上方移动，NPV 会越来越大。因此，可以根据各点所对应的 NPV 大小，判断出 X、Y 变化对 NPV 的影响程度。

当同时变化的风险因素达到三个以上时，可以采取相似的方法进行分析，此处不再

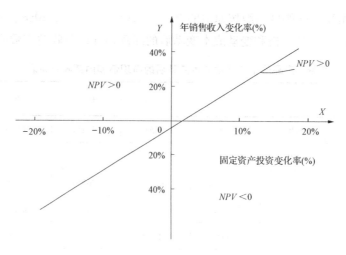

图 4-9　多因素敏感性分析

赘述。

盈亏平衡分析和敏感性分析都没有考虑风险因素变化的概率。因此，这两种方法虽然可以回答哪些因素变化对项目风险影响大，但不能回答哪些因素变化最有可能发生以及变化的概率，这是两种方法在风险估计方面的不足。

4.4.3　贝叶斯后验概率法

建设项目风险分析在没有客观数据可用时，常采用主观概率或专家估计法等来确定风险后果出现的概率，这些在没有历史数据可用时主观确定的概率，又称为先验概率。先验概率具有很大的不确定性，需要通过各种途径和手段（如试验、市场调查、文献调查等）来获得更加准确、有效的信息，以修正和完善先验信息。

贝叶斯后验概率法是利用概率论中的贝叶斯公式来改善对风险后果出现概率的估计方法，这种改善后的概率称为后验概率。按照贝叶斯公式，风险后果 B_i 出现的后验概率为：

$$p\{B_i|A\} = \frac{p\{A|B_i\}p\{B_i\}}{\sum p\{A|B_i\}p\{B_i\}} \tag{4-10}$$

例 4-4　某建设项目提供某种特殊服务，该建设项目的收益取决于购买这种特殊服务的用户数量。主观估计用户数量多的情况出现概率 $p\{M\}=0.5$，用户数量少的情况出现的概率 $p\{L\}=0.5$。为提高用户数量估计的准确性，决定请咨询公司进行全面的市场调查和预测。根据历年积累的数据和资料可知：凡是实际用户数量多的情况，调查结果得出用户数量多的概率为 $p\{A|M\}=0.9$，用户数量少的概率为 $p\{B|M\}=0.1$；凡是实际用户数量少的情况，调查结果得出用户数量多的结论的概率为 $p\{A|L\}=0.2$，用户数量少的概率为 $p\{B|L\}=0.8$。试问，在咨询公司进行市场调查后，购买该建设项目提供服务的用户数量多和少的概率有何改善？

解：先计算市场调查结论表明用户数量多和数量少的概率。不管该建设项目实际用户数量多还是少，市场调研结论表明用户数量多的概率为：

$$p\{A\} = p\{A|M\} \times p\{M\} + p\{A|L\} \times p\{L\}$$
$$= 0.9 \times 0.5 + 0.2 \times 0.5 = 0.55$$

市场调研结论表明用户数量少的概率为：
$$p\{B\} = p\{B|M\} \times p\{M\} + p\{B|L\} \times p\{L\}$$
$$= 0.1 \times 0.5 + 0.8 \times 0.5 = 0.45$$

然后,利用贝叶斯公式计算市场调查结论表明用户数量多,而实际上确实是用户数量多的概率：

$$p\{M|A\} = \frac{p\{A|M\} \times p\{M\}}{p\{A\}} = \frac{0.9 \times 0.5}{0.55} = \frac{9}{11} > p\{M\} = 0.5$$

市场调查结论表明用户数量多,而实际上确实是用户数量少的概率：

$$p\{L|A\} = \frac{p\{A|L\} \times p\{L\}}{p\{A\}} = \frac{0.2 \times 0.5}{0.55} = \frac{2}{11} < p\{L\} = 0.5$$

市场调查结论表明用户数量少,而实际上确实是用户数量多的概率：

$$p\{M|B\} = \frac{p\{B|M\} \times p\{M\}}{p\{B\}} = \frac{0.1 \times 0.5}{0.45} = \frac{1}{9} < p\{M\} = 0.5$$

市场调查结论表明用户数量少,而实际上确实是用户数量少的概率：

$$p\{L|B\} = \frac{p\{B|L\} \times p\{L\}}{p\{B\}} = \frac{0.8 \times 0.5}{0.45} = \frac{8}{9} < p\{L\} = 0.5$$

该例表明,市场调查的确可以减少不确定性,改善对风险概率的估计,使主观概率更接近客观实际。

4.5　案例分析

该案例继续利用第 3 章的风险识别结果。

案例以现金流动为基础进行分析与模拟,因此该工程的效益和费用由各个时期的现金流来反映,因而对该工程投入和产出过程中辨识出来的各种风险因素直接作用于各个时期的现金流,其作用后果是使项目在各个时期的现金流发生变化。当实际现金流与预测值发生偏差时,最终将导致投资净收益值的偏差。所以,风险估计的主要任务就是将现金流看作随机变量,综合考虑各主要风险因素影响的基础上,对随机现金流的概率分布进行估计。

风险因素已如上述作了考虑,在此假设各风险因素均服从 β 分布,按 β 分布要求综合考虑该工程投入、产出过程中辨识出的风险,对各项费用和效益的组成部分分别估计出最低、最高和最可能值,进而计算出各项费用和效益的均值和标准差。

1. 工程总投资的估计

设 T_i、TM_i、TC_i 分别表示第 i 年的总投资、枢纽工程投资和移民投资,则第 i 年的工程总投资 T_i 应为枢纽工程投资 TM_i 与移民投资 TC_i 的和。

根据辨识出的影响枢纽工程投资 TM 的风险因素,分别估出年度枢纽工程投资的最低值 a、最高值 b,如表 4-3 所示（注：最可能值 m 为有关部门提供的修订后的影子价格。以下同）。

序号	年度	总投资		枢纽工程投资					移民投资				
		均值	标准差	a	m	b	均值	标准差	a	m	b	均值	标准差
1	1996	4.728	0.181	4.344	4.648	5.430	4.728	0.181	0.000	0.000	0.000	0.000	0.000
2	1997	6.306	0.256	4.344	4.572	5.430	4.677	0.181	1.086	1.629	2.172	1.629	0.181
3	1998	7.902	0.326	5.430	6.288	7.059	6.273	0.272	1.086	1.629	2.172	1.629	0.181
4	1999	12.337	0.256	9.231	9.546	10.317	9.622	0.181	2.172	2.715	3.258	2.715	0.181
5	2000	13.532	0.256	9.231	9.709	10.317	9.731	0.181	3.258	3.801	4.344	3.801	0.181
6	2001	16.095	0.256	11.946	12.087	13.032	12.221	0.181	3.258	3.910	4.344	3.873	0.181
7	2002	14.071	0.326	9.774	9.893	10.860	10.035	0.181	3.258	4.018	4.887	4.036	0.272
8	2003	15.251	0.326	10.860	11.338	11.946	11.360	0.181	3.258	3.801	4.887	3.891	0.272
9	2004	16.080	0.384	11.946	12.554	13.575	12.623	0.271	3.041	3.258	4.670	3.457	0.272
10	2005	16.221	0.326	12.489	13.010	14.118	13.108	0.271	2.715	3.041	3.801	3.113	0.181
11	2006	15.819	0.256	12.489	12.543	13.575	12.706	0.181	2.715	3.041	3.801	3.113	0.181
12	2007	16.399	0.256	13.032	13.141	14.118	13.285	0.181	2.715	3.041	3.801	3.113	0.181
13	2008	11.946	0.362	10.860	11.946	13.032	11.946	0.362	0.000	0.000	0.000	0.000	0.000
14	2009	11.946	0.362	10.860	11.946	13.032	11.946	0.362	0.000	0.000	0.000	0.000	0.000
15	2010	22.209	0.326	16.290	16.833	17.919	16.924	0.271	4.887	5.213	5.973	5.285	0.181
16	2011	22.129	0.244	16.616	16.174	17.593	16.844	0.163	4.887	5.213	5.973	5.285	0.181
17	2012	20.963	0.244	15.421	15.562	16.399	15.678	0.163	4.887	5.213	5.973	5.285	0.181
18	2013	17.521	0.256	11.946	12.109	13.032	12.236	0.181	4.887	5.213	5.973	5.285	0.181
19	2014	16.058	0.256	10.317	10.621	11.403	10.701	0.181	4.877	5.321	5.973	5.358	0.181
20	2015	15.070	0.326	9.231	9.546	10.860	9.712	0.271	4.887	5.321	5.973	5.358	0.181
21	2016	4.742	0.181	0.000	0.000	0.000	0.000	0.000	4.344	4.670	5.430	4.742	0.181
22	2017	4.742	0.181	0.000	0.000	0.000	0.000	0.000	4.344	4.670	5.430	4.742	0.181
23	2018	4.742	0.181	0.000	0.000	0.000	0.000	0.000	4.344	4.670	5.430	4.742	0.181
24	2019	4.742	0.181	0.000	0.000	0.000	0.000	0.000	4.344	4.670	5.430	4.742	0.181
25	2020	4.742	0.181	0.000	0.000	0.000	0.000	0.000	4.344	4.670	5.430	4.742	0.181
26	2021	4.742	0.181	0.000	0.000	0.000	0.000	0.000	4.344	4.670	5.430	4.742	0.181
27	2022	5.140	0.181	0.000	0.000	0.000	0.000	0.000	4.887	4.996	5.973	5.140	0.181
28	2023	5.140	0.181	0.000	0.000	0.000	0.000	0.000	4.887	4.996	5.973	5.140	0.181

序号	年度	总投资		枢纽工程投资						移民投资				
		均值	标准差	a	m	b	均值	标准差	a	m	b	均值	标准差
29	2024	0.000	0.000	0.000	0.000	0.000	0.000	0.000	0.000	0.000	0.000	0.000	0.000
30	2025	0.000	0.000	0.000	0.000	0.000	0.000	0.000	0.000	0.000	0.000	0.000	0.000
31	2026	0.000	0.000	0.000	0.000	0.000	0.000	0.000	0.000	0.000	0.000	0.000	0.000
32	2027	0.000	0.000	0.000	0.000	0.000	0.000	0.000	0.000	0.000	0.000	0.000	0.000
33	2028	0.000	0.000	0.000	0.000	0.000	0.000	0.000	0.000	0.000	0.000	0.000	0.000
34	2029	0.000	0.000	0.000	0.000	0.000	0.000	0.000	0.000	0.000	0.000	0.000	0.000
35	2030	0.000	0.000	0.000	0.000	0.000	0.000	0.000	0.000	0.000	0.000	0.000	0.000
36	2031	0.000	0.000	0.000	0.000	0.000	0.000	0.000	0.000	0.000	0.000	0.000	0.000
37	2032	0.000	0.000	0.000	0.000	0.000	0.000	0.000	0.000	0.000	0.000	0.000	0.000
38	2033	0.000	0.000	0.000	0.000	0.000	0.000	0.000	0.000	0.000	0.000	0.000	0.000
39	2034	0.000	0.000	0.000	0.000	0.000	0.000	0.000	0.000	0.000	0.000	0.000	0.000
40	2035	0.000	0.000	0.000	0.000	0.000	0.000	0.000	0.000	0.000	0.000	0.000	0.000
41	2036	0.000	0.000	0.000	0.000	0.000	0.000	0.000	0.000	0.000	0.000	0.000	0.000
42	2037	0.000	0.000	0.000	0.000	0.000	0.000	0.000	0.000	0.000	0.000	0.000	0.000
43	2038	0.000	0.000	0.000	0.000	0.000	0.000	0.000	0.000	0.000	0.000	0.000	0.000

由 β 分布均值与方差的计算公式得，i 年枢纽工程投资的均值 $E(TM_i)$ 与方差 $V(TM_i)$ 为：

$$E(TM_i) = (a + 4m + b)/6$$

$$V(TM_i) = \left(\frac{b-a}{6}\right)^2 \tag{4-11}$$

根据辨识出的影响移民投资 TC_i 的风险因素，分别估出年度移民投资的最低值 a、最高值 b，如表4-3所示。同上理由，第 i 年移民投资的均值 $E(TC_i)$ 与方差 $V(TC_i)$ 为：

$$E(TC_i) = (a + 4m + b)/6$$

$$V(TC_i) = \left(\frac{b-a}{6}\right)^2 \tag{4-12}$$

在得到枢纽工程投资和移民工程投资的均值和方差之后，可按下式计算出第 i 年工程总投资的均值 $E(T_i)$ 与方差 $V(T_i)$ 为：

$$E(T_i) = E(TM_i) + E(TC_i)$$

$$V(T_i) = V(TM_i) + V(TC_i) \tag{4-13}$$

2. 售电收入的估计

售电收入 Z 为售电量与单位电价的乘积。设售电量 S 的最低估计值、最可能值、最高估计值为 a_1、m_1、b_1，均值为 u_1，方差为 v_1；单位电价 P 的最低估计值、最可能值、最高估计值为 a_2、m_2、b_2，均值为 u_2，方差为 v_2，根据本节中辨识出的影响工程发电效益的风险因素估计出 a_1、b_1 和 a_2、b_2，由此计算出单位电价和售电量的均值 u_1，u_2 和方差 v_1，v_2：

$$u_1 = (a_1 + 4m_1 + b_1)/6$$
$$u_2 = (a_2 + 4m_2 + b_2)/6 \tag{4-14}$$

$$v_1 = \left(\frac{b_1 - a_1}{6}\right)^2$$

$$v_2 = \left(\frac{b_2 - a_2}{6}\right)^2 \tag{4-15}$$

售电收入的均值 $E(Z)$ 与方差 $V(Z)$ 为：

$$E(Z) = E(SP) = E(S)E(P) = u_1 u_2$$
$$V(Z) = V(SP) = V(S)V(P) = u_1^2 v_2 + u_2^2 v_1 + v_1 v_2 \tag{4-16}$$

估算结果如表 4-4 所示。

售 电 收 入   表 4-4

序号	年度	总投资		枢纽工程投资					移民投资				
		均值	标准差	a	m	b	均值	标准差	a	m	b	均值	标准差
1	1996	0.000	0.000	0.000	0.000	0.000	0.000	0.000	0.000	0.000	0.000	0.000	0.000
2	1997	0.000	0.000	0.000	0.000	0.000	0.000	0.000	0.000	0.000	0.000	0.000	0.000
3	1998	0.000	0.000	0.000	0.000	0.000	0.000	0.000	0.000	0.000	0.000	0.000	0.000
4	1999	0.000	0.000	0.000	0.000	0.000	0.000	0.000	0.000	0.000	0.000	0.000	0.000
5	2000	0.000	0.000	0.000	0.000	0.000	0.000	0.000	0.000	0.000	0.000	0.000	0.000
6	2001	0.000	0.000	0.000	0.000	0.000	0.000	0.000	0.000	0.000	0.000	0.000	0.000
7	2002	0.000	0.000	0.000	0.000	0.000	0.000	0.000	0.000	0.000	0.000	0.000	0.000
8	2003	0.000	0.000	0.000	0.000	0.000	0.000	0.000	0.000	0.000	0.000	0.000	0.000
9	2004	0.000	0.000	0.000	0.000	0.000	0.000	0.000	0.000	0.000	0.000	0.000	0.000
10	2005	0.000	0.000	0.000	0.000	0.000	0.000	0.000	0.000	0.000	0.000	0.000	0.000
11	2006	0.000	0.000	0.000	0.000	0.000	0.000	0.000	0.000	0.000	0.000	0.000	0.000
12	2007	52.920	4.546	0.049	0.054	0.076	0.057	0.005	868.800	912.240	248.000	928.168	30.408
13	2008	52.920	4.546	0.049	0.054	0.076	0.057	0.005	868.800	912.240	248.000	928.168	30.408
14	2009	52.920	4.546	0.049	0.054	0.076	0.057	0.005	868.800	912.240	248.000	928.168	30.408
15	2010	52.920	4.546	0.049	0.054	0.076	0.057	0.005	868.800	912.240	248.000	928.168	30.408

序号	年度	总投资		枢纽工程投资					移民投资				
		均值	标准差	a	m	b	均值	标准差	a	m	b	均值	标准差
16	2011	52.920	4.546	0.049	0.054	0.076	0.057	0.005	868.800	912.240	248.000	928.168	30.408
17	2012	52.920	4.546	0.049	0.054	0.076	0.057	0.005	868.800	912.240	248.000	928.168	30.408
18	2013	52.920	4.546	0.049	0.054	0.076	0.057	0.005	868.800	912.240	248.000	928.168	30.408
19	2014	52.920	4.546	0.049	0.054	0.076	0.057	0.005	868.800	912.240	248.000	928.168	30.408
20	2015	52.920	4.546	0.049	0.054	0.076	0.057	0.005	868.800	912.240	248.000	928.168	30.408
21	2016	52.920	4.546	0.049	0.054	0.076	0.057	0.005	868.800	912.240	248.000	928.168	30.408
22	2017	52.920	4.546	0.049	0.054	0.076	0.057	0.005	868.800	912.240	248.000	928.168	30.408
23	2018	52.920	4.546	0.049	0.054	0.076	0.057	0.005	868.800	912.240	248.000	928.168	30.408
24	2019	52.920	4.546	0.049	0.054	0.076	0.057	0.005	868.800	912.240	248.000	928.168	30.408
25	2020	52.920	4.546	0.049	0.054	0.076	0.057	0.005	868.800	912.240	248.000	928.168	30.408
26	2021	52.920	4.546	0.049	0.054	0.076	0.057	0.005	868.800	912.240	248.000	928.168	30.408
27	2022	52.920	4.546	0.049	0.054	0.076	0.057	0.005	868.800	912.240	248.000	928.168	30.408
28	2023	52.920	4.546	0.049	0.054	0.076	0.057	0.005	868.800	912.240	248.000	928.168	30.408
29	2024	52.920	4.546	0.049	0.054	0.076	0.057	0.005	868.800	912.240	248.000	928.168	30.408
30	2025	52.920	4.546	0.049	0.054	0.076	0.057	0.005	868.800	912.240	248.000	928.168	30.408
31	2026	52.920	4.546	0.049	0.054	0.076	0.057	0.005	868.800	912.240	248.000	928.168	30.408
32	2027	52.920	4.546	0.049	0.054	0.076	0.057	0.005	868.800	912.240	248.000	928.168	30.408
33	2028	52.920	4.546	0.049	0.054	0.076	0.057	0.005	868.800	912.240	248.000	928.168	30.408
34	2029	52.920	4.546	0.049	0.054	0.076	0.057	0.005	868.800	912.240	248.000	928.168	30.408
35	2030	52.920	4.546	0.049	0.054	0.076	0.057	0.005	868.800	912.240	248.000	928.168	30.408
36	2031	52.920	4.546	0.049	0.054	0.076	0.057	0.005	868.800	912.240	248.000	928.168	30.408
37	2032	52.920	4.546	0.049	0.054	0.076	0.057	0.005	868.800	912.240	248.000	928.168	30.408
38	2033	52.920	4.546	0.049	0.054	0.076	0.057	0.005	868.800	912.240	248.000	928.168	30.408
39	2034	52.920	4.546	0.049	0.054	0.076	0.057	0.005	868.800	912.240	248.000	928.168	30.408
40	2035	52.920	4.546	0.049	0.054	0.076	0.057	0.005	868.800	912.240	248.000	928.168	30.408
41	2036	52.920	4.546	0.049	0.054	0.076	0.057	0.005	868.800	912.240	248.000	928.168	30.408
42	2037	52.920	4.546	0.049	0.054	0.076	0.057	0.005	868.800	912.240	248.000	928.168	30.408
43	2038	52.920	4.546	0.049	0.054	0.076	0.057	0.005	868.800	912.240	248.000	928.168	30.408

3. 经营成本和流动资金的估计

经营成本 C 和流动资金 F 是该工程国民经济评价中属于现金流方面的两项重要项目，需对其进行估计。经营成本与电站的供电量和运行效率有关。已知供电量的最大、最小和最可能值，即可算出经营成本的最大、最小和最可能值。设供电量为 I，综合费用为 K，则经营成本 $C = KI$，其均值 $E(C)$ 与方差 $V(C)$ 为：

$$E(C) = E(KI) = KE(I) \qquad (4-17)$$
$$V(C) = V(KI) = K^2 V(I)$$

流动资金 F 是由投资额按一定的比例投入的，它的最大、最小和最可能值也可以仿照上式估算出来。估算结果如表4-5所示。

经营成本和流动资金的估计

表4-5

序号	年度	枢纽工程投资					移民投资				
		a	m	b	均值	标准差	a	m	b	均值	标准差
1	1996	0.000	0.000	0.000	0.000	0.000	0.000	0.000	0.000	0.000	0.000
2	1997	0.000	0.000	0.000	0.000	0.000	0.000	0.000	0.000	0.000	0.000
3	1998	0.000	0.000	0.000	0.000	0.000	0.000	0.000	0.000	0.000	0.000
4	1999	0.000	0.000	0.000	0.000	0.000	0.000	0.000	0.000	0.000	0.000
5	2000	0.000	0.000	0.000	0.000	0.000	0.000	0.000	0.000	0.000	0.000
6	2001	0.000	0.000	0.000	0.000	0.000	0.000	0.000	0.000	0.000	0.000
7	2002	0.000	0.000	0.000	0.000	0.000	0.000	0.000	0.000	0.000	0.000
8	2003	0.000	0.000	0.000	0.000	0.000	0.000	0.000	0.000	0.000	0.000
9	2004	0.000	0.000	0.000	0.000	0.000	0.000	0.000	0.000	0.000	0.000
10	2005	0.000	0.000	0.000	0.000	0.000	0.000	0.000	0.000	0.000	0.000
11	2006	0.000	0.000	0.000	0.000	0.000	0.000	0.000	0.000	0.000	0.000
12	2007	5.593	5.636	5.778	5.653	0.031	0.065	0.076	0.087	0.076	0.004
13	2008	5.593	5.636	5.778	5.653	0.031	0.109	0.152	0.217	0.156	0.018
14	2009	5.593	5.636	5.778	5.653	0.031	0.109	0.152	0.217	0.156	0.018
15	2010	5.593	5.636	5.778	5.653	0.031	0.109	0.152	0.217	0.156	0.018
16	2011	5.593	5.636	5.778	5.653	0.031	0.109	0.152	0.217	0.156	0.018
17	2012	5.593	5.636	5.778	5.653	0.031	0.109	0.152	0.217	0.156	0.018
18	2013	5.593	5.636	5.778	5.653	0.031	0.109	0.152	0.217	0.156	0.018
19	2014	5.593	5.636	5.778	5.653	0.031	0.000	0.000	0.000	0.000	0.000
20	2015	5.593	5.636	5.778	5.653	0.031	0.000	0.000	0.000	0.000	0.000

序号	年度	枢纽工程投资					移民投资				
		a	m	b	均值	标准差	a	m	b	均值	标准差
21	2016	5.593	5.636	5.778	5.653	0.031	0.000	0.000	0.000	0.000	0.000
22	2017	5.593	5.636	5.778	5.653	0.031	0.000	0.000	0.000	0.000	0.000
23	2018	5.593	5.636	5.778	5.653	0.031	0.000	0.000	0.000	0.000	0.000
24	2019	5.593	5.636	5.778	5.653	0.031	0.000	0.000	0.000	0.000	0.000
25	2020	5.593	5.636	5.778	5.653	0.031	0.000	0.000	0.000	0.000	0.000
26	2021	5.593	5.636	5.778	5.653	0.031	0.000	0.000	0.000	0.000	0.000
27	2022	5.593	5.636	5.778	5.653	0.031	0.000	0.000	0.000	0.000	0.000
28	2023	5.593	5.636	5.778	5.653	0.031	0.000	0.000	0.000	0.000	0.000
29	2024	5.593	5.636	5.778	5.653	0.031	0.000	0.000	0.000	0.000	0.000
30	2025	5.593	5.636	5.778	5.653	0.031	0.000	0.000	0.000	0.000	0.000
31	2026	5.593	5.636	5.778	5.653	0.031	0.000	0.000	0.000	0.000	0.000
32	2027	5.593	5.636	5.778	5.653	0.031	0.000	0.000	0.000	0.000	0.000
33	2028	5.593	5.636	5.778	5.653	0.031	0.000	0.000	0.000	0.000	0.000
34	2029	5.593	5.636	5.778	5.653	0.031	0.000	0.000	0.000	0.000	0.000
35	2030	5.593	5.636	5.778	5.653	0.031	0.000	0.000	0.000	0.000	0.000
36	2031	5.593	5.636	5.778	5.653	0.031	0.000	0.000	0.000	0.000	0.000
37	2032	5.593	5.636	5.778	5.653	0.031	0.000	0.000	0.000	0.000	0.000
38	2033	5.593	5.636	5.778	5.653	0.031	0.000	0.000	0.000	0.000	0.000
39	2034	5.593	5.636	5.778	5.653	0.031	0.000	0.000	0.000	0.000	0.000
40	2035	5.593	5.636	5.778	5.653	0.031	0.000	0.000	0.000	0.000	0.000
41	2036	5.593	5.636	5.778	5.653	0.031	0.000	0.000	0.000	0.000	0.000
42	2037	5.593	5.636	5.778	5.653	0.031	0.000	0.000	0.000	0.000	0.000
43	2038	5.593	5.636	5.778	5.653	0.031	0.000	0.000	0.000	0.000	0.000

4.6　本章小结

本章首先介绍了建设项目风险估计的概念、内容和过程；然后给出了风险估计中的概率估计和进度、费用估计的方法以及其他常用的方法，其中贝叶斯后验概率法是非常重要的方法；最后，结合案例阐述了建设项目风险估计的实际实施过程。

复习思考题

1. 什么是风险估计？风险估计的具体内容是什么？
2. 风险事件发生的概率如何估计？
3. 风险的进度和费用损失如何估计？
4. 为什么要进行敏感性分析？
5. 先验概率和后验概率的区别和联系？

第5章 风险评价

5.1 风险评价概述

5.1.1 风险评价的作用

在建设项目管理中，项目风险评价是一项必不可少的环节，其作用主要表现在：

（1）通过风险评价，以确定风险大小的先后顺序。对建设项目中各类风险进行评价，根据它们对项目目标的影响程度，包括风险出现的概率和后果，以确定它们的排序，为考虑风险控制先后顺序和风险控制措施提供依据。

（2）通过风险评价，确定各风险事件间的内在联系。建设项目中各种各样的风险事件，乍看是互不相干的，但当进行详细分析后，便会发现某一些风险事件的风险源是相同的或有着密切的关联。例如，某建设项目由于使用了不合格的材料，承重结构强度严重达不到规定值，引发了不可预见的重大质量事故，造成了工期拖延、费用失控以及工程技术性能或质量达不到设计要求等多种后果。对这种情况，从表面上看，工程进度、费用和质量均出现了风险，但其根源只有一个，即材料质量控制不严格，在以后的管理中只要注意材料质量控制，就可以消除此类风险。

（3）通过风险评价，可进一步认识已估计的风险发生的概率和引起的损失，降低风险估计过程中的不确定性。当发现原估计和现状出入较大，必要时可根据建设项目进展现状，重新估计风险发生的概率和可能的后果。

（4）风险评价是风险决策的基础。风险决策是指决策者在风险决策环境下，对若干备选行动方案，按照某种决策准则（该决策准则包括决策者的风险态度），选择最优或满意的决策方案的过程。因此，风险评价是风险决策的基础。

例如，承包商对建设项目施工总承包，和分项施工承包相比，存在较多的不确定性，即具有较大的风险性，如对某些子项目没有施工经验。但如果承包商把握机会，将部分不熟悉的施工子项目分包给某一个有经验的专业施工队伍，对总包而言，这可能会获得更多的利润。当然还要注意到，原认为是机会的东西，在某些条件下也可能会转化为风险。

5.1.2 风险评价的步骤

建设项目风险评价，一般可按下列步骤进行：

（1）确定项目风险评价标准。建设项目风险评价标准就是建设项目主体针对不同的项目风险，确定可以接受的风险率。一般而言，对单个风险事件和建设项目整体风险均要确定评价标准，可分别称为单个评价标准和整体评价标准。

（2）确定评价时的建设项目风险水平。其包括单个风险水平和整体风险水平。建设项目整体风险水平是综合了所有风险事件之后确定的。确定建设项目整体风险水平后，总是要和建设项目的整体评价标准相比较，因此，整体风险水平的确定方法要和整体评价标准确定的原则和方法相适应，否则两者就缺乏可比性。

（3）比较，即将建设项目单个风险水平和单个评价标准、整体风险水平和整体评价标准进行比较，进而确定它们是否在可接受的范围内，或考虑采取什么样的风险措施。

在上述过程中，可采用定性与定量相结合的方法进行。一般来说，定量分析就是在占有比较完美的统计资料前提下，把损失概率、损失程度及其他因素综合起来考虑，找出有关联的规律性联系，作为分析预测的重要依据。但对于不是这样的场合以及环境变化较大的场合，需要用专家法或者其他方法进行修正。

5.1.3 风险评价标准

建设项目风险评价标准具有下列特性：

（1）不同项目主体有不同项目风险评价标准。就同一个建设项目，对不同的项目主体，其有不同的项目管理目标。如建设项目业主，其对建设项目的工期、投资和质量有一个整体的目标；在此基础上，进而对各子项目工程在工期、投资和质量方面有较为具体的目标。同样是这一建设项目，对承担其施工的承包人对其就有不同管理目标。因此对同一建设项目，不同的项目主体有其不同的风险评价标准。

（2）项目风险评价标准和项目目标的相关性。建设项目风险评价标准总是和项目的目标相关的，显然，不同的项目目标当然也应具有不同的风险评价标准，其中常用到的是单个风险评价标准和整体风险评价标准。

（3）建设项目风险评价标准的两个层次。项目风险的概念总是和概率的概念相关的，因此将百分之百实现项目目标作为风险评价的标准并不是科学的。建设项目风险评价标准应分为计划风险水平和可接受风险水平两个层次：

1）计划风险水平，即在项目实施前分析估计得到的或根据以往的管理经验得到的，并认为是合理的风险水平。对这一风险水平，在不需要采取特别控制措施的条件下，建设项目目标基本上能得以实现。

2）可接受风险水平，即项目主体可以接受的，经过一定的努力，采取适当的控制措施，项目目标能够实现的风险水平。

（4）建设项目风险评价标准的形式。建设项目的具体目标多种多样，因此，项目风险评价标准的形式也有：风险率、风险损失、风险量等。如建设项目施工进度风险常用风险率，即将不能按目标工期完工的概率，作为评价标准；质量风险可用质量事故发生后的费用损失或工期损失作为评价标准；费用风险可用风险量作为评价标准。

5.1.4 建设项目整体风险水平

建设项目整体风险水平对项目管理者而言是一相当重要的概念，但合理地加以衡量却不是件简单的事。建设项目风险可按工程结构分解。反之，整体风险一般由建设项目子项工程的风险构成，而子项工程风险又可按建设项目目标进行分类。因此，建设项目整体风险水平的描述相当复杂。

对建设项目整体风险水平的描述可分两步进行：

（1）按建设项目目标风险的分类方法，分析实现项目整体目标的风险。对同一类的风险，其属性相同。因此，通过一定的运算，得到各目标的整体风险水平。如建设项目工期风险，是由完成各子项目时间的不确定而造成的，因此，可以在进度网络计划的基础上，采用蒙特卡洛模拟方法或其他方法分析建设项目的工期风险。

（2）综合不同目标风险，得到项目整体风险水平。不同目标的风险，一般而言，其属性是不一样的，因此，做简单的算术运算是没有实际意义的。需要采用其他一些数学处理，将各种目标风险有机地综合起来，科学地描述项目整体风险水平。

在分析建设项目整体风险水平时，特别要注意到不同风险间的依赖关系和因果关系，这是在风险决策的过程中十分有用的信息。

5.1.5 建设项目风险水平的比较

建设项目实际风险水平和风险标准的比较分单个风险水平和相应风险标准的比较、整体风险水平和相应风险标准的比较以及综合性风险水平和相应风险标准的比较。

单个风险水平和标准的比较通常十分简单。例如，估计某个工程子项目会滞后 5 天，此时仅需和用于分析计算的时间参数相比较，当该子项目的自由时差大于 5 天时，一般认为这个子项目的滞后是可以接受的。当该子项目的自由时差小于 5 天时，这一滞后会影响到后续子项目的正常开始，可能会出现窝工现象；若进一步，这滞后的 5 天还大于其总时差时，则问题就更大了，因为该子项目的滞后会影响到项目工期。

在进行整体风险水平和标准的比较时，首先要注意到两者的可比性，即整体风险水平的评价原则、方法和口径要和整体标准所依据的原则、方法和口径基本一致。否则其比较就无实际意义。比较之后的结果无非是两种情况，即风险是可以接受的，或风险是不能接受的。当项目整体风险小于整体评价标准时，总体而言，风险是可以接受的，项目或项目方案是可行的；若整体风险大于整体评价标准时，甚至大得较多时，则风险是不能接受的，就需要考虑是否放弃这个项目或项目方案。

综合性比较，即将单个风险水平与其相应的评价标准作比较的同时，也将整体风险水平与其对应的评价标准相比较。一般而言，若整体风险不能接受，而且主要的一些单个风险也不能接受时，则项目或项目的方案是不可行的；若整体风险能被接受，而且主要的一些单个风险也能被接收时，则项目或项目的方案是可行的；若整体风险能被接受，而且并不是主要的单个风险不能被接受，此时，对项目或项目方案可作适当调整就可实施；若整体风险能被接受，而主要的某些单个风险不能被接受，此时，就应从全局出发作进一步的分析，确认机会多于风险时，对项目或项目的方案可作适当调整再实施。

风险评价与决策方法主要分为定性分析方法和定量分析方法。定性分析主要通过人的直观判断、经验等方法进行分析，定量分析则通过引入具体数据或数量化模型等方式进行分析。

5.2 风险评价的定量化方法

5.2.1 故障树分析法

故障树分析法是1961年美国贝尔实验室对导弹发射系统进行安全分析时，由瓦特森提出来的，由于这种方法优点很多，故后来被广泛用于工业和其他复杂大型系统之中。该方法是利用图解的形式将大故障分解成小故障，或对各种引起故障的原因进行分析，故障树分析实际上是借用可靠性工程中的失效树形式对引起风险的各种因素进行分层次的辨识，因图的形式像树枝一样，故称故障树。

故障树经常用于直接经验较少的风险辨别，其主要优点是比较全面地分析了所有故障发生原因，包括人为因素，因而包罗了系统内外所有失效机理，比较形象化。不足之处是这种方法用于大系统时容易产生遗漏和错误。

故障分析是以故障树为模型，对项目可能发生的风险进行定性分析的过程。故障树分析则是把项目实施中最不希望发生的事件或项目状态作为风险分析的目标，在故障树中称为项事件；继而找出导致这一事件或状态发生的所有可能的直接原因，在故障树中称为中间事件；再跟踪找出导致这些中间事件发生的可能直接原因，在故障树中称为底事件。直到追寻到引起中间事件发生的全部原发事件为止。FTA是一种演绎的逻辑分析方法，遵循从结果找原因的原则，分析项目风险及其产生原因之间的因果关系。它是一种具有广阔应用范围和发展前途的风险分析方法。

图5-1就是一家建筑公司对建筑现场施工伤亡事件的故障树分析。其中对工人由于自身原因造成的伤亡事故，一直追寻到原发事件。

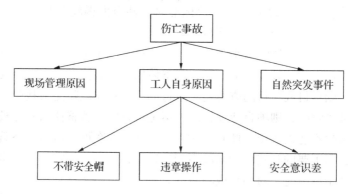

图5-1 施工伤亡事件的故障树分析

5.2.2 主观评分法

主观评分法就是由项目管理人员对项目运行过程中，每一阶段的每一风险因素，给予一个主观评分，然后分析项目是否可行的做法。这种分析方法更侧重于对项目风险的定性评价，它将项目中每一单个风险都赋予一个权值，例如从0到10之间的一个数。0代表没有风险，10代表风险最大；然后通过计算整个项目的风险并与风险基准进行比较来分析项目是否可行。另外，还可通过这种方法比较项目每一阶段或每种风险因素的相对风险大小程度。举例说明如下：

某项目要经过四个阶段，每个阶段的风险情况都已进行了分析，如表 5-1 所示，假定项目整体风险可接受的水平为 0.6，请分析项目是否可行，并通过比较项目各阶段的风险情况，说明项目在哪一阶段相对风险最大。

						主观评分法	表 5-1
	费用风险	工期风险	质量风险	人员风险	技术风险	各阶段风险权值和	各阶段风险权重
概念阶段	5	6	3	4	4	22	0.22
开发阶段	3	7	5	5	6	26	0.26
实施阶段	4	9	7	6	6	32	0.32
收尾阶段	7	4	4	3	3	21	0.21
合　计	19	26	19	18	19	101	1.01

表 5-1 中，横向上把项目每一阶段的五个风险权值加起来，纵向上把每种风险的权值加起来，无论是横向或纵向都可得到项目的风险总权值。之后，计算最大风险权值和，即用表的行数乘以列数，再乘以表中最大风险权值，就得到最大风险权值和。用项目风险总权值除以最大风险权值和就是该项目整体风险水平。表中最大风险权值是 9，因此最大风险权值和 $= 4 \times 5 \times 9 = 180$，全部风险权值和 $= 101$，所以，该项目整体风险水平 $= 101/180 = 0.56$。将此结果与事先给定的整体评价基准 0.6 相比说明，该项目整体上风险水平可以接受。另外通过计算项目各阶段的风险权重，可以知道该项目在实施阶段风险最大，因此，要加强实施阶段的管理，并尽早做好相关的防范准备，尤其是要加强对工期的管理。

主观评分法的优点是简便且容易使用。缺点依然是可靠性完全取决于项目管理人员的经验与水平，因此，其用途的大小就取决于项目管理人员对项目各阶段各种风险分析的准确性。

5.2.3　层次分析法

除了考虑单个风险因素的分析，实际中还要综合考虑各单个风险因素对项目目标的整体影响效应，这就是项目整体风险的评估。

建设项目整体风险的分析与评估，目前已有了很多定量化方法，通常采用的几种方法包括：核对表、层次分析法（AHP，Analytic Hierarchy Process）、蒙特卡洛模拟（Monte Carlo Simulation）、敏感性分析（Sensitive Analysis）、模糊集方法（Fuzzy Set）及影响图（Influence Diagrams）。

史蒂夫·J 在 1992 年对工程风险分析技术的应用状况作了一次广泛调查，他向英国项目管理协会（APM）的 37 名风险管理专家会员进行了问卷调查。调查结果表明，尽管目前出现了很多风险分析与管理新技术、新方法，但传统分析技术仍占主导地位（见表 5-2）。

技术种类 \ 应用状况	A (%)	B (%)	C (%)	D (%)	E (%)				
核对表法	76		8	4	0:8	1:56	2:44		
CIM 模型	8		48	32	0:28	1:8	2:4	3:16	
决策树	44		48		0:16	1:16	2:16	3:16	
模糊数学			64	24	0:36				
影响图	28		48	12	0:24	1:12	2:20	3:8	4:12
蒙特卡洛法	72	4	16			1:40	2:56	3:52	4:12
多目标决策模型	24		36	28		1:16	2:20		
计划评审技术	64	4	24			1:36	2:56	3:52	4:4
敏感性分析	60	4	20	8		1:36	2:40	3:24	
效用理论	4		48	36		1:4	2:4		

注：A 表示经常使用；B 过去使用但现在已经不再使用；C 为知道该技术但不用；D 为尚未听过；E 为各技术在项目各阶段的应用状况（0 为未使用；1 为立项或投标阶段；2 为设计或计划阶段；3 为实施阶段；4 为项目后评估阶段）。

层次分析法就是实际中应用较多的一种定量化综合评价方法，可用于风险综合评价分析。

层次分析法是美国运筹学专家 L. Saaty 提出的。是一种灵活、实用的多目标决策方法。该方法能将主、客观因素有机地结合起来，可用于风险分析和评估。

运用层次分析法进行系统分析时，首先要把系统层次化。根据系统的性质和总目标，把系统分解成不同的组成因素。并按照各因素之间的相互关联以及隶属关系划分成不同层次的组合，构成一个多层次的系统分析结构模型，最终计算出最低层的诸因素相对于最高层（系统总目标）相对重要性权值，从而确定诸方案的优劣排序。层次分析法大体可分为五个步骤：

1. 建立层次结构模型

在充分了解项目风险后，把项目风险各因素划分成不同层次，再用层次框图描述层次的递阶结构以及因素的从属关系。通常可以分为下面几类层次：

最高层：表示风险管理的目标；

中间层：表示采用某种措施或政策来实现目标所涉及的中间环节，一般又可分为策略层、准则层等；

最低层：表示解决问题的措施或政策。

上述各层次之间也可以建立子层次，子层次从属于主层次中的某个因素，又与下一层次因素有联系。上一层次的单元可以与下一层次的所有单元都有联系，也可以只与其中的部分单元有联系。前者称为完全的层次关系，后者称为不完全的层次关系。

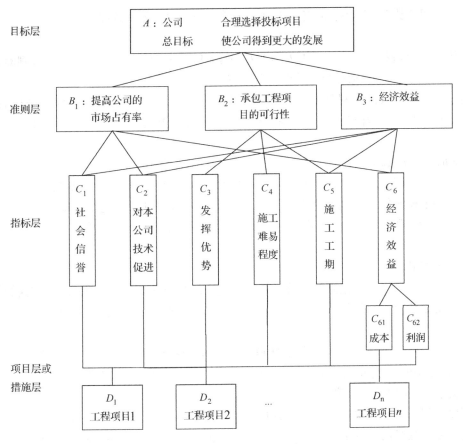

图 5-2 层次结构模型示例

图 5-2 给出了一个建筑企业选择投标项目决策的层次结构模型。其中：

A 层是最高层，其下设有包含三项准则的准则层，A 与 B 构成了完全层次关系，$B_i(i=1,2,3)$ 与 C 之间均为不完全层次关系，C 层的元素 C_6 也存在一子层，包括 C_{61} 和 C_{62} 两个因素，指标层 C 与项目层 D 之间为完全的层次关系。

2. 构造判断矩阵

AHP 要求决策者对每一层次各元素的相对重要性给出判断，这些判断用数值表示出来，就是判断矩阵。构造判断矩阵是 AHP 关键的一步。

判断矩阵的形式如表 5-3 所示：

表 5-3 中，b_{ij} 表示对于 a_k 而言 B_i 对 B_j 的相对重要性。这些重要性用数值来表示，其含义为：

1——B_i 与 B_j 具有相同的重要性；

3——B_i 比 B_j 称微重要；

5——B_i 比 B_j 明显重要；

7——B_i 比 B_j 强烈重要；

9——B_i 比 B_j 极端重要。

判断矩阵　　　　表 5-3

a_k	B_1	B_2	$\cdots$	B_n
B_1	b_{11}	b_{12}	$\cdots$	b_{1n}
B_2	b_{21}	b_{22}	$\cdots$	b_{2n}
$\cdots$	$\cdots$	$\cdots$	$\cdots$	$\cdots$
B_n	b_{n1}	b_{n2}		b_{nn}

它们之间的数 2、4、6、8 表示上述两相邻判断的中值。倒数则是两对比项颠倒的结果。

显然，对于判断矩阵有 $b_{ii}=1,b_{ij}=1/b_{ji}(i,j=1,2,\cdots,n)$。这样，对于 n 阶判断矩阵，仅需对 n（$n-1$）/2 个元素给出数值，便可将全部矩阵填满。

判断矩阵中的数值是根据数据资料、专家意见和决策者的认识加以综合平衡后得出的，衡量判断矩阵适当与否的标准是矩阵中的判断是否具有一致性。一般如果判断矩阵有：

$b_{ij}=b_{ik}/b_{jk}(i,j,k=1,2,\cdots,n)$，则称判断矩阵具有完全的一致性。但由于客观事物的复杂性和人们认识上的多样性，有产生片面性的可能，因而要求每个判断矩阵都具有完全的一致性是不现实的，特别是对于因素多、规模大的问题更是如此。为检查 AHP 的结果是否基本合理，需要对判断矩阵进行一致性的检验，这种检验通常是结合排序步骤进行的。

3. 层次单排序

层次单排序是指：根据判断矩阵计算针对上一层某单元而言，本层次与之有联系的各单元之间重要性次序的权值。它是对层次中所有单元针对上一层次而言的重要性进行排序的基础。

层次单排序可以归结为计算判断矩阵的特征根和特征向量的问题。即对于判断矩阵 B，计算满足 $BW=\lambda_{\max}W$ 为 B 的最大特征根，W 为对应于 $\lambda_{\max}$ 的规范化特征向量。W 的分量 W_i 即是对应于单元单排序的权值。

可以证明，对于 n 阶判断矩阵，其最大特征根为单根，且 $\lambda_{\max}\geqslant n$，$\lambda_{\max}$ 所对应的特征向量均由非负数组成。特别是当判断矩阵具有完全一性时，$\lambda_{\max}=n$，除 $\lambda_{\max}$ 外，其余特征根均为 0。因此，可用 $\lambda_{\max}-n$ 作为度量偏离一致性的指标。

定义　一致性指标 CI 为

$$CI=\frac{\lambda_{\max}-n}{n-1} \qquad (5\text{-}1)$$

一般情况下，若 $CI\leqslant0.1$，就认为判断矩阵具有一致性。

为检验判断矩阵的一致性，需要计算它的一致性指标 CI。显然，当判断矩阵具有完全一致性时，$CI=0$。

此外，还需确定判断矩阵的平均随机一致性指标 RI。对于 1～9 阶矩阵，RI 的取值如表 5-4 所示。

不同阶数 RI 的取值　　　　　　　　　　　　　表 5-4

阶数 n	1	2	3	4	5	6	7	8	9
RI	0.00	0.00	0.58	0.90	1.12	1.24	1.32	1.4.1	1.45

对于 1、2 阶判断矩阵，RI 只是形式上的，因为根据判断矩阵的定义，1、2 阶判断矩阵是完全一致的。当阶数大于 2 时，判断矩阵的一致性指标 CI 与同阶的平均随机一致性指标 RI 的比称为判断矩阵的随机一致性比例，记为 CR。当 $CR=CI/RI<0.10$ 时，认为判断矩阵有满意的一致性，否则需调整判断矩阵，再行分析。

4. 层次总排序

利用同一层次中所有层次单排序的结果，就可以计算针对上一层次而言，本层次所有单元重要性的权值，这就是层次总排序。层次总排序需要从上到下，逐层顺序进行。对于最高层，其层次单排序即为总排序。假定上一层所有单元 A_1，A_2，$\cdots$，A_m 的层次总排序已完成，得到的权值分别为 a_1，a_2，$\cdots$，a_m，与 a_i 对应的本层次单元 B_1，B_2，$\cdots$，B_n 单排序的结果为：$(b_1^i, b_2^i, \cdots, b_n^i)^T$。这里，若 B_j 与 A_i 无联系，因而 $b_j^i = 0$，则有层次总顺序表如表 5-5 所示。显然：$\sum\limits_{j=1}^{n} \sum\limits_{i=1}^{m} a_i b_j^i = 1$

层次总排序表 　　　　　　　　　　　　　　　　表 5-5

层次 B	层次 A				B 层次总排序
	A_1	A_2	$\cdots$	A_m	
	a_1	a_2	$\cdots$	a_m	
B_1	b_1	b_1^2	$\cdots$	b_1^m	$\sum\limits_{j=1}^{m} a_i b_1^j$
B_2	b_2	b_2^2	$\cdots$	b_2^m	$\sum\limits_{j=1}^{m} a_i b_2^j$
$\vdots$	$\vdots$	$\vdots$	$\vdots$	$\vdots$	$\vdots$
B_n	b_n^1	b_n^2	$\cdots$	b_n^m	$\sum\limits_{j=1}^{m} a_i b_n^j$

5. 一致性检验

为评价层次总排序计算结果一致性，需要计算与层次单排序类似的检验量，即 CI（层次总排序的一致性指标）、RI（层次总排序的随机一致性指标）和 CR（层次总排序的随机一致性比例），其计算公式分别为：

$$CI = \sum_{I-1}^{n} a_i(CI_i) \qquad RI = \sum_{I-1}^{n} a_i(rI_i) \qquad CR = \frac{CI}{RI} \qquad (5-2)$$

式中，CI_i 为与 a_i 对应的 B 层次中判断矩阵的一致性指标，RI_i 为与 a_i 对应的 B 层次判断矩的随机一致性指标。

与层次单排序一样，当 $CR \leqslant 0.10$ 时，即可认为层次总排序的计算结果具有满意的一致性，否则需对本层次的各判断矩阵进行调整，再次进行分析。

6. 判断矩阵特征向量与最大特征根的计算

AHP 计算的根本问题是确定判断矩阵的最大特征根及其对应的特征向量。线性代数中给出了解这一问题的精确算法，但当判断矩阵数比较高时，精确算法计算比较繁杂，因而在实际工作中，一般多采用一些比较简便的近似算法，下面给出两种近似算法，方根法与和积法。

（1）方根法

方根法的计算步骤为：

1) 计算判断矩阵 B 每一行元素的乘积 M_i；$M_i = \prod\limits_{j=1}^{n} b_{ij}$　$(i = 1, 2, \cdots\cdots, n)$；

2）计算 M_i 的 n 次方根 $\overline{W}_i$；

3）对向量 $\overline{W} = (\overline{W}_1, \overline{W}_2, \cdots, \overline{W}_n)^{\mathrm{T}}$ 进行"归一化"处理 $W_i = \dfrac{\overline{W}_i}{\sum\limits_{j=1}^{n} \overline{W}_j}$，$(i = 1, 2, \cdots\cdots, n)$，则 $W = (W_1, W_2, \cdots\cdots, W_n)^{\mathrm{T}}$ 即为所求的特征向量；

4）计算判断矩阵的最大特征根 $\lambda_{\max}$ $\quad \lambda_{\max} = \sum\limits_{i=1}^{m} \dfrac{(BW)_i}{nW_i}$，

式中，$(BW)_i$ 表示向量 BW 的第 i 个元素。

（2）和积法

和积法的计算步骤为：

1）对判断矩阵的每一列进行归一化处理，相应元素记为 $\overline{a}_{ij}$；

2）将每一列经过归一化后的判断矩阵元素按行相加，得到向量 $\overline{W} = (\overline{W}_1, \overline{W}_2, \cdots, \overline{W}_n)^{\mathrm{T}}$

3）对向量 $\overline{W}$ 再进行归一化处理，得到的向量 W 即为特征向量；

4）计算判断矩阵的最大特征值方法，与方根法完全一致。

由于层次分析法需要决策者或风险分析人员给出判断矩阵为主要计算依据，因此，该方法不宜应用于复杂的项目，而且相关因素的数目不能太多，一般认为不宜超过9个。

例：某施工企业面临风险评估问题。该企业风险主要从三个阶段进行考虑：投标阶段的风险、签约和履约阶段的风险、工程验收和交付阶段的风险。对这三个因素风险的考量，又进一步细分为若干评价指标，具体的风险应对措施方案共 m 个。其层次结构如图5-3所示。

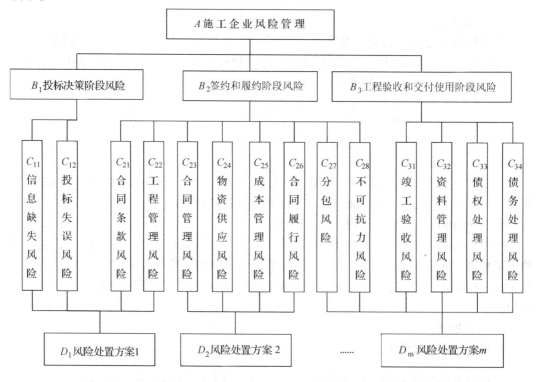

图5-3 某建筑工程施工企业风险评估AHP层次模型

针对 B 层的三个评价因素，通过专家调查问卷分析，其判断矩阵 B 为（数值越大表示风险越大）。

$$B = \begin{bmatrix} 1 & 4 & 5 \\ 1/4 & 1 & 2 \\ 1/5 & 1/2 & 1 \end{bmatrix}$$

对于 C 层各因素评价指标，与投标阶段风险对应的 C_1 的判断矩阵为

$$C_1 = \begin{bmatrix} 1 & 1/4 \\ 4 & 1 \end{bmatrix}$$

与签约和履约阶段对应的风险判断矩阵 C_2，与工程验收和交付阶段风险判断矩阵 C_3 分别为

$$C_2 = \begin{bmatrix} 1 & 1/2 & 1 & 3 & 1 & 4 & 5 & 5 \\ & 1 & 2 & 4 & 2 & 5 & 6 & 6 \\ & & 1 & 3 & 1 & 4 & 5 & 5 \\ & & & 1 & 1/3 & 2 & 3 & 3 \\ & & & & 1 & 4 & 5 & 5 \\ & & & & & 1 & 2 & 2 \\ & & & & & & 1 & 1 \\ & & & & & & & 1 \end{bmatrix} \qquad C_3 = \begin{bmatrix} 1 & 1 & 2 & 3 \\ & 1 & 2 & 3 \\ & & 1 & 2 \\ & & & 1 \end{bmatrix}$$

由于判断矩阵 (i, j) 位置的元素和 (j, i) 位置的元素互为倒数，故判断矩阵 C_2、C_3 只列出了上三角部分。

下面进行单准则排序。该计算过程从最高层开始，逐层计算到最底层。具体过程为

针对 B 层的三个风险评价指标 B_1，B_2，B_3，通过计算判断矩阵 B 的特征向量和最大特征值（具体计算方法见本节相关部分，此处过程从略），得到特征向量 W_B 和对应的最大特征值 $\lambda_{\max}$，为

$$W_B = (0.68334 \quad 0.19981 \quad 0.11685)^T, \quad \lambda_{\max} = 3.02444$$

根据一致性指标计算公式 $CI = \dfrac{\lambda_{\max} - n}{n - 1}$，可算出判断矩阵 B 的一致性指标 $CI = 0.01222$

根据表 5-4，随机一致性指标 RI 为 0.58，随机一致性比例 $CR = CI/RI = 0.02107 < 0.1$，表明判断矩阵 B 具有满意的一致性。因此由判断矩阵 B 导出的权向量 W_B 表明了该企业投标决策阶段的风险最大，其权数为 0.68，其次是签约和履约阶段的风险（权数为 0.20），风险最低的是工程验收和交付使用阶段（风险权数为 0.12）。

同理，与投标决策阶段风险对应的 C 层判断矩阵 C_1 的特征向量为

$W_{C1} = (0.2 \quad 0.8)^T$。由于是二阶矩阵，一致性要求自然完全满足，不需要进行一致性判断。

对应签约和履约阶段风险 B_2 的 C 层判断矩阵 C_2 特征向量为

$W_{C2} = (0.17663 \quad 0.27868 \quad 0.17663 \quad 0.07547 \quad 0.17663 \quad 0.05007 \quad 0.03295 \quad 0.03295)^T$

与工程验收和交付阶段对应的风险判断矩阵 C_3 的特征向量为

$W_{C3} = (0.35119 \quad 0.35119 \quad 0.18869 \quad 0.10894)^T$

经过检验，上面相关判断矩阵均较好地满足一致性。

如果还给出 D 层（措施层或方案层）针对 C 层各目标下的 m 阶判断矩阵，还可以确定具体风险处置方案针对 C 层各因素的单因素排序。

层次综合排序是指同一层次所有因素对于最高层（总目标）相对重要性的排序，其目的是得到各层因素对系统总目标的综合权重。对于第二层，其单准则排序权值就是针对最高层目标综合排序权值。而一旦第 k 层（$k \geq 2$）的综合排序权和第 $k+1$ 层层次单排序权重值得到确定，则第 $k+1$ 层的综合排序就可以计算出来。

因此，B 层的综合排序结果就是该层层次单排序的结果，C 层的层次综合排序结果则如表 5-6 所示。

层次总排序表　　　　　　　　　　　　　　　　　　　　表 5-6

层次 B	B_1	B_2	B_3	层次综合排序权值
	0.68	0.20	0.12	
$C11$	0.2			0.14
$C12$	0.8			0.55
$C21$		0.18		0.04
$C22$		0.28		0.06
$C23$		0.18		0.04
$C24$		0.08		0.02
$C25$		0.18		0.04
$C26$		0.05		0.01
$C27$		0.03		0.01
$C28$		0.03		0.01
$C31$			0.35	0.04
$C32$			0.35	0.04
$C33$			0.19	0.02
$C34$			0.11	0.01

可见该项目最大的风险来自投标阶段的风险。首先应当做好充分的投标准备，包括对建设项目情况、业主的资信调查和市场价格信息的搜集以及招标文件的详细研究。在投标报价时，施工企业应当综合考虑各种风险，对风险采用一些相应的报价策略。在建设项目施工过程中，承包商应当加强与业主、设计方、监理方、材料设备供应商的沟通管理以及企业内部的人力资源管理。同时还应当对施工安全以及施工质量严格的控制，对重点产品及其生产过程投保工程保险和责任保险。

5.2.4 模糊评估方法

与表述随机事件发生可能性的"概率"相比，"模糊"则反映了人们对概念认知的"不确定性"。通常采用的方法进行风险评估，其结果是单一的，评估的结果往往用一个数值表示。模糊评估方法则丰富得多，它给出关于各种风险评价的隶属度，而不是单一的"好"、"中"、"差"结果。

模糊风险评估的步骤为：

（1）建立评估指标体系

在多因素风险综合评估体系中，风险指标体系的建立是前提条件。指标的选取应结合风险识别和单因素风险评估结果进行。

（2）建立风险因素集 U

对于评价的很多因素，可考虑建立一个树状结构，建立一个多层次的风险因素结构。

（3）确定影响因素的权重向量

建立了评估对象的多指标体系，需要确定各评估指标的权重和因素重要程度系数。确定权重的方法，可采用德尔菲法、层次分析法等。

（4）建立相应隶属函数

对于模糊集合的元素，与集合的关系用隶属函数来体现，即隶属度函数，取值范围在 0~1 之间。这也是模糊评价工作的关键工作。目前隶属函数的确定主要还停留在依靠经验和专家评价阶段。

（5）建立相应模糊评估矩阵

首先进行最低层次的模糊综合评估，逐层向上，直到得到关于总目标的模糊评估。

（6）给出结果及结论

按照模糊数学计算方法，得出评估结果，并据此给出风险评估结论。

5.2.5 蒙特卡洛方法

1. 蒙特卡洛模拟的基本原理

蒙特卡洛方法是一种与一般数值计算方法有本质区别的计算方法，属于试验数学的一个分支，起源于早期的用几率近似概率的数学思想，它利用随机数进行统计试验，以求得统计特征值（如均值、概率等）作为待解问题的数值解。

蒙特卡洛方法的基本思想是：为了求解数学、物理、工程技术以及生产管理等方面的问题，首先建立一个概率模型或随机过程，使它的参数等于问题的解，然后通过对模型或过程的观察或抽样试验，来计算所求参数的统计量，最后给出所求解的近似解，解的精确度可用估计值的标准差来表示。

使用蒙特卡洛方法求解问题是通过抓住事物运动过程的数量和物理特征，运用数学方法来进行模拟，实际上每一次模拟都描述系统可能出现的情况。从而经过成百上千次的模拟后，就得到了一些有价值的结果。当前，蒙特卡洛方法在许多领域都有着广泛的应用，如随机服务系统、系统模拟、经济计量模型求解、决策模型评价和误差分析等。

可以看出，蒙特卡洛方法的基本原理实质上是：利用各种不同分布随机变量的抽样数据序列对实际系统的概率模型进行模拟，给出问题数值解的渐近统计估计值，它的要点可归为如下四个方面：

1）对所求问题建立简单而且便于实现的概率统计模型，使要求的解恰好是所建模型的概率分布或数学期望；

2）根据概率统计模型的特点和实际计算的需要，改进模型，以便减少模拟结果的方差，降低模拟费用，提高模拟效率；

3）建立随机变量的抽样方法，其中包括产生伪随机数以及各种分布随机变量的抽样方法；

4）给出问题解的统计估计值及其方差或标准差。

2. 蒙特卡洛模拟的步骤

根据蒙特卡洛方法求解的基本思想和基本原理，蒙特卡洛方法的实施可采取五个主要步骤：

第一步：问题描述与定义。系统模拟是面向问题的而不是面向整个系统，因此，首先要在分析和调查的基础上，明确要解决的问题以及需要实现的目标。确定描述这些目标的主要参数（变量）以及评价准则。根据以上目标，要清晰地定义系统的边界，辨识主要状态变量和主要影响因素，定义环境及控制变量（决策变量）。同时，给出模拟的初始条件，并充分估计初始条件对系统主要参数的影响。

第二步：构造或描述概率过程。在明确要解决的问题以及实现目标的基础上，首先需要确定出研究对象的概率分布，例如在一定的时间内，服务台到达的顾客量服从泊松分布。但在实际问题中，直接引用理论概率分布用较大的困难，我们常通过对历史资料或主观的分析判断来求出研究对象的一个初始概率分布。

第三步：实现从已知概率分布抽样。构造了概率模型以后，由于各种概率模型都可以看成是由各种各样的概率分布构成，因此就需要生成这些服从已知概率分布的随机变量。

第四步：计算模拟统计量。根据模型规定的随机模拟结果和决策需要，统计各事件发生的频数，并运用数理统计知识求解各种统计量。

第五步：模拟结果的输出和分析。对模型进行多次重复运行得到的系统性能参数的均值、标准偏差、最大和最小值等，仅是对所研究系统做的模拟实验的一个样本，要估计系统的总体分布参数及其特征，还需要进行统计推断，包括：对均值和方差的点估计，满足一定置信水平的置信区间估计，模拟输出的相关分析，模拟精度与重复模拟运行次数的关系等。

3. 蒙特卡洛模拟的应用（算例）

某企业引进一新型的制品机械，该机械可使用 N 年，N 服从（16，20）的均匀分布。投入使用后，该项目每年可获利 $V=30$ 万元的收入，并估计引进该机械的一次性投入 C 服从正态分布，均值 $\mu=200$ 万元，标准差 $\sigma=20$ 万元，设收益率为5%。试采用蒙特卡洛模拟方法求解该问题，并计算该项目的净现值 NPV。

已知 N 的分布服从均匀分布，因此其概率密度函数为：

$$f(n) = \begin{cases} \dfrac{1}{4}, & 16 \leq n \leq 20 \\ 0, & \text{其他} \end{cases}$$

可用随机数方法模拟均匀分布。此外正态分布、负指数分布等，可以直接采用相关软件，获得相应的随机数，进行模拟。

本例的模型为求项目的净现值：$NPV = V \times (P/A, i, n) - C$

通过模拟运算，得到表5-7所示的 V，N，C 和 NPV 的10个随机样本值的计算结果。

蒙特卡洛模拟的各随机样本值　　　　　　　　　　表5-7

N （寿命期）	$V \times (P/A, i, n)$ （总收益）	C （一次性投入）	NPV （净现值）
17	281.85	222.26	59.59
17	281.85	207.18	74.67
18	292.24	197.76	94.48
17	281.85	206.58	75.27
17	281.85	216.14	65.71
16	270.94	210.28	60.67
16	270.94	203.98	66.96
18	292.24	229.55	62.69
19	302.13	182.66	119.47
18	292.24	190.83	101.41

模拟200以后，得到 NPV 的一个样本，并计算得到：

均值 $E(NPV) = 89.69$ 万元

标准差 $\sigma(NPV) = 25.85$ 万元

最大值 $\text{MAX}(NPV) = 164.76$ 万元

最小值 $\text{MIN}(NPV) = 29.07$ 万元

净现值的频率分布图与累计概率分布图如图5-4和图5-5所示。

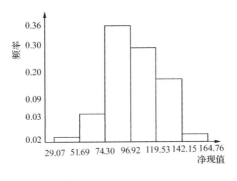

图5-4　净现值的频率分布图

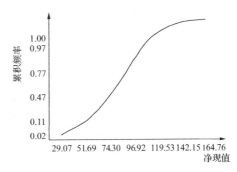

图5-5　净现值的累计频率分布图

5.3 案例分析

案例继续利用第四章的风险评估结果。

进行风险评价时，假设工程各风险因素相互独立时按分年度进行风险模拟。

1. 净现值分布的均值及方差的计算

（1）按解析方法计算净现值的均值与方差

计算公式如下：

假定第 t 时期的现金流 Y_t 来自于 m 个现金流源 Y_{t1}，Y_{t2}，$\cdots$，Y_{tm}，Y_{ti} 的均值为 u_{ti}，方差为 σ_{ti}，各个现金流源之间相互独立，则第 t 时期的净现金流 Y_t 为

$$Y_t = Y_{t1} + Y_{t2} + \cdots + Y_{tm} \tag{5-3}$$

期望值 $E(Y_t) = \sum_{i=1}^{m} u_{ti}$

方差 $V(Y_t) = \sum_{i=1}^{m} \sigma_{ti}^2$

当项目寿命期为 n 年时，项目的净现值为

$$P_n(k) = \sum_{i=0}^{n} \left(\frac{Y_t}{(1+k)^t} \right) \tag{5-4}$$

净现值的均值为

$$E(P_n(k)) = \sum_{i=0}^{n} \frac{E(Y_t)}{(1+k)^t} \tag{5-5}$$

净现值的方差为

$$V(P_n(k)) = \sum_{i=0}^{n} \frac{V(Y_t)}{(1+k)^{2t}} \tag{5-6}$$

综上所述可知，第 t 时期净现流 Y_t 有五个流源，即售电收入、枢纽工程投资、移民投资、经营成本和流动资金。Y_t 为

$$Y_t = Z_t - TM_t - TC_t - C_t - F_t \tag{5-7}$$

计算期 $n = 43$ 年，取社会折现率 $k = 10\%$，按上述净现值均值与方差的计算公式，计算得出：净现值均值为 80.8084 亿元，标准差为 3.4982 亿元。

（2）按模拟法计算净现值的均值与方差

蒙特卡洛法模拟法的主要思想是在计算机上模拟实际概率过程，然后加以统计处理。具体过程如下：

利用蒙特卡洛法进行风险模拟的框架如图 5-6 所示。

在以上分析中，对影响项目效益和费用的风险因素进行了辨识，并进行了主观概率估计，将引起现金流变化的现金流源均假设服从 β 分布，这就为应用蒙特卡洛方法进行风险模拟奠定了基础。

首先，将影响因素枢纽工程投资、移民投资、售电量、单位电价、经营成本、流动资金作为输入变量（前已述及，对这些输入变量已进行了主观概率估计，并假设它们均服从 β 分布）。

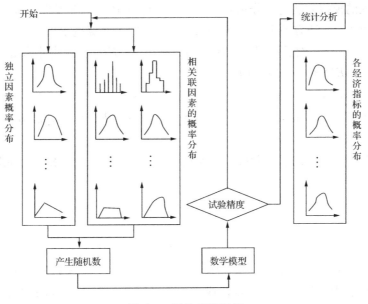

图 5-6　风险模拟框架

其次，在计算机上实现从已知概率分布 β 分布中的抽样。对于各个输入变量，每模拟一次，在计算机上就产生一个随机数作为该变量的取值，并由这些输入变量的取值计算得出一个经济评价指标值，如净现值；通过多次反复，得到该评价指标的一个样本，样本的大小随估计所需要的精度而定，根据上面的公式；即可计算出净现值的均值和标准差。

最后，模拟得出评价指标的概率分布，并在计算机上直接绘出频率分布图。

具体模拟方法如下：

将每个风险因素均假设服从 β 分布，利用 β 分布随机数取得的方法，就可以对每个风险因素在以年为基础上进行抽样模拟。如枢纽工程投资 T_{mi}，在第 i 年抽样 n 次，则它的样本为 $T_{mi}^{(1)}$，$T_{mi}^{(2)}$，$T_{mi}^{(3)}$，…，$T_{mi}^{(n)}$。根据均值和方差的公式，计算出它的均值 $E(T_{mi})$ 和方差 $V(T_{mi})$。对建设期 43 年内的每一年模拟 n 次，依次分别计算它们的均值 $E(T_{m1})$，$E(T_{m2})$，…，$E(T_{mn})$ 和方差 $V(T_{m1})$，$V(T_{m2})$，…，$V(T_{mn})$，实际上对每一年的模拟计算是一矩阵（纵向是建设期，横向是第 i 年的枢纽工程模拟值）。矩阵如下：

$$
\begin{array}{c}
\text{建 1} \\
\text{设 2} \\
\vdots \\
\text{期 43}
\end{array}
\begin{vmatrix}
T_{m1}^{(1)} & T_{m1}^{(1)} & \cdots & T_{m1}^{(1)} \\
T_{m2}^{(1)} & T_{m2}^{(1)} & \cdots & T_{m2}^{(1)} \\
\vdots & \vdots & \ddots & \vdots \\
T_{m43}^{(1)} & T_{m43}^{(1)} & \cdots & T_{m43}^{(1)}
\end{vmatrix}
$$

对以上矩阵的每一行（每一年模拟值）求出均值和方差，即求出在建设期的每一年的枢纽工程的均值和方差。

用以上方法模拟在移民年间的每一年的移民费用的均值 $E(TC_i)$ 和方差 $V(TC_i)$（$i=1$，2，…，43）。

同理，模拟求出经营成本的均值 $E(C_i)$ 和方差 $V(C_i)$（$i=1$，2，…，43），流动资金的均值 $E(F_i)$ 和方差 $V(F_i)$（$i=1$，2，…，43）。

对售电收入的模拟方法是，分别以售电量 S 和电价 P 进行在发电期间内的模拟抽样，计算售电量均值 $E(S_i)$ 和方差 $V(S_i)$（$i=1，2，\cdots，43$）；计算电价的均值 $E(P_i)$ 和方差 $V(P_i)$（$i=1，2，\cdots，43$）；然后利用售电收入的均值和方差的计算公式计算出

$$E(SP) = E(S)E(P)$$

$$V(SP) = [E(S)]^2 V(P) + [E(P)]^2 V(S) + V(S)V(P) \tag{5-8}$$

得售电收入各年的均值 $E(S_1P_1)$，$E(S_2P_2)$，$\cdots$，$E(S_nP_n)$ 和方差 $V(S_iP_1)$，$V(S_2P_2)$，$\cdots$，$V(S_nP_n)$。

当枢纽工程、移民费用、经营成本、流动资金、发电收入均已模拟完成以后，利用净现值 NPV 计算公式

$$(NPV)_i = S_iP_i - TM_i - TC_i - C_i - F_i \quad (i=1，2，\cdots\cdots，43) \tag{5-9}$$

其均值和方差的计算方法

$$E(NPV_i) = E(S_iP_i) - E(TM_i) - E(TC_i) - E(C_i) - E(F_i)(i=1,2,\cdots\cdots,43)$$

$$V(NPV_i) = V(S_iP_i) - V(TM_i) - V(TC_i) - V(C_i) - V(F_i)(i=1,2,\cdots\cdots,43) \tag{5-10}$$

将枢纽工程费用、移民费用、经营成本、流动资金、售电收入的均值和方差代入上式，得出各年净现值的均值和方差；将 43 年的结果加总，即得该工程的净现值均值与方差。

这样完成了次数 $n=1000$ 的模拟。进一步整理所得到的模拟结果，可得净现值的频数分布图等。净现值均值与方差各模拟结果与整理结果如表5-8与表5-9所示。

工程净现值均值和标准差　　　　　　　　　　　　表 5-8

年　序	利　率	均　值	标准差	年　序	利　率	均　值	标准差
1996	0.1000	− 4.8202	0.020630	2010	0.1000	8.3885	0.206242
1997	0.1000	− 5.8370	0.019790	2011	0.1000	7.1640	1.089959
1998	0.1000	− 6.6065	0.020863	2012	0.1000	7.0009	1.116948
1999	0.1000	− 9.5092	0.013832	2013	0.1000	7.2930	0.297004
2000	0.1000	− 9.3726	0.010954	2014	0.1000	7.0907	0.532072
2001	0.1000	− 10.2866	0.020495	2015	0.1000	6.6499	0.356686
2002	0.1000	− 8.2437	0.014965	2016	0.1000	7.7414	0.382416
2003	0.1000	− 8.1185	0.004203	2017	0.1000	7.0971	0.330837
2004	0.1000	− 8.0107	0.013807	2018	0.1000	6.5479	0.320910
2005	0.1000	− 7.3376	0.007100	2019	0.1000	5.8139	0.103458
2006	0.1000	− 6.5280	0.006204	2020	0.1000	5.3277	0.118051
2007	0.1000	12.2755	2.997603	2021	0.1000	4.6013	0.180444
2008	0.1000	13.4528	0.849931	2022	0.1000	4.1979	0.196748
2009	0.1000	12.1426	1.119599	2023	0.1000	3.9701	0.101009

年　序	利　率	均　值	标准差	年　序	利　率	均　值	标准差
2024	0.1000	4.0649	0.036179	2032	0.1000	1.9945	0.013338
2025	0.1000	3.6325	0.054300	2033	0.1000	1.8678	0.005976
2026	0.1000	3.3477	0.036835	2034	0.1000	1.6902	0.009092
2027	0.1000	3.1903	0.010016	2035	0.1000	1.5073	0.016160
2028	0.1000	3.0037	0.031552	2036	0.1000	1.4056	0.005458
2029	0.1000	2.5647	0.033139	2037	0.1000	1.2846	0.006802
2030	0.1000	2.2973	0.017797	2038	0.1000	3.5800	0.003012
2031	0.1000	2.1726	0.007272				

（均值）$= NPV = 79.68846$ 　　　　　　　　　　　　　　　　　　标准差：3.277147

工程收益模拟结果　　　　　　　　表 5-9

净现值区间	频数	频率	累积频数	累积频率
71～72	5	0.50	5	0.50
72～73	2	0.20	7	0.70
73～74	4	0.40	11	1.10
74～75	10	1.00	21	2.10
75～76	25	2.50	46	4.60
76～77	38	3.80	84	8.41
77～78	79	7.91	163	16.32
78～79	88	8.81	251	25.13
79～80	134	13.41	385	38.54
80～81	136	13.61	521	52.15
81～82	125	12.51	646	64.66
82～83	116	11.61	762	76.28
83～84	116	11.61	878	87.89
84～85	54	5.41	932	93.29
85～86	30	3.00	962	96.30
86～87	16	1.60	978	97.90
87～88	17	1.70	995	99.60
88～89	4	0.40	999	100.00

2. 该工程风险评价

在规定的风险调整贴现率10%下对净现值进行了概率分析，并给出了频率分布图（概率分布图）。

模拟的净现值均值为79.6885亿元，标准差为3.2771亿元。由频率分布看出，净现值近似于正态分布，净现值小于零的概率为零。工程净现值频率分布图如图5-7所示。

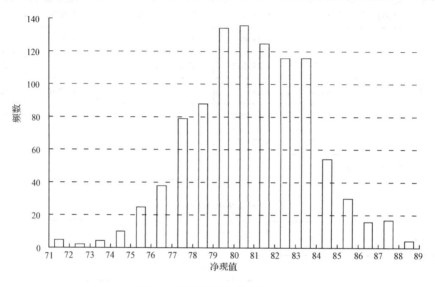

图5-7 工程净现值频率分布图

以上解析方法与模拟方法都是从预期收益的角度研究该工程的投资风险，并用净现值的均值与标准差和净现值小于零的概率大小，进行风险评价的。但是，在具体方法上，二者还有很大的不同；解析方法要求对影响现金流的各个现金流源进行概率估计；而蒙特卡洛模拟方法则要求在已知各个现金流源的概率分布情况下实现随机抽样。本案例分别采用了这两种方法，对该工程国民经济评价中的投资风险进行了分析。计算结果对比如表5-10所示：

解析方法和模拟方法结果对比（亿元） 表5-10

社会折现率10%	解析方法	模拟方法
净现值均值	80.8084	79.6885
净现值标准差	3.4982	3.2771

两种方法所得的结果基本上是一致的，从而互相验证了两种方法的可行性与有效性。

但是，还应考虑到以上两种方法都存在一些问题：一是，在对影响现金流的各流源进行概率估计时，曾用到三点估计，而这三点估计中的最大值估计与最小值估计是依靠主观经验确定的。如何确定才更加客观、合理，尚需深入探讨；二是，对影响现金流的各因素均假定彼此相互独立，若有些因素之间存在一定的相关性时，则在风险分析的理论方法方面，尚需做进一步的研究。

5.4 本章小结

本章首先对风险评价进行了概述,论述了风险评价的作用、步骤、评价标准和风险水平等若干问题。在此基础上,结合建设项目风险评价问题,介绍了若干常用风险评价方法,如故障树分析法,主观评分法,层次分析法,模糊评估法、蒙特卡洛方法等。

复习思考题

1. 风险评价的作用是什么? 主要评价步骤有哪些?

2. 如果一个 AHP 方法中的某些指标对上一层次的指标的两两判断矩阵为:

$$\begin{bmatrix} 1 & 3 & 5 \\ & 1 & 2 \\ & & 1 \end{bmatrix}$$

请利用书中介绍的特征值方法,计算这三个指标针对某上层指标的相对权重。

3. 请查阅一篇关于模糊评价方法在建设项目等方面的应用研究论文,着重分析其如下内容:

(1) 评价指标体系是如何确定和选取的?

(2) 相关隶属函数的选取和确定方法。

(3) 评价算法的确定。

4. 蒙特卡洛模拟的主要步骤是什么?

第6章 风险决策

6.1 风险决策概述

6.1.1 决策基本概念

从决策论角度看，广义地说，风险决策是指决策者面对决策环境为不确定（客观概率未知）或风险（客观概率已知）的情况下，按照决策者的决策偏好以及在此基础上的决策准则，在若干备选方案中，选择一个最优的或满意行动方案的一个过程。

在实际建设项目中，往往需要巨额投资，如果决策失误或所作的决策不是最合理的，就很容易造成经济上及社会上的巨大损失。同时，决策是一个主观判定过程，风险的感受和接受程度因人而异，这就决定了不同决策者对于同一方案，可能会作出不同的价值判断，因而作出不同的决策。

按照涉及的决策主体的个数，决策可分为个体决策和群体决策。其中群体决策的各决策者，如果其决策目标和利益是单独的，则又被称为群体博弈。

从理论方法角度，对决策的分类通常有：决策分析方法，即用数学模型，表述一个理性的决策者，面对模型化的决策环境，给出最优决策方案的方法。该方法主要体现模型的分析是应该如何制定决策，属于"规范化决策"方法。行为决策论：通过数学模型，描述一个真实环境的决策者，其实际决策是如何制定的，属于"描述性决策"方法。博弈论方法：研究多个具有交互性的决策者，在合作或冲突环境下，其策略的制定及博弈结局的预测及分析。

这里以"传递性"来解释"规范化"和"描述性"的差异。规范化理论认为，与备选方案 B 相比，如果决策者偏好备选方案 A，同 C 比，又偏好 B，则与 C 比，决策者也偏好 A。但就实际观察到的真实行为来说，可能有时候并不满足传递性。描述性的决策论将会重点分析为什么会出现这样的不确定性，以及如何处理这类决策问题。

6.1.2 决策分析的步骤——PrOACT 思维方式

一般来说，决策分析的步骤分为：

（1）识别问题（Identify the Problem）

首先，要把精力放在正确的决策问题上，比如，要回答"什么是决策者必须做出的决定？""工程是自己组织施工还是外包？"为了正确选择，需要仔细地辨明应该决策的问题，认清它们的复杂程度，避免无根据的假设前提和有可能限制选择权的偏见。

（2）确定目标（Clarify the Objectives）

一项决定就是通向目的地的一条途径。决策者必须明确最想得到的是什么？决策者的兴趣、价值观、关注点、风险点等，哪一些与实现目标是最相关的。仔细考虑决策目标，会使决策更有方向。

（3）产生有创造性的备选方案（Generate Creative Alternatives）

在开始时尽可能多地考虑备选方案，或者至少广泛地考虑那些有创意的和决策者感兴趣的。

（4）结果评估（Evaluate the Consequences）

确定的备选方案对目标有何益处？各备选方案本身可能会令人迷惑，但它们背后可能是创新的结果。客观地评估每种备选方案的结果，有助于决策者找到那些最符合全面目标的答案。

（5）作出权衡（Make Tradeoffs）

由于目标往往互相矛盾，需要决策者在中间进行平衡，有时候，不得不为了得到一些而牺牲另外一些。不同的备选方案代表不同的目标组合，决策者就是要在这些缺乏完美的可能性中，作出明智的选择。

结合建设项目的风险决策分析问题，需要综合不同领域的专家，结合决策者特定属性环境，并用模型方法进行分析，才能给出相对较优的决策。

PrOACT 是一种简便易行的决策方法，它不告诉你作出什么决定，而告诉你怎样去做。该方法的五个要素，即问题、目标、备选方案、结果和权衡，构成了该方法的核心，并且几乎适用于任何决定。这五个要素的英文缩写 PrOACT 能够提醒我们，最佳的决策方法是采取主动。反之，最糟的就是消极等待，坐失良机。

此外，在实际决策中还要考虑三个因素，即不确定性、风险承受力和互为联系的决定。明确不确定性使得决策过程变得困难，但是有效的决策，需要决策者正视不确定性，判断不同结果的可能性，并评估可能的影响；不同决策者对于风险承受力是不同的，比如，对于一个财务状况很差的公司，承担一个风险较大的项目会带来更大的风险，尽管该项目的收益可能会很大，而同样的项目，可能是另外一个公司的好选择。决策者对风险承受程度的认知，能够使决策过程更加平滑和有效率，据此能够作出风险程度适合的决策；考虑互为关联的决策，意味着决策者不同的决策活动彼此是相互联系的。

6.1.3　风险状态与决策

对于建设项目决策中的一些备选方案，往往事先不知道它的后果是什么，为此，需要将思维过程程序化，用以评估决策者对不确定因素的判断力和风险的态度。

首先，要定义风险状况，用来描述：

（1）可能的结果；

（2）这些结果发生的可能性（理想状况下，以概率评估值来表示）；

（3）这些结果的相关后果。

可用表6-1描述这个过程。

表6-2是一个房地产项目中，采用某墙体保温材料，住房销售的风险状况表。

可以结合不同的风险方案，分别对各自风险状况进行描述。对于比较简单的风险决策问题，可以直接通过表格的分析，确定选择哪一个方案，否则，可以进行进一步深入分析。比如，为了对风险状况进行对比，可以在表格的第二列加入主观概率表示结果的可能性，而对表格的后三列，则可以结合决策者的偏好，确定相应的价值尺度，进而进行分析。比如，可以用货币值、"效用"等来表示可能结果的目标。其中，货币值方法对于风险决策分析往往具有一定的局限性，而"效用"方法则可以较好地表述决策者对风险的偏好。

某方案的风险状况描述示意   表 6-1

结　　果	可能性	评　估　目　标		
		目标 1	目标 2	目标 3
1	L_1	C_{11}	C_{12}	C_{13}
…	…	…	…	…
i	L_i	C_{i1}	C_{i2}	C_{i3}
…	…	…	…	…
n	L_n	C_{n1}	C_{n2}	C_{n3}

某墙体保温材料的风险状况   表 6-2

结　　果	可能性	评　估　目　标	
		声　誉	利　润
现状	很可能	好	好
畅销	中等	很好	极好
滞销	不可能	不好	不好

6.2 风险决策的常用方法和工具

6.2.1 决策树法

对于一个实际风险决策问题，对于复杂多变的可能，可考虑对各种可能情况进行不断细分，对于看似复杂、没有头绪的决策背景，进行层次化、条理化。决策树就是一种这样的方法。同时，决策树不仅可以用来解决单个阶段的决策问题，还可以解决多阶段的决策问题。

决策树结构比较简单，一般由决策节点、机会节点、方案枝和概率枝组成。以方块表示决策节点，然后由决策节点引出若干直线代表各种可能的风险状况或备选方案，该直线被称为方案枝。圆圈表示机会节点，由机会节点引出的各直线表示不同的风险结果，称为概率枝，并对相应结果发生的概率在概率枝旁进行标注。决策树的末端列出不同可能结局的损益值，用三角形符号表示决策结束点。如图 6-1 所示。

建立了决策树分析模型，如果决策者的决策准则是期望收益最大化或期望损失最小

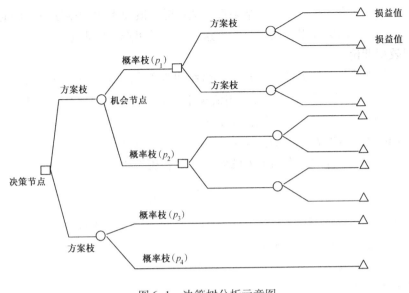

图 6-1　决策树分析示意图

化，则可采用逆向归纳法，即从最后一个阶段开始，逐步计算各节点的期望损益值，即可确定最优的风险决策。

6.2.2　基于效用理论的风险决策

1. 风险结果和决策

风险结果（Lottery）是指决策者在做一项决策时，得到的一个随机性结果：以概率 p_i 得到损益 r_i，则该事件被称为风险结果，记为 $L = (p_1, r_1; p_2, r_2; \cdots; p_n, r_n)$。

风险结果通常用树状结构表述，树枝表示风险结果的每一种可能结局，树枝旁的数字表示该结局发生的概率。于是风险结果（1/4，500；3/4，0）可用图 6-2 表示。

冯·诺依曼和摩根斯坦对于决策者针对不同风险结果的选择问题，构建了 VNM 效用理论，即在满足一定公理假设条件（具体内容略）下，决策者对不同风险结果的选择问题，可通过比较期望效用的方法，进行风险结果的选择。假设有两个风险结果 L_1 和 L_2，如图 6-3 所示。

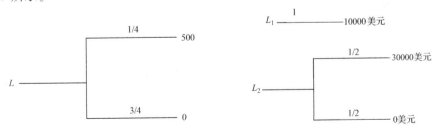

图 6-2　风险结果的树形表示　　　　图 6-3　风险结果的树形表示

如果从期望损益角度考虑，L_2 无疑要优于 L_1，但事实上，可能多数人会选择没有任何风险的 L_1，因为该风险结果提供了没有任何风险的稳定收益，而 L_2 则有 1/2 的可能性一无所获。因此，决策者在面对风险结果进行选择时，既要考虑期望损益，同时还需考虑存在损失的可能性。期望效用理论就是关于这种风险结果选择的理论。

2. 期望效用理论

效用，通俗地说，就是决策者对某项风险结果偏好程度的量化。关于损益 r_i 的效用，可表示为 $u_i(r_i)$。如果将最坏的结果效用值规定为 0，最好的结果规定为 1，则效用函数的取值范围就可以用 $[0, 1]$ 闭区间的实数表述。

对于给定的风险结果 $L = (p_1, r_1; p_2, r_2; \cdots; p_n, r_n)$，如果决策者 i 效用函数为 u_i，按照期望效用准则，该决策者对风险结果 L 的效用可以表述为如下形式，即效用的数学期望。

$$E(u_i(L)) = \sum_{j=1}^{n} p_j u_i(r_j) \qquad (6-1)$$

于是决策者 i 对不同风险结果的偏好或选择问题，就变成了在一些风险结果集合中，选择使期望效用达到最大化的风险结果问题。

如何估计一个决策者个人效用呢，这里结合一个简单示例说明。

个人效用的估计方法：

第一步：确定决策者在一个风险决策中可能的最坏、最好结果，并分别对这两个结果进行效用赋值，即 $u(最坏结局) = 0$，$u(最好结局) = 1$。

如果一项投资最坏结果是 -10000，最好结果是 30000，则用效用函数，可以表述为：

$$u(30000) = 1, u(-10000) = 0$$

第二步：确定一个数 $x_{1/2}$，使得 $u(x_{1/2}) = 1/2$，即 $(x_{1/2}, 1) \sim (最好结果, 1/2; 最坏结果, 1/2)$，其中 "~" 表示等价关系，即确定一个确定的数，使得该数和以 50% 的概率获得最好，50% 的概率获得最坏结局的风险结果等价。结合本示例，假定这个数是 -3400，于是 $x_{1/2} = -3400$。

第三步：和第二步类似。确定一个数 $x_{1/4}$，使得：

$(x_{1/4}, 1) \sim (x_{1/2}, 1/2; 最坏结果, 1/2)$。

结合本示例，假设这个数为 $x_{1/4} = -2800$。

下面介绍过程均结合示例提供的数据进行。

第四步：定义一个数 $x_{3/4}$，使得 $(x_{3/4}, 1) \sim (x_{1/2}, 1; 30000, 1/2)$，假设 $x_{3/4} = 10000$。

采用类似步骤，可以得出 (x_k)，$k = m/(2^t)$，$m = 1, 2, \cdots, 2^t$。一般地，给出 10 个左右的点，就够了。

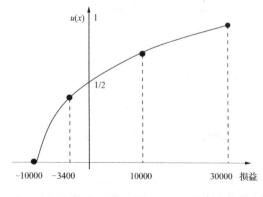

第五步：将上面确定的点，用光滑的曲线拟合，即确定了该决策者的效用。

上面确定的个人效用函数曲线，如图 6-4 所示。

3. 效用函数和风险态度

风险态度指决策者对风险的偏好程度。风险态度对风险决策有直接的影响，效用理论便是一种有效方法。著名经济学家阿罗将人们对风险的态度分为三种：第一种是"乐于冒险"型，第二种是"风险厌恶"型，第

图 6-4　个人效用函数曲线的设定示意图

三种是"风险中性"型。"乐于冒险"型对于某活动的高回报给予较大的偏好，为了实现这一期望，宁愿冒一定的风险；"风险厌恶"型则是对于"可靠"的收益才感兴趣，他们相信"千鸟在林"，不如"一鸟在手"；"风险中性"型则完全按照损益的数学期望值来评价方案的优劣。不同风险态度，对于同样的决策问题，显然风险评价结果不同。

决策者的效用函数反映了他对风险的态度。首先给出两个概念：风险结果的确定等价值、风险酬金。

风险结果的确定等价值：与风险结果 L 偏好完全一致的确定性结果，叫做风险的确定等价值（Lottery's Certainty Equivalent），记为 $CE(L)$。

如对于前面列举的示例，风险结果 $L = (-10000, 1/2; 30000, 1/2)$ 的确定等价值为 -3400。

风险酬金：风险 L 的风险酬金（Risk Premium），记为 $RP(L) = E(V(L)) - CE(L)$，其中 $E(V(L))$ 为风险结果 L 的期望损益(不是期望效用)。

如对于示例中风险结果 $L = (-10000, 1/2; 30000, 1/2)$，$E(V(L)) = 1/2(30000) + 1/2(-10000) = 10000$，$CE(L) = -3400$，于是 $RP(L) = 13400$。

引入了风险结果的确定等价值和风险酬金概念，就可以描述决策者对于风险的态度。即：当 $RP(L) > 0$ 时，称决策者是风险厌恶的（Risk Averse）；当 $RL(L) < 0$ 时，称决策者是风险追求的（Risk Seeking）；当 $RL(L) = 0$ 时，决策者是风险中性的（Risk Neutral）。

除了上述定义，也可从效用函数的凹凸性，对决策者的风险态度进行定义，此处从略。

引入了效用函数，可以将效用理论和决策树方法结合起来，使得定量分析更好地反映决策者的风险态度。

前面描述的效用是关于单一属性（如报酬或其他货币化指标）的效用，实际问题中决策需要同时考虑多个属性，比如，房地产公司在制定项目的销售价格和广告策略时，不仅要考虑投资回报率，也要考虑市场占有率。此时可考虑多属性效用，描述决策者面对多属性风险决策问题。

4. 建设项目中不同参与者的风险态度

在建设项目中，涉及众多的参与方，如项目法人、设计人、承包人、监理人以及材料供应商等。由于大家面临的风险因素不同，所持的立场不同，承担责任不同以及承受风险能力的不同，各方决策者对项目风险的态度是不尽相同的。比如，对于设计方来说，主要从设计方案的可行性和安全性考虑。因此，工程设计人员在设计方案的选择上，往往是典型的保守型决策者，而从优化设计、节约成本角度考虑较少；承包商对于风险态度，相对比较复杂。由于目前工程建设领域竞争压力很大，承包商为了维持企业的发展，为了维护经济利益，往往采用一些冒险策略，如低价中标等，因此，承包商可能多数偏于风险追求；监理人受业主委托为其提供服务，并由此而获得收益，但由于对工程监理不力而导致的问题，需要承担法律责任，因此，往往是风险厌恶者。需要说明的是，即便是同属于项目承包方，竞争环境是否激烈、企业目前财务状况等，也会导致不同企业的风险态度不尽相同，比如，对于财务状况合理、规模和信誉较大的企业，可能会采用风险中性的决策准则，而对于一个任务严重不足、资质相对较低的企业，可能要采用风险追求的决策准则，为了获得相对高的中标率。

6.2.3 博弈分析法

1. 博弈的含义

博弈论（Game Theory）是在经典风险决策基础之上发展起来的理论。我们之前介绍的风险评估或风险决策方法，只是强调单个决策者在确定或不确定状态下，按照某种风险决策准则，对某些因素进行风险判别，或者对风险决策进行最优的行动选择。博弈论则是以数学模型为主要分析工具，研究多个决策者之间的交互性决策行为以及决策结果。所谓交互性的决策行为，是指决策者在进行策略选择时，不仅要考虑己方的策略，还要考虑自己的策略会对对手造成什么样的反应。比如，建筑企业在参与一个项目的投标决策时，不仅考虑预算成本，还要对潜在对手的投标方案进行预测。建筑企业在进行决策时，必须要考虑竞争对手的反应，以及自己针对对手反应所应采取的对策，从而形成决策的交互性。除了在投标中存在博弈关系，在项目进行过程中，涉及业主、监理人、主承包商、分包商等多个主体，这些不同利益主体之间，也存在一定的博弈关系。而且还存在一定程度的信息不对称性，自然也就存在着风险。

和其他决策模型类似，博弈论也有很多模型以及不同分类方法。按照强调个体理性还是群体理性，博弈论可分为合作博弈（Cooperative Games）和非合作博弈（Non-cooperative Games）；按照不同局势下参与人收益总和是否总是为0，博弈论可分为零和博弈（Zero Sum Games）和非零和博弈（Nonzero-Sum Games）；按照博弈中不同决策者之间是否存在不为其他人所知的私人信息，博弈论可分为对称信息博弈（Symmetric Information Games）和不对称信息博弈（Asymmetric Information Games）；按照博弈分析是否强调行动的先后次序，博弈论还可以分为静态博弈（Static Games）和动态博弈（Dynamic Games）。

2. 博弈的要素

一般说来，描述实际问题的博弈模型，都少不了以下三个要素：

参与人（Players）。博弈模型中的决策者。为了和单人决策相区分，博弈论中的决策者往往用参与人表示。有些博弈问题还存在特殊的"决策者"，即服从某种概率分布的纯随机发生机制，称之为虚拟参与人（Pseudo Player）；

策略（Strategies）。博弈中各参与人完整的行动方案；

支付（Payoffs）。定义在所有参与人策略组合上，每个参与人对该策略组合的主观偏好值，通常用冯·诺依曼-摩根斯坦效用（关于风险结果偏好的效用来表示）。虚拟参与人无需指定其支付，因为它没有任何关于风险结果的主观偏好。

除了上述三个要素，对于某类博弈问题，还需要说明：

行动的顺序。参与人在行动选择的顺序状况；

信息。在博弈的某个阶段某参与人在行动选择时，他对已经发生的博弈历史知道些什么。

3. 博弈分析的主要模式

博弈的主要分析目的是均衡分析。通过建立一个实际问题的博弈模型，寻求其均衡解，作为真实冲突局势结果的一个预测，或者制定一个最优的策略。所谓博弈的均衡，首先是一个策略组合；其次，该策略组合具有一定的稳健性，给定其他参与人坚守该策略组合对应的策略，任何一个参与人都不肯偏离均衡对应的策略，否则其支付将可能减少。

由于博弈论包含内容较为广泛，作为非专门介绍博弈论的著作，这里只给出 2 人博弈中，每个参与人仅有两个策略的场合，给出纳什均衡的算法。以一个例子为例，说明这类博弈的均衡解算法。

例（市场机会博弈）：两个建筑公司同时发现一个市场机会，但这个市场的容量并不大。如果只有一个企业进入该市场，则可赚 100 万元，如果两个企业同时进入该市场，则每个企业不仅赚不到钱，而且还要亏损 50 万元。如果两个企业彼此不能事先沟通其行为，那么这个局面的博弈情况会如何？

对于这样的问题，可用表 6-3 表示这个博弈局势。

市场机会博弈局势 表6-3

		企 业 2	
		进 入	观 望
企 业 1	进 入	−50, −50	100, 0
	观 望	0, 100	0, 0

纳什均衡则是这样的一个策略组合，对于任意一个决策者（参与人），给定其他人坚守均衡策略，则该决策者的策略是与其他人均衡策略博弈中，收益最大的策略。因此，从企业 2 角度考虑。如果企业 1 选择进入，企业 2 的最优应对是观望，反过来，如果企业 1 的选择是观望，企业 2 的最优应对是进入。类似的分析对于企业 1 也同样成立。因此，企业 1 选择进入，企业 2 选择观望，以及企业 1 选择观望，企业 2 选择进入均是纳什均衡。如果用一个二元对表示博弈方的策略选择，则这两个纳什均衡可简单记为（进入，观望）及（观望，进入）。

其实还可以考虑两个企业随机化他们的行动。即企业 1、企业 2 以一定的概率选择是否进入这个市场。设企业 1 选择进入的概率为 p，则选择观望的概率为 $1-p$。这里 $0 < p < 1$。同样的，企业 2 也会类似地随机化其策略选择。这里需要注意的是，之所以企业 2 愿意在"进入"和"观望"中进行随机化，表明企业 1 用均衡策略和企业 2 分别选择"进入"或"观望"进行博弈，期望收益是一样的。如果不是这样，不失一般性，假设企业 2 选择观望的收益要比选择进入的收益要大，那么企业 2 会毫不犹豫地以概率 1 选择观望，而不是在"观望"和"进入"两个策略中进行随机化。

企业 1 用随机策略与企业 2 的进入策略进行博弈时，企业 2 的期望收益为

$$Eu_2(进入) = p \times (-50) + (1-p) \times 100$$

企业 2 选择观望时，其期望收益为

$$Eu_2(观望) = p \times 0 + (1-p) \times 0 = 0$$

$Eu_2(进入) = Eu_2(观望)$，因此可以求出 $p = 2/3$，即企业 1 进入该市场的概率为 2/3。同理，可求出企业 2 进入该市场的概率，为 2/3。

4. 博弈在建设项目风险决策中的可能应用场合

由于建设项目本身就涉及多个决策主体，在项目的不同阶段涉及相应活动。如项目在投标阶段，通过对潜在竞争对手的分析，从而针对性地制定投标策略，就可以应用博弈分

析方法；在和业主、分包商签订各种合同，决定风险转移、合同变更、材料采购的商务谈判等等，都需要进行博弈分析。

博弈不一定总是冲突关系，有时候也存在着"双赢"场合。比如，建设项目风险管理主要通过合同来实现的，而合同条款估计占项目成本相当比例（8%～20%）。同时，合同条款往往缺乏灵活性，对参与人之间的关系存在一定的负面影响。对于施工阶段出现的风险协调，如采用博弈进行分析，确定相应的激励机制，对项目收益和风险进行合理的分配和转移，达到各方效用的增加，就能够在一定程度上达到项目收益的"双赢"。

5. 应用示例

对于一个招标项目，假设有 n 个投标人，假设投标人 i 对工程成本的估价为 c_i，并假设该估价服从 $[m, n]$ 上的均匀分布。其报价为 b_i（是 c_i 的增函数，即对工程成本估价越高，其报价也越高）。假设参与人的投标决策准则是货币化的期望收益最大化，经计算可知（过程略）其最优报价函数为

$$b_i = c_i + \frac{n - c_i}{n} \tag{6-2}$$

即最优报价是实际成本加上被认为的最高成本与实际成本之差的 $1/n$ 倍。

6.2.4 风险决策的原则

1. 不确定型风险决策原则

当项目各种风险状态发生的概率未知，并且对于究竟会出现哪种风险状态也不能确定，这种情况下进行的风险决策遵循的原则称为不确定型风险决策原则。不确定型风险决策通常需要遵循悲观原则、乐观原则、等概率原则和遗憾原则。

（1）最大最小原则

最大最小原则又称为悲观原则。该原则是一种保守的决策方法，是在最不利情况下，寻求最好方案。具体步骤为：首先在各方案的收益值中找出最小的，然后在各方案最小收益值中找出最大的，这个收益值所对应的方案为最优方案。

（2）最大最大原则（Maxmax Criterion）

最大最大原则又被称为乐观原则。该原则与悲观原则相反，是一种相对冒险的决策方法。采用该原则的项目管理人员对项目前景比较乐观，愿意承担一定风险来争取最大收益。具体步骤为：在各方案的收益值中找出最大的，然后在这些最大收益值中找出最大的，这个收益值所对应的方案为最优方案。

应用乐观原则需要冒很大风险，因为决策者仅考虑每个方案最大收益，而不管这个方案一旦失败后的最大损失，所以采用该原则需十分慎重。一般只有在没有损失、损失不大或者决策者对方案非常有把握时才可应用该原则。

（3）等概率原则

等概率原则又称为等可能原则或拉普拉斯原则。该原则的基本思想在于，认为每个方案可能出现的状态的概率是相等的。具体步骤为：首先计算出各方案收益值的平均值，然后找出最大的所对应的方案就是最优方案。

（4）遗憾原则

遗憾原则又称为最小后悔原则。在决策过程中，如果由于决策者的决策失误而没有选

择收益最大的方案，决策者必然会有后悔的感觉。后悔的程度用后悔值表示，后悔值是每种状态下的最大值与各方案的收益值之差。遗憾原则的基本思想在于尽量减少决策后的遗憾，使决策者后悔程度最低。具体步骤为：首先在各自然状态所对应的各方案收益值中找出最大的，然后用该最大收益值减去各方案的损益值，即后悔值，在所有计算出的后悔值中找出最小者所对应的方案就是最优方案。

例 6-1 某建设项目有三种方案：大规模、中规模和小规模。建设项目的未来收益不仅和规模有关，而且还和未来经济状况有关，未来经济有三种状况：状况好、状况一般和状况不好。建设项目三种方案在三种经济状况下的收益情况见表 6-4。试采用悲观原则、乐观原则、等概率原则和遗憾原则进行决策。

解：根据悲观原则、乐观原则和等概率原则的计算步骤，计算结果见表 6-4。可知，根据悲观原则选择小规模建设；根据乐观原则和等概率原则会选择大规模建设。

建设项目各方案的收益情况（单位：万元）　　　　　　　　表 6-4

经济状况 建设规模	经济状况好	经济状况一般	经济状况不好	应用各原则评价		
				悲观原则	乐观原则	等概率原则
大规模	120	60	−30	−30	⌊120⌋	⌊50⌋
中规模	70	35	−10	−10	70	32
小规模	40	25	5	⌊5⌋	40	23
不同原则下的决策结果				小规模	大规模	大规模

根据遗憾原则的计算步骤，计算结果见表 6-5。

遗憾原则下的建设项目决策表（单位：万元）　　　　　　　表 6-5

经济状况 建设规模	各种状态下的后悔值			各方案最大后悔值
	经济状况好	经济状况一般	经济状况不好	
大规模	[120]−120=0	[60]−60=0	[5]−(−30)=35	⌊35⌋
中规模	[120]−70=50	[60]−35=25	[5]−(−10)=15	50
小规模	[120]−40=80	[60]−25=35	[5]−5=0	80
遗憾原则决策结果				大规模

2. 随机型风险决策原则

随机型风险决策原则是指对建设项目面临的各种状态已知，并且这些状态发生的概率也已知的风险所进行风险决策应遵循的原则。随机型风险决策原则主要有最大可能原则、最大数学期望原则、最大效用函数期望原则等。

（1）最大可能原则

该原则的基本思想是认为风险状态发生概率大的最有可能发生，进行决策时仅考虑该

93

风险状态下各方案的收益。基本步骤为：首先找出发生概率最大的风险状态，然后在该风险状态下收益最大者所对应的方案就是最优方案。

应用最大可能原则时需要注意：在已识别出的各风险状态中，其中所选择的风险状态出现的概率比其他风险状态出现的概率大很多，并且相应的收益值相差不大时，才可以使用该原则进行风险估计，反之，则应用该原则需要谨慎。

例6-2　某污水处理项目，政府部门希望通过收取污水排放服务费来回收建设投资并维持项目的长期运营。该目标的实现取决于使用该污水处理系统的用户数量。经市场调查，用户数多的情况发生的概率为30%，用户数少的情况发生的概率为70%。在此调研结果的基础上，对污水处理项目提出了两种建设方案：大规模和小规模。每种方案在不同用户数量情况下的收益值见表6-6。试问该污水处理项目应选择哪种规模？

污水处理项目两种规模下的收益情况

（单位：万元）　　　　表6-6

用户数量状态 建设规模	用户多 $p_1 = 30\%$	用户少 $p_2 = 70\%$
大 规 模	12	−3
小 规 模	3	1

解：从表6-6中可以看到，"用户少"这个状态出现的概率70%为最大，因此应用最大可能原则只需考虑该种状态下每种方案的收益大小，得到小规模的污水处理项目是最优方案。

（2）最大数学期望原则

最大数学期望原则是根据各方案收益的数学期望值进行决策的方法。基本步骤为：首先计算出各方案所有后果的数学期望，然后找出其中最大者，其所对应的方案就是最优方案。

对于例6-2的问题，应用最大数学期望原则的计算步骤为：

$$E(大规模) = 12 \times 0.3 + (-3) \times 0.7 = 1.5(万元)$$
$$E(小规模) = 3 \times 0.3 + 1 \times 0.7 = 1.6(万元)$$

计算结果表明小规模的污水处理项目的数学期望最大，因此应选择小规模。

（3）最大效用函数期望原则

最大效用函数期望原则的应用步骤与最大数学期望原则相同，区别在于最大效用函数期望原则所计算和比较的数学期望是收益的效用，关于效用的确定和计算请参见效用理论部分的内容。

6.2.5　行为决策论

在实际建设项目中，当决策分析人员向企业决策者提出建议时，必须要考虑行为偏好的因素。这类决策过程，传统的决策分析方法往往不能较好描述。因此，要研究在实际决策中，决策者可能出现偏离理性的状况。

这里只讨论影响决策的行为误差、行为偏差、行为异常和行为试探。

1. 决策陷阱

这里介绍的内容，大部分是行为心理学家研究成果。

（1）套牢陷阱：第一印象

以建设项目中缺乏市场价格的某项商品或劳务的价格谈判为例进行说明。卖方不是很清楚自己愿意支付怎样的价格，因此，往往试着将买方的出价套牢在高价区，然后再从那个高价慢慢降下来，最后达成交易时，买方会认为自己买到了合适的价格。

这里有一个简单的例子。土耳其的人口多于 3000 万，还是少于 3000 万？答题人并不清楚答案，但却回应道："可能会多于 3000 万吧。"如果继续提问，那么你觉得最可能是多少？也许你会回答"大概是 4000 万左右。"如果我们再重新问这个问题，只是把问题的3000 万换成 8000 万，这时套牢点也就从 3000 万变成了 8000 万。再比如，对于市场上比较热销、处于卖方市场的住房价格，如果购买者有很强的上涨预期，就会被动地接受相对较高的价格。

（2）现状陷阱

决策者在长期的行动中，往往会被现状所吸引，不肯偏离，这种不肯偏离，不仅仅是懒惰的原因，而是心理上的不情愿改变所造成的。

在我国，建筑企业是劳动密集型企业，一旦在一个地区形成比较稳定的经营模式，企业决策者往往不愿意轻易改变自己的决策方式，从而在一定程度上不愿意接受新技术、新项目和新方法。这也是一个现状陷阱。

（3）沉没成本陷阱：尝试补偿损失

企业一旦在某个项目蒙受了损失，而且这种损失成为了沉没成本（Sunk Cost），即这种损失不管以后做什么决策都不会再得到补偿。从理论上企业的决策不应该受这个沉没成本影响，但在实际中，往往对于已经成为沉没成本的项目，会追加投资。从心理学上说，就是希望用未来的预期，弥补已经造成的损失，从而减少内心的压力。

此外，还有定位陷阱、行为误差陷阱等。以定位陷阱为例，由于语义或强调重点的不同，对于一件事件结果有完全不同的评价。比如某项工程保险，单纯从财务支出角度看是一笔不小的费用，但若从一旦出现意外会大大减少可能带来的损失角度，可能这样的保险又是值得的。

2. 预测异常

风险决策中需要概率估计。在这个过程中，就会出现概率或或然率判断的误区，比如：

忽略不确定因素：人们通常会将注意力关注在特定的结果上（最可能的、最好的或最差的），或者把不确定因素的复杂程度，作为不思考和不决策的借口。

迷信：偏于所谓某些幸运数字或者幸运色等。

此外，行为决策论中具有重要地位的前景理论（Prospect Theory），经过实证研究发现，和确定性结果相比，个人会低估概率性结果（确定性效用）；当面临条件相当的获得前景时，更倾向于实现风险厌恶，而面临条件相当的损失前景时，会更加倾向于风险追求。同时，前期的决策结果会影响后期的风险态度和决策。一般来说，前期盈利可以使人的风险偏好增强，而前期的损失会加剧以后亏损的痛苦，风险厌恶程度也会相应提高。

6.3　本章小结

本章首先给出了决策基本概念，并介绍了决策分析的步骤——PrOACT 思维方式。然后主要介绍了风险决策常用方法和工具，如决策树法、效用函数法、不确定决策的常用分析法，此外，对于现代决定论的一些内容，如行为决策论、前景理论等也进行了简单介绍。

复习思考题

1. 决策的含义是什么？通常有几种分类方法，各自的含义是什么？
2. PrOACT 思维的要点是什么？
3. 决策树的基本结构是什么？主要分析逻辑是什么？
4. 风险结果（Lottery）的含义是什么？
5. 博弈的含义是什么？
6. 常见的风险决策原则有几种？
7. 行为决策的含义是什么？

第7章 风险应对

7.1 风险应对概述

7.1.1 风险应对的含义

建设项目风险应对就是对建设项目风险提出处置办法，是继风险识别、风险估计和风险评价之后，为降低风险的发生概率、损失严重程度等而制定风险应对策略和技术手段的过程。风险应对过程的结果就是编制风险应对计划。

7.1.2 风险应对计划编制的依据

风险应对计划的编制必须要充分考虑风险的严重性、应对风险所花费用的有效性、采取措施的适时性以及和建设项目环境的适应性等。一般来讲，针对某一风险通常先制定几个备选的应对策略，然后从中选择一个最优的方案，或者进行组合使用。建设项目风险应对计划编制的依据主要有：

（1）风险管理计划

风险管理计划是规划和设计如何进行建设项目风险管理的文件。该文件详细地说明风险识别、风险估计、风险评价和风险控制过程的所有方面以及风险管理方法、岗位划分和职责分工、风险管理费用预算等。

（2）风险清单及其排序

风险清单和风险排序是风险识别和风险估计的结果，记录了建设项目大部分风险因素及其成因、风险事件发生的可能性、风险事件发生后对建设项目的影响、风险重要性排序等。风险应对计划的制订不可能面面俱到，应该着重考虑重要的风险，而对于不重要的风险可以忽略。

（3）建设项目特性

建设项目各方面特性决定风险应对计划的内容及其详细程度。如果该建设项目比较复杂，应用比较新的技术或面临非常严峻的外部环境，则需要制定详细的风险应对计划；如果建设项目不复杂，有相似的建设项目数据可供借鉴，则风险应对计划可以相对简略一些。

（4）主体抗风险能力

主体抗风险能力可概括为两方面：一是决策者对风险的态度及其承受风险的心理能力；另一个是建设项目参与方承受风险的客观能力，如建设单位的财力、施工单位的管理水平等。主体抗风险能力直接影响建设项目风险应对措施的选择，相同的风险环境、不同的项目主体或不同的决策者有时会选择截然不同的风险应对措施。

（5）可供选择的风险应对措施

对于具体风险，有哪些应对措施可供选择以及如何根据风险特性、建设项目特点及相关外部环境特征选择最有效的风险应对措施，是制定风险应对计划要做的非常重要的工作。

7.1.3 风险应对计划的内容

建设项目风险应对计划是在风险分析工作完成之后制定的详细计划。不同的项目，风险应对计划内容不同，但是，至少应当包含如下内容：

（1）所有风险来源的识别以及每一来源中的风险因素。

（2）关键风险的识别以及关于这些风险对于实现项目目标所产生的影响说明。

（3）对于已识别出的关键风险因素的评估，包括从风险估计中摘录出来的发生概率以及潜在的破坏力。

（4）已经考虑过的风险应对方案及其代价。

（5）建议的风险应对策略，包括解决每一风险的实施计划。

（6）各单独应对计划的总体综合，以及分析过风险耦合作用可能性之后制定出的其他风险应对计划。

（7）项目风险形势估计、风险管理计划和风险应对计划三者综合之后的总策略。

（8）实施应对策略所需资源的分配，包括关于费用、时间进度及技术考虑的说明。

（9）风险管理的组织及其责任，是指在项目中确定的风险管理组织，以及负责实施风险应对策略的人员和职责。

（10）开始实施风险管理的日期、时间安排和关键的里程碑。

（11）成功的标准，即何时可以认为风险已被规避，以及待使用的监控办法。

（12）跟踪、决策以及反馈的时间，包括不断修改、更新需优先考虑的风险一览表、计划和各自的结果。

（13）应急计划。应急计划就是预先计划好的，一旦风险事件发生就付诸实施的行动步骤和应急措施。

（14）对应急行动和应急措施提出的要求。

（15）项目执行组织高层领导对风险规避计划的认同和签字。

风险应对计划是整个项目管理计划的一部分，其实施并无特殊之处。按照计划取得所需的资源，实施时要满足计划中确定的目标，事先把项目不同部门之间在取得所需资源时可能发生的冲突寻找出来，任何与原计划不同的决策都要记录在案。落实风险应对计划，行动要坚决，如果在执行过程中发现项目风险水平上升或未像预期的那样降下来，则须重新制订计划。

7.2 风险应对常用策略

风险应对，可以从改变风险后果的性质、风险发生的概率或风险后果大小三个方面提出多种策略。下面介绍风险减轻、风险预防、风险转移、风险回避、风险自留和风险利用六种策略。具体采取哪一种或几种，取决于建设项目的风险形势。

7.2.1 风险减轻

1. 风险减轻的内涵

风险减轻，又称风险缓解或风险缓和，是指将建设项目风险的发生概率或后果降低到某一可以接受的程度。风险减轻的具体方法和有效性在很大程度上依赖于风险是已知风险、可预测风险还是不可预测风险。

对于已知风险，风险管理者可以采取相应措施加以控制，可以动用项目现有资源降低风险的严重后果和风险发生的频率。例如，通过调整施工活动的逻辑关系，压缩关键路线上的工序持续时间或加班加点等来减轻建设项目的进度风险。

可预测风险和不可预测风险是项目管理者很少或根本不能控制的风险，有必要采取迂回的策略，包括将可预测和不可预测风险变成已知风险，把将来风险"移"到现在来。例如，将地震区待建的高层建筑模型放到震台上进行强震模拟试验就可增加地震风险发生的概率；为减少引进设备在运营时的风险，可以通过详细的考察论证、选派人员参加培训、精心安装、科学调试等来降低不确定性。

在实施风险减轻策略时，最好将建设项目每一个具体"风险"都减轻到可接受水平。各具体风险水平降低了，建设项目整体风险水平在一定程度上也就降低了，项目成功的概率就会增加。

2. 风险减轻的途径

在制定风险减轻措施时必须依据风险特性，尽可能将建设项目风险降低到可接受水平，常见的途径有以下几种。

（1）减少风险发生的概率

通过各种措施降低风险发生的可能性，是风险减轻策略的重要途径，通常表现为一种事前行为。例如，施工管理人员通过加强安全教育和强化安全措施，减少事故发生的机会；承包商通过加强质量控制，降低工程质量不合格或由质量事故引起的工程返工的可能性。

（2）减少风险造成的损失

减少风险造成的损失是指在风险损失不可避免要发生的情况下，通过各种措施以遏制损失继续扩大或限制其扩展的范围。例如，当工程延期时，可以调整施工组织工序或增加工程所需资源进行赶工；当工程质量事故发生时，采取结构加固、局部补强等技术措施进行补救。

（3）分散风险

分散风险是指通过增加风险承担者来达到减轻总体风险压力为目的的措施，例如，联合体投标就是一种典型的分散风险的措施。该投标方式是针对大型工程，由多家实力雄厚的公司组成一个投标联合体，发挥各承包商的优势，增强整体的竞争力。如果投标失败，则造成的损失由联合体各成员共同承担；如有中标了，则在建设过程中的各项政治风险、经济风险、技术风险也同样由联合体共同承担，并且，由于各承包商的优势不同，很可能有些风险会被某承包商利用并转化为发展的机会。

（4）分离风险

分离风险是指将各风险单位分离间隔，避免发生连锁反应或相互牵连，例如，在施工过程中，将易燃材料分开存放，避免出现火灾时其他材料遭受损失的可能。

3. 风险减轻方法的局限性

风险减轻不是消除风险，也不是避免风险，只是降低风险发生概率或减轻风险损失，有时在实施风险减轻措施后还会遗留一些残余风险。如果管理者忽视对残余风险的管理和监控，则这些残余风险可能会转变成更大的风险，因此，在管理者制定风险减轻措施后，还需要重视残余风险的管理。

7.2.2 风险预防

风险预防是指采取技术措施预防风险事件的发生，是一种主动的风险管理策略，常分为有形和无形两种手段。

1. 有形手段

工程法是一种有形手段，是指在工程建设过程中，结合具体的工程特性采取一定的工程技术手段，避免潜在风险事件发生。例如，为了防止山区区段山体滑坡危害高速公路过往车辆和公路自身，可采用岩锚技术锚固松动的山体，增加因开挖而破坏了的山体稳定性。

用工程法规避风险具体有下列多种措施：

（1）防止风险因素出现

在建设项目实施或开始活动前，采取必要的工程技术措施，避免风险因素的发生，例如，在基坑开挖的施工现场周围设置栅栏，洞口临边设防护栏或盖板，警戒行人或者车辆不要从此处通过，以防止发生安全事故。

（2）消除已经存在的风险因素

施工现场若发现各种用电机械和设备日益增多，及时果断地换用大容量变压器就可以减少其烧毁的风险。

（3）将风险因素同人、财、物在时间和空间上隔离

风险事件引起风险损失的原因在于某一时间内，人、财、物或者他们的组合在其破坏力作用的范围之内，因此，将人、财、物与风险源在空间上隔开，并避开风险发生的时间，这样可有效地规避损失和伤亡。例如，移走动火作业附近的易燃物品，并安放灭火器，避免潜在的安全隐患发生。

工程法的特点：一是每种措施总与具体的工程技术设施相联系，因此，采用该方法规避风险成本较高；二是任何工程措施均是由人设计和实施的，人的素质在其中起决定作用；三是任何工程措施都有其局限性，并不是绝对的可靠或安全，因此，工程法要同其他措施结合起来利用，以达到最佳的规避风险效果。

2. 无形手段

无形手段包括教育法和程序法。

（1）教育法

教育法是指通过对项目人员广泛开展教育，提高参与者的风险意识，使其认识到工作中可能面临的风险，了解并掌握处置风险的方法和技术，从而避免未来潜在工程风险的发生。建设项目风险管理的实践表明，项目管理人员和操作人员的行为不当是引起风险的重要因素之一，因此，要防止与不当行为有关的风险，就必须对有关人员进行风险和风险管

理教育。教育内容应该包含有关安全、投资、城市规划、土地管理及其他方面的法规、规范、标准和操作规程、风险知识、安全技能等。

（2）程序法

程序法是指通过具体的规章制度制定标准化的工作程序，对项目活动进行规范化管理，尽可能避免风险发生和造成的损失。例如，我国长期坚持的基本建设程序，反映了固定资产投资活动的基本规律。实践表明，不按此程序办事，就会犯错误，就要造成浪费和损失。所以，要从战略上减轻建设项目的风险，就必须遵循基本建设程序。再如，塔吊操作人员需持证上岗并严格按照操作规程进行工作。

预防策略还可在项目的组成结构上下工夫，例如，增加可供选用的行动方案数目，为不能停顿的施工作业准备备用的施工设备等。此外，合理地设计项目组织形式也能有效预防风险，例如，项目发起单位在财力、经验、技术、管理、人力或其他资源方面无力完成项目时，可以同其他单位组成合营体，预防自身不能克服的风险。

使用预防策略时需要注意的是，在项目的组成结构或组织中加入多余的部分，同时也增加了项目或项目组织的复杂性，提高了项目成本，进而增加了风险。

7.2.3 风险转移

1. 风险转移的内涵

风险转移，又称为合伙分担风险，是指在不降低风险水平的情况下，将风险转移至参与该项目的其他人或其他组织。风险转移是建设项目管理中广泛应用的风险应对方法，其目的不是降低风险发生的概率和减轻不利后果，而是通过合同或协议，在风险事故一旦发生时将损失的一部分转移到有能力承受或控制项目风险的个人或组织。

2. 风险转移的原则

制定风险转移策略时应遵循两个原则。

（1）必须让承担风险者得到相应的报答

风险转移并不意味着接受方肯定会遭受风险损失，在某些环境下，风险转移者和接受者可能会双赢。例如，承包商承包项目的某一部分子项目并不是其擅长，在技术和施工设备等方面存在问题，若由该承包商自身完成的话，则会出现质量和施工成本方面的巨大风险。因此，在业主同意的条件下，承包商对该部分工程进行了分包，选择了一家经验丰富的专业承包商承担该部分的施工。这样，对该承包商来说，避免了承担该部分子项目的质量和成本风险；同时对于专业承包商而言，可充分利用其技术和经验的优势，从承担的子项目中获得收益。再如，工程保险也是基于该原则的。

（2）对于各具体风险，谁最有能力管理就让谁分担

根据该原则，风险接受方应有相应的技术、财力、管理能力等来管理分担到的风险。因为只有通过这样的安排，建设项目风险管理才能取得最好的效果。例如，承包方分担施工过程的风险；设计单位承担设计风险；投资方承担融资风险等。

3. 风险转移的途径

风险转移通常有两种途径：一种是保险转移，即借助第三方——保险公司来转移风险。该途径需要花费一定的费用将风险转移给保险公司，当风险发生时获得保险公司的补偿。同其他风险规避策略相比，工程保险转移风险的效率是最高的。有关工程保险的知识

将在后边章节详细阐述。

第二种风险转移的途径是非保险转移，是通过转移方和被转移方签订协议进行风险转移的。建设项目风险常见的非保险转移包括出售、合同条款、担保和分包等方法。

（1）出售

该方法是指通过买卖契约将风险转移给其他单位，因此，卖方在出售项目所有权的同时也就把与之有关的风险转移给了买方。例如，项目可以通过发行股票或债券筹集资金。股票或债券的认购者在取得项目的一部分所有权时，也同时承担了一部分项目风险。

（2）合同条款

合同条款是建设项目风险管理实践中采用较多的风险转移方式之一。这种转移风险的实质是利用合同条件来开脱责任，在合同中列入开脱责任条款，要求对方在风险事故发生时，不要求自身承担责任。例如，在国际咨询工程师联合会的土木工程施工合同条件中有这样的规定："24.1除非死亡或受伤是由于业主及其代理人或雇员的任何行为或过失造成的，业主对承包商或任何分包商雇佣的任何工人或其他人员损害赔偿或补偿支付不承担责任……"，这一条款的实质是将施工中的安全风险完全转移给了承包商。

（3）担保

担保是指为他人的债务、违约或失误负间接责任的一种承诺。在建设项目管理上是指银行、保险公司或其他非银行金融机构为项目风险负间接责任的一种承诺。当然，为了取得这种承诺，承包商要付出一定的代价，但这种代价最终要由项目业主承担。在得到这种承诺后，当项目出现风险时就可以直接向提供担保的银行、保险公司或其他非金融机构获得。

目前，我国工程建设领域实施的担保内容主要包括：承包商需要提供的投标担保、履约担保、预付款担保和保修担保，业主需要提供的支付担保以及承包商和业主都应进一步向担保人提供的反担保。其中，支付担保是我国特有的一种担保形式，是针对当前业主拖欠工程款现象而设置的，当业主不履行支付义务时，则由保证人承担支付责任。

（4）分包

分包是指在工程建设过程中，从事工程总承包的单位将所承包的建设工程的一部分依法发包给具有相应资质的承包单位的行为，该总承包人并不退出承包关系，其与分包商就其所完成的工作成果向发包人承担连带责任。

建设工程分包是社会化大生产条件下专业化分工的必然结果，例如，我国三峡水利项目，投资规模巨大，包括土建工程、建筑安装工程、大型机电设备工程、大坝安全检测工程等许多专业工程。任何一家建筑公司都不可能独自承揽这么大的项目，因此有必要选择分包单位进行分包。

4. 风险转移方法的局限性

工程项目非保险风险转移具有积极意义，是一种比较灵活的风险转移方式，几乎不需要任何成本，但也受到某些限制，主要表现为以下几个方面。

（1）工程项目非保险风险转移受到国家法律和标准化合同文本的限制，例如，我国法律法规明确规定，主体工程不能进行分包；再如，工程转包是一种非常典型的工程项目非保险风险转移的方式，但我国法律也明确规定不允许工程转包。

（2）工程项目非保险风险转移存在一定的盲目性。一方面，风险转移必须要建立在准确、可靠的风险分析的基础上，否则盲目地转移风险，可能会在转移风险的同时失去获利的机会；另一方面，如果被风险转移的对象没有能力承担转移来的风险，那么可能会导致更大的风险。

（3）工程项目非保险风险转移可能会产生较高的额外费用，例如，由于法律法规或合同条款不明确，风险发生后导致相关单位发生争议且无法解决，最终不可避免地要依靠法律程序来解决，这势必要支付一笔可观的处理费用。

总之，工程项目非保险风险转移有优点也有局限性，在具体应用这一策略时，应与其他应对风险的策略相结合，以取得最佳的效果。

7.2.4 风险回避

1. 风险回避的内涵

风险回避是指当项目风险潜在威胁发生可能性太大，不利后果也太严重，又无其他策略可用时，主动放弃项目或改变项目目标与行动方案，从而规避风险的一种策略。

如果通过风险评价发现项目的实施将面临巨大的威胁，项目管理班子又没有别的办法控制风险，甚至保险公司亦认为风险太大，拒绝承保，这时就应该考虑放弃项目的实施，避免巨大的人员伤亡和财产损失。

2. 风险回避的适用范围

风险回避并不是在任何条件下都可以适用的，当建设项目遇到以下几种情况时，可考虑风险回避策略。

（1）客观上不需要的项目，没有必要冒险，例如，某些城市要上建设地铁项目，但从该城市的人口规模、交通状况和财政看，没有必要。这种仅仅为了个人的功名利禄而提出，但在客观实际上不需要的项目应采取回避策略。

（2）一旦造成损失，项目执行组织无力承担后果的项目。对于城市和工程建设项目，如水利枢纽工程、核电站建设项目、化工项目等都必须考虑这个问题。

3. 风险回避的途径

回避风险是一种最彻底地消除风险影响的策略。风险回避采用终止法，是指通过放弃、中止或转让项目来回避潜在风险的发生。

（1）放弃项目

在建设项目开始实施前，如果发现存在较大的潜在风险，且不能采用其他策略规避该风险时，则决策者就需要考虑放弃项目。例如，某大型建筑施工企业拟投标某国际工程，经调查研究发现，该工程所在国家政治风险过大，因此主动拒绝了该建设项目业主的招标邀请。

（2）中止项目

在建设项目实施过程中，如果预见到自身无法承担的风险事件将发生，决策者就应立即停止该项目的实施。例如，在国际工程施工过程中，若发现该国出现频繁的罢工、动乱，社会治安越来越差的情况下，应立即停止在该国的施工项目，从而避免由此引起的人员和财产的损失。

（3）转让项目

当企业战略有重大调整或出现其他重大事件影响项目实施时，单纯地放弃或中止项目会造成巨大损失，因此，需要考虑采取转让项目的方式规避损失。另外，不同的企业具有不同的优势，对于自身是重大的风险可能对其他企业来说却不是，因此，在面临可能带来巨大损失的风险事件时，应考虑转让项目的策略。

4. 风险回避方法的局限性

风险回避是应对风险非常有效的策略之一，但也应该清楚地看到该策略存在许多局限性。

（1）回避意味着失去发展和机遇。例如，核电站项目工程庞大、风险高，我国没有建设核电站的经验，如果因为担心损失而放弃该项目，就要失掉培养和锻炼自己核电队伍的机会，失掉发展核电有关产业的机会等。

（2）回避意味着消极。建设项目的复杂性、一次性和高风险等特点，要求充分发挥项目管理人员的主观能动性，创造条件促进风险因素转化，有效控制或消除项目风险，而简单的放弃，意味着不提倡创造性，意味着工作的消极观，不利于组织今后的发展。

因此，在采取风险回避策略之前，必须要对风险有充分的认识，对威胁出现的可能性和后果的严重性有足够的把握。另外，采取回避策略，最好在项目活动尚未实现时，否则放弃或改变正在进行的项目，一般都要付出高昂的代价。

7.2.5 风险自留

1. 风险自留的内涵

风险自留是指项目主体有意识地选择自己承担风险后果的一种风险应对策略。风险自留是一种风险财务技术，项目主体明知可能会发生风险，但在权衡了其他风险应对策略后，处于经济性和可行性考虑，仍将风险自留，若风险损失真的出现，则依靠项目主体自己的财力去弥补。

风险自留分主动风险自留和被动风险自留两种。主动风险自留是指在风险管理规划阶段已经对风险有了清楚的认识和准备，主动决定自己承担风险损失的行为。被动风险自留是指项目主体在没有充分识别风险及其损失，且没有考虑其他风险应对策略的条件下，不得不自己承担损失后果的风险应对方式。

2. 风险自留的适用范围

风险自留是最省事的风险规避方法，在许多情况下也最省钱。风险自留主要适用于下列情况：

（1）无法采取其他有效的风险应对策略，或者当采取其他风险应对策略的费用超过风险事件造成的损失数额时，应采取风险自留方法。例如，向保险公司投保缴纳的保费高于风险发生造成的损失，则项目主体选择风险自留。

（2）风险最大期望损失较小，且项目主体有承受最大期望损失的经济能力。在建设项目实施过程中，对于发生概率低、损失强度小的风险，往往采用风险自留的手段更为有利。并且，项目主体的财务能力要足以承担由风险可能造成的最坏后果，这样才不会在风险发生后对项目的正常生产活动产生影响。

3. 风险自留的后备措施

当项目主体决定采取风险自留后，需要对风险事件提前作一些准备，这些准备称为风险后备措施，主要包括费用、进度和技术三种措施。

（1）费用后备措施

费用后备措施主要是指预算应急费，是事先准备好用于补偿差错、疏漏及其他不确定性对建设项目费用估计产生不精确影响的一笔资金。

预算应急费在建设项目预算中要单独列出，不能分散到具体费用项目下，否则，建设项目管理班子就会失去对这笔费用的控制。另外，预算人员也不能由于心中无数而在各个具体费用项目下盲目地进行资金的预留，否则会导致预算估价过高而失去中标的机会或使不合理的预留以合法的名义白白花出去。

预算应急费一般分为实施应急费和经济应急费两种。实施应急费用于补偿估价和实施过程中的不确定性，可进一步分为估价质量应急费和调整应急费。估价质量应急费主要用于弥补建设项目目标不明确、工作分解结构不完全和不确切、估算人员缺乏经验和知识、估算和计算有误差等造成的影响；调整应急费主要用于支付调整期间的各项开支，如系统调试、更换零部件、零部件的组装和返工等。经济应急费用于对付通货膨胀和价格波动，分为价格保护应急费和涨价应急费。价格保护应急费用于补偿估算项目费用期间询价中隐含的通货膨胀因素；涨价应急费是在通货膨胀严重或价格波动厉害时期，供应单位无法或不愿意为未来的订货报固定价时所预留的资金。价格保护应急费和涨价应急费需要一项一项地分别计算，不能作为一笔总金额加在建设项目估算上，因为各种不同货物的价格变化规律不同，不是所有的货物都会涨价。

（2）进度后备措施

对于建设项目进度方面的不确定因素，项目各方一般不希望以延长时间的方式来解决。因此，项目管理班子就要设法制定一个较紧凑的进度计划，争取在项目各方要求完成的日期之前完成项目。从网络计划的观点来看，进度后备措施就是通过压缩关键路线各工序时间，以便设置一段时差或者浮动时间，即后备时差。

压缩关键路线各工序时间有两大类办法：减少工序（活动）时间或改变工序间的逻辑关系。一般来说，这两种方法都要增加资源的投入，甚至带来新的风险，因此，应用时需要仔细斟酌。

（3）技术后备措施

技术后备措施专门用于应付项目的技术风险，是一段预先准备好了的时间或资金。一般来说，技术后备措施用上的可能性很小，只有当不大可能发生的事件发生时，需要采取补救行动时，才动用技术后备措施。技术后备措施分两种情况：技术应急费和技术后备时间。

1）技术应急费。对于项目经理来说，最好在项目预算中打入足够的资金以备不时之需。但是，项目执行组织高层领导却不愿意为不大可能用得上的措施投入资金。由于采取补救行动的可能性不大，所以技术应急费应当以预计的补救行动费用与它发生的概率之积来计算。这时，项目经理就会遇到下面问题：如果项目始终不需要动用技术应急费，则项目经理手上就会多出这笔资金；但一旦发生技术风险，需要动用技术后备措施时，这笔资金又不够。

解决的方法是：技术应急费不列入项目预算而是单独提出来，放到公司管理备用金账上，由项目执行组织高层领导控制。同时公司管理备用金账上还有从其他项目提取出的各种风险基金，这就好像是各个项目向公司缴纳的保险费。这样的做法好处：一是公司领导高层可以由此全面了解全公司各项目班子总共承担了多大风险；二是一旦真出现了技术风险，公司高层领导很容易批准动用这笔从各项目集中上来的资金；三是可以避免技术应急费被挪作他用。

2）技术应急时间

为了应对技术风险造成的进度拖延，应该事先准备好一段备用时间。不过，确定备用时间要比确定技术应急费复杂。一般的做法是在进度计划中专设一个里程碑，提醒项目管理班子：此处应当留意技术风险。

4. 风险自留方法的局限性

风险自留是最经常使用的一种财务型应对策略，在许多情况下有着积极的作用，但也存在局限性，具体体现在：

（1）风险自留存在盲目性。理论上来说，进行风险自留必须要充分掌握风险事件的信息，然而实际上，任何风险承担单位都无法精确地了解风险事件发生概率及其损失程度，也不能确定项目主体能否承受该风险事件的后果，在这种情况下，很多管理人员会心存侥幸，对一些可能风险较大的事件也不制定积极的应对策略，造成大量被动风险自留，最终严重影响项目目标的实现。因此，充分掌握该风险事件的信息是风险自留的前提。

（2）风险自留可能面临更大的风险。将风险自留作为一种风险应对策略应用时，则可能面临着某种程度的风险及损失后果。甚至在极端情况下，风险自留可能使建设项目承担非常大风险，以至于可能危及建设项目主体的生存和发展。因此，风险自留应具有一定的财力为前提条件。

7.2.6 风险利用

1. 风险利用的内涵

应对风险不仅只是回避、转移、预防、减轻风险，更高一个层次的应对措施是风险利用。

根据风险定义可知，风险是一种消极的、潜在的不利后果，同时也是一种获利的机会。也就是说，并不是所有类型的风险都带来损失，而是其中有些风险只要正确处置是可被利用并产生额外收益的，这就是所谓的风险利用。

风险利用仅对投机风险而言，原则上投机风险大部分有被利用的可能，但并不是轻易就能取得成功，因为投机风险具有两面性，有时利大于弊，有时相反。风险利用就是促进风险向有利的方向发展。

当考虑是否利用某投机风险时，首先应分析该风险利用的可能性和利用的价值；其次，必须对利用该风险所需付出的代价进行分析，在此基础上客观地检查和评估自身承受风险的能力。如果得失相当或得不偿失，则没有承担的意义。或者效益虽然很大，但风险损失超过自己的承受能力，也不宜硬性承担。

2. 风险利用的可能性和必要性

建设项目风险利用的可能性包括两个方面。

（1）影响建设项目风险的因素是在变化的，风险发生于多种因素的变化之中，因此，如果能清楚地认识风险，就有可能利用风险，化不利后果为发展的机会。

（2）一般来说，风险及其后果都是预测的结果，会随着项目的发展而不断变化的。建设项目在实施过程中，其所在的建设环境在变化，项目管理者对项目风险的认识及工作重心也在不断变化，导致风险的后果也在发展变化，这为进行风险利用提供了可能。

例如，工程所在国因处理国内政治事件招致国际势力制裁。国际金融机构纷纷停止在该国的投资，导致这个国家资金短缺，投资环境恶化，外国投资商纷纷取消或终止原已承诺的投资项目。然而就在这个时候，国内某公司却大胆进入该国，以最优惠价格购买了大面积土地使用权，并承揽了数额巨大的工程。两年后，该国处境好转，外商纷纷返回。该国的土地使用价格上扬数倍。这时国内这家公司将其两年前低价购取的地皮以高出买入价数倍转让，获取了巨额利润。而且，其在两年前承揽的工程因信誉好、有合作诚意而深得业主好评。在索赔谈判中，业主也以高姿态回报，使其不费较大努力即获得巨额补偿。

建设项目风险利用不仅是可能的，而且是完全必要的，主要体现在：

（1）风险中蕴藏机会，冒一定的风险才能换高额利润或长期利润。盈利的机会并不是显而易见、随处可得的，是蕴藏在风险之中，而且盈利越多往往表现出的风险越大。

（2）风险是社会生产发展的动力。在市场机制下，不论进行何种经营活动，总会面临着竞争，有竞争就会有风险。因此，从这个角度看，风险是社会生产活动的动力，正是这种竞争和风险的存在，才促进社会生产的发展。

3. 风险利用的策略

当决定采取风险利用策略后，风险管理人员应制定相应的具体措施和行动方案。既要充分利用、扩大战果的方案，又要考虑退却的部署，毕竟投机风险具有两面性。在实施期间，不可掉以轻心，应密切监控风险的变化，若出现问题，要及时采取转移或缓解等措施；若出现机遇，要当机立断，扩大战果。

另一方面，在风险利用过程中，需要量力而行。承担风险要有实力，而利用风险则对实力有更高的要求，而且还要有驾驭风险的能力，即要具有将风险转化为机会或利用风险创造机会的能力，这是由风险利用的目的所决定的。

7.3　本章小结

本章主要介绍了建设项目风险应对的含义、应对计划编制的依据及其内容。风险应对常用的策略包括风险减轻、风险预防、风险转移、风险回避、风险自留和风险利用等六种。每种风险应对策略适用于不同的风险，并具有各自的优缺点，具体采取哪种应对策略需要决策者根据建设项目的实际情况进行合理选择。

复习思考题

1. 什么是风险应对？
2. 编制风险应对计划的依据有哪些？
3. 风险应对计划的内容？
4. 常用的风险应对策略有几种？分别是什么？
5. 什么是风险减轻？风险减轻的途径有哪些？风险减轻的局限性？
6. 风险预防有哪些手段？这些手段包括哪些具体措施？
7. 什么是风险转移？风险转移的原则、途径及其局限性包括哪些内容？

8. 什么是风险回避？为什么说风险回避是最消极的策略？

9. 风险回避的适用范围包括哪些？

10. 什么是风险自留？风险自留的适用范围包括哪些？

11. 风险自留的后备措施有哪些？

12. 如何看待风险利用的可能性和必要性？

第8章 风险监控

风险监控是工程项目风险管理的一项重要工作。在工程项目的实施过程中，风险会不断发生变化，可能会有新的风险出现，也可能预期的风险会消失。工程项目风险监控主要任务是：随着工程项目的进展，密切跟踪已识别的风险，监视残余风险和识别新的风险；分析工程项目目标的实现程度以及风险因素的变化和风险应对措施产生的效果；进一步寻找机会，细化风险应对措施，实现消除或减轻风险的目标。

8.1 风险监控概述

工程项目风险监控，即对工程项目风险的监视和控制。风险监视是在采取风险应对措施后，对风险和风险因素的发展变化的观察和把握；风险控制则是在风险监视的基础上，采取的技术、作业或管理措施。在某一时段内，风险监视和控制交替进行，即发现风险后经常需要马上采取控制措施，或风险因素消失后立即调整风险应对措施，因此，常将风险监视和控制整合起来考虑。

8.1.1 风险监控的必要性

工程项目风险监控在风险管理中是一不可缺少的环节。工程项目风险监控的必要性表现在：

（1）随着工程的进展，反映工程建设环境和工程实施方面的信息越来越多，原来不确定的因素也在逐步清晰，原来对风险的判断是否客观，需要用最新信息做出评价，以便进一步采取更具体的应对措施。

（2）已经采取的风险应对措施是否适当，也需要通过风险监视对其做出客观的评价，如果发现已采取的应对措施是合理的，收到了较理想的风险控制效果，则继续控制；若发现已采取的措施是错误的，则应尽早采取纠正行动，以减少可能的损失；若发现应对措施并无错，但其效果不理想，此时，不宜过早地改变正确的决策，而是要寻找原因，并适当调整应对策略，争取收到理想的控制风险效果。

（3）采取风险应对措施后，会留下残余风险和以前未识别的新风险，对这些风险需要在监控阶段进行评价和考虑应对措施。

8.1.2 风险监控时机

什么时候进行监控以及将付出多大的代价进行监控，这是项目风险管理中需要把握的。这一般决定于经过识别和评价的风险是否对工程项目造成或将要造成不能接受的威胁。如果是，那是否有可行的办法规避或缓解。对此，在工程项目的不同阶段，其处理方法不尽相同。

在项目实施阶段，当发现项目风险对实现项目目标威胁较大，且需要采用规避、转移和缓解等应对措施时，一般也需要对其采取监控。采用多大的力度进行监控，即监控拟付出多大的代价，这决定于项目风险对项目目标的威胁程度，这一般需作适当的风险成本分析，然后采取合理的监控技术和措施。

8.1.3 风险监控的依据

建设项目风险监控的主要依据包括：

（1）风险管理计划。对已识别的风险管理活动都是按这一计划展开的，但在新的风险出现后要立即对其更新。

（2）风险应对计划。是风险应对措施和项目风险控制工作的具体计划与安排，是工程项目风险监控的直接依据之一。

（3）工程项目的变更。对工程项目作出变更后，可能会出现新的风险。

（4）在工程项目实施中新识别的风险。随着工程项目的进展，建设环境也在不断发生变化，新的风险常常也随之而生。

（5）已经发生的风险事件。某一风险事件发生后，对工程项目的建设环境一般会有一定的影响。这对其他风险事件发生的可能性或可能的后果一般也会产生影响。

8.1.4 风险监控的内容

建设项目风险监控不能仅停留在关注风险的大小上，还要分析影响风险事件因素的发展和变化，具体风险监控的内容包括：

（1）风险应对措施是否按照计划征兆实施。

（2）风险应对措施是否如预期的那样有效，是否收到显著的效果，或者是否需要制定新的应对方案。

（3）对工程项目建设环节的预期分析，以及对项目整体目标实现可能性的预期分析是否仍然成立。

（4）风险的发生情况与预期的状态相比较是否发生了变化，并对风险的发展变化做出分析判断。

（5）是否出现了新的风险因素和新的风险事件，他们的发展变化趋势又是如何。

8.2 风险监视措施

通过项目风险监视，不但可以把握工程项目风险的现状，而且还可以了解工程项目风险应对措施的实施效果、有效性以及出现了哪些新的风险事件。在风险监视的基础上，则应针对发现的问题，及时采取措施。这些措施包括：权变措施、纠正措施以及提出项目变更申请或建议等。并对工程项目风险重新进行评估，对风险应对计划作重新调整。

8.2.1 权变措施

风险控制的权变措施（Workaround），即未事先计划或考虑到的应对风险的措施工程项目是一开放性系统，建设环境较为复杂，有许多风险因素在风险计划时考虑不到的，或者对其没有充分的认识。因此，对其的应对措施可能会考虑不足，或者事先根本就没有考虑。而在风险监控时才发现了某些风险的严重性甚至是一些新的风险。若在风险监控中面对这种情况，就要求能随机应变，提出应急应对措施。对这些措施必须有效地做记录，并纳入项目和风险应对计划之中。

8.2.2 纠正措施

纠正措施（Corrective Action）就是使项目未来预计绩效与原定计划一致所做的变更。借助于风险监视的方法，或发现被监视工程项目风险的发展变化，或是否出现了新的风险。若监视结果显示，工程项目风险的变化在按预期发展，风险应对计划也在正常执行，这表明风险计划和应对措施均在有效地发挥作用。若一旦发现工程项目列入控制的风险在进一步发展或出现了新的风险，则应对项目风险作深入分析的评估，并在找出引发风险事件影响因素的基础上，及时采取纠正措施（包括实施应急计划和附加应急计划）。

8.2.3 项目变更申请

项目变更请求（Change Requests），如提出改变工程项目的范围、改变工程设计、改变实施方案、改变项目环境、改变工程费用和进度安排的申请。一般而言，如果频繁执行应急计划或权变措施，则需要对项目计划进行变更以应对项目风险。

在工程项目施工阶段，在合同的环境下，项目变更，也称工程变更。无论是业主、监理单位、设计单位，还是承包商，认为原设计图纸、技术规范、施工条件、施工方案等方面不适应项目目标的实现，或可能会出现风险，均可向监理工程师提出变更要求或建议，但该申请或建议一般要求是书面的。工程变更申请书或建议书包括以下主要内容：

（1）变更的原因及依据；

（2）变更的内容及范围；

（3）变更引起的合同价的增加或减少；

（4）变更引起的合同期的提前或延长；

（5）为审查所必须提交的附图及其计算资料等。

对工程变更申请一般由监理工程师组织审查。监理工程师负责对工程变更申请书或建议书进行审查时，应与业主、设计单位、承包商充分协商，对变更项目的单价和总价进行估算，分析因变更引起的该项工程费用增加或减少的数额，以及分析工程变更实施后对控制项目的纯风险所产生的效果。工程变更一般应遵循的原则有：

（1）工程变更的必要性与合理性；

（2）变更后不降低工程的质量标准，不影响工程竣工验收后的运行与管理；

（3）工程变更在技术上必须可行、可靠；

（4）工程变更的费用及工期是经济合理的；

（5）工程变更尽可能不对后续施工在工期和施工条件上产生不良影响。

8.2.4 风险应对计划更新

风险是一随机事件，可能发生，也可能不发生；风险发生后的损失可能不太严重，比预期的要小，也可能损失较严重，比预期的要大。通过风险监视和采取应对措施，可能会减少一些已识别风险的出现概率和后果。因此，在风险监控的基础上，有必要对项目的各种风险重新进行评估，将项目风险的次序重新进行排列，对风险的应对计划也进行相应更新，以使新的和重要风险能得到有效的控制。

8.3 风险监控过程

风险监控过程可以用流程图 8-1 表达如下：

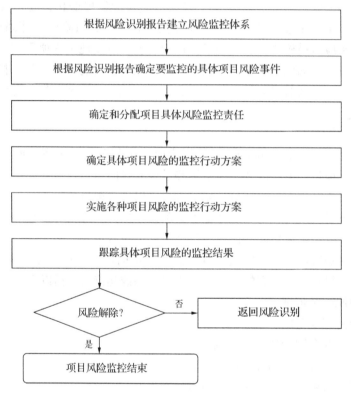

图 8-1 风险监控过程

项目风险监督与控制中各具体步骤的内容与做法分别说明如下：

（1）建立项目风险事件监督与控制体制

这是指在项目开始之前要根据项目风险识别和度量报告所给出的项目风险信息，制订出整个项目风险监督与控制的大政方针、项目风险监督与控制的程序以及项目风险监督与控制的管理体制。这包括项目风险责任制、项目风险信息报告制、项目风险控制决策制、项目风险控制的沟通程序等。

（2）确定要控制的具体项目风险

这一步是根据项目风险识别与度量报告所列出的各种具体项目风险确定出对哪些项目风险进行监督和控制，对哪些项目风险采取容忍措施并放弃对它们的监督与控制。通常这需要按照具体项目风险和项目风险后果的严重程度，以及项目风险发生概率和项目组织的风险控制资源等情况确定。

（3）确定项目风险的监督与控制责任

这是分配和落实项目具体风险监督与控制责任的工作。所有需要监督与控制的项目风险都必须落实有具体负责监督与控制的人员，同时要规定他们所负的具体责任。对于项目风险控制工作必须要由专人负责，不能多人负责，也不能由不合适的人去担负风险事件监督与控制的责任，因为这些都会造成大量的时间与资金的浪费。

（4）确定项目风险监督与控制的行动时间

这是指对项目风险的监督与控制要制定相应的时间计划和安排，计划和规定出解决项目风险问题的时间表与时间限制。因为没有时间安排与限制，多数项目风险问题是不能有效地加以控制的。许多由于项目风险失控所造成的损失都是因为错过了项目风险监督与控制的时机而造成的，所以必须制定严格的项目风险控制时间计划。

（5）制定各具体项目风险的监督与控制方案

这一步由负责具体项目风险控制的人员，根据项目风险的特性和时间计划制定出各具体项目风险的控制方案。在这一步骤中要找出能够控制项目风险的各种备选方案，然后要对方案作必要的可行性分析，以验证各项目风险控制备选方案的效果，最终选定要采用的风险控制方案或备用方案。另外还要针对风险的不同阶段制定不同阶段使用的风险控制方案。

（6）实施具体的项目风险监督与控制方案

这一步是要按照选定的具体项目风险控制方案开展项目风险控制的，必须根据项目风险的发展与变化不断地修订项目风险控制方案与办法。对于某些项目风险而言，风险控制方案的制定与实施几乎是同时的。例如，设计制定一条新的关键路径并计划安排各种资源去防止和解决项目拖延问题的方案就是如此。

（7）跟踪具体项目风险的控制结果

这一步的目的是要收集风险事件控制工作的信息并给出反馈，即利用跟踪去确认所采取的项目风险控制活动是否有效，项目风险的发展是否有新的变化等。这样就可以不断地提供反馈信息，从而指导项目风险控制方案的具体实施。这一步是与实施具体项目风险控制方案同步进行的。通过跟踪给出项目风险控制工作信息，再根据这些信息去改进具体项目风险控制方案及其实施工作，直到对风险事件的控制完结为止。

（8）判断项目风险是否已经消除

如果认定某个项目风险已经解除，则该具体项目风险的控制作业就已经完成了。若判断该项目风险仍未解除，就需要重新进行项目风险识别。这需要重新使用项目风险识别的方法对项目具体活动的风险进行新一轮的识别，然后重新按本方法的全过程开展下一步的项目风险控制作业。

8.4 风险监控技术和工具

目前，监视风险还没有公认的、单独的技术和工具。很多情况下，都是把用于项目其他方面管理的技术作为风险的监视技术，例如：关键线路法、挣值分析法、PERT 和 GERT 等。下面介绍几种常用的风险监控技术和工具。

1. 挣值分析法（Earned Value Analysis）

挣值分析法又称为赢得值法或费用偏差分析法。该方法是工程项目实施中使用较多的一种方法，是对项目进度和费用进行综合控制的一种有效方法。

挣值分析法的核心是将项目在任一时间的计划指标、完成状况和资源耗费综合度量。将进度转化为货币或人工时，工程量如：钢材吨数、水泥立方米、管道米数或文件页数。

挣值分析法的价值在于将项目的进度和费用综合度量，从而能准确描述项目的进展状态。挣值分析法的另一个重要优点是可以预测项目可能发生的工期滞后量和费用超支量，从而及时采取纠正措施，为项目管理和控制提供了有效手段。

挣值分析法的基本参数有三个，主要有：

（1）预算费用（BCWS，Budgeted Cost Work Scheduled），计算公式为 BCWS = 计划工作量×预算定额。BCWS 主要是反映进度计划应当完成的工作量（用费用表示）。BCWS 是与时间相联系的，当考虑资金累计曲线时，是在项目预算 S 曲线上的某一点的值。当考虑某一项作业或某一时间段时，例如某一月份，BCWS 是该作业或该月份包含作业的预算费用。

（2）已完成工作量的实际费用（ACWP，Actual Cost for Work Performed）。ACWP 是指项目实施过程中某阶段实际完成的工作量所消耗的费用，主要反映项目执行的实际消耗指标。

（3）已完工作量的预算成本（BCWP，Budgeted Cost for Work Performed），或称挣值、盈值和挣得值。BCWP 是指项目实施过程中某阶段按实际完成工作量及按预算定额计算出来的费用，即挣得值（Earned Value）。BCWP 的计算公式为：BCWP = 已完工作量×预算定额。BCWP 的实质内容是将已完成的工作量用预算费用来度量。

差值 BCWP-ACWP 叫做费用偏差，BCWP-ACWP 大于 0 时，表示项目未超支；差值 BCWP-BCWS 叫做进度偏差，BCWP-BCWS 大于 0 时，表示项目进度提前。

下面通过一个示例简单说明 BCWS、ACWP 和 BCWP。

一个土方工程，要求总共挖土 $10000m^3$。每立方米的预算价格是 45 元。计划每天完成 $400m^3$，25 天内全部完成。假设业主单位管理人员在开工后第七天早晨刚上班时去测量，取得了两个数据：已经挖完 $2000m^3$，实际花费的费用为 ACWP = 120000 元。

管理人员先按照土方的预算价格计算出已经挖完的 $2000m^3$ 土方的预算费用 BCWP。

BCWP = 45 元/m^3 × $2000m^3$ = 90000 元

而原计划标明，在开工后第六天完工时，业主单位按照土方的预算价格应该付给土方承包商 BCWS = 108000 元作为这前六天的工程价款。

于是，业主管理人员发现了两个问题：

（1）土方承包商工作费用超支了，超支额是 ACWP-BCWP = 120000 - 90000 = 30000 元。

（2）土方承包商工作进度落后了。工作进度是按照完成的实际工作量。BCWS-BCWP = 90000 - 108000 = - 18000 元。按原定计划，每天应完成 $400m^3$，每立方米费用 45 元。这样，- 18000 元的费用相当于 - 1 天的工作量，所以土方承包商工作进度落后了 1 天。

另外，我们还可以利用费用指数 CPI 和进度指数 SPI 分别来监视费用和时间进度风险

CPI = BCWP/ACWP

SPI = BCWP/BCWS

一般情况下，BCWS、ACWP 和 BCWP 三者之间的关系可见图 8-2。

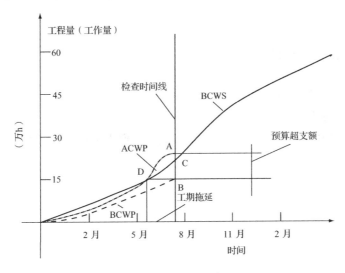

图 8-2　BCWS、ACWP 和 BCWP

2. 项目风险应对审计

该方法可用于项目的全过程，从项目建议书开始，直至项目结束。主要检查诸如项目建议书、项目产品或服务的技术规格要求、项目的招标文件、设计文件、实施计划、必要的实验等。风险审查员检查和文字记录诸如回避、转移或缓解等风险应对措施的效果以及风险承担人的有效性。

3. 定期项目评估

风险等级和优先级可能会随着项目生命周期而发生变化，而风险的变化因此有必要进行新的评估和量化，因此，项目风险评估应该定期进行。

4. 技术因素度量

技术因素度量指的是在项目执行过程中的技术完成情况与原定项目计划进度的差异。如果有偏差，比如没有达到某一阶段规定的要求，则可能意味着在完成项目预期目标上有一定风险。

5. 附加风险应对计划

如果该风险事先未曾预测到，或其后果比事先预期的严重，则事先计划好的应对措施可能不足以应对，因而需要重新研究应对措施。

6. 独立风险分析

采用专门的风险管理机构，该机构来自建设项目管理团队之外，可能对项目风险的评估更独立、更公正。

8.5　本章小结

本章首先介绍了建设项目风险监控的必要性、监控时机、监控依据、监控内容以及风险监控的 8 个步骤；然后阐述了风险监控的具体措施，包括权变措施、纠正措施、项目变更申请、风险应对计划更新等；最后，本章介绍了挣值分析法、项目风险应对审计、定期项目评估、技术因素度量、附加风险应对计划和独立风险分析等 6 种风险监控技术。

复习思考题

1. 为什么要进行风险监控？

2. 风险监控的依据有哪些？

3. 风险监控的内容包括哪几个方面？

4. 风险监控有哪几个步骤？

5. BCWS、ACWP 和 BCWP 三者之间的关系？如何判断建设项目超期、超支？

第9章 工 程 保 险

9.1 工程保险概述

9.1.1 工程保险的概念

保险是具有法律资格的社会机构通过对投保人收取保费，建立保险基金，用于保险双方就事前约定时间内，约定事件发生时所造成的损失向投保人进行补偿的一种经济制度。保险人与被保险人之间构成投保人承担支付保费的义务，保险人承担事前约定的赔偿责任的一种法律关系。

工程保险是适用于工程领域的保险制度，是针对工程项目在建设过程中可能出现的因自然灾害和意外事故而造成的物质损失和依法应对第三者的人身伤亡和财产损失承担的经济赔偿责任提供保障的一种综合性保险。

工程保险是从财产保险中派生出来的一个新险种，主要以各类民用、工业工程用和公共事业用工程项目为承保对象，可进一步分为建筑工程保险和安装工程保险。区分的主要依据是根据工程项目中土建和安装部分所占的比例来确定的。两者的责任范围按风险不同而相应地略有侧重，但基本上均为自然灾害和意外事故造成的损失。第三者责任则是指被保险人在工程项目建设过程中，在工地范围内进行有关活动时可能因侵权而产生的法律赔偿责任。

9.1.2 工程保险的特点

工程保险属于财产保险的领域，但是与普通的财产保险相比仍具有显著的特点。主要表现在以下几点：

1. 风险具有特殊性

工程保险承保风险的特殊性表现在：

（1）工程保险不仅承保被保险人财产损失的风险，同时还承保被保险人的责任风险；

（2）承保的风险标中大部分裸露于风险中，抵御风险的能力大大低于普通财产保险的标的；

（3）工程在施工中处于一种动态的过程，各种风险因素错综复杂，使风险程度加大。

2. 保障具有综合性

工程保险针对承保风险的特殊性提供的保障具有综合性，工程保险的发展范围一般由物质损失部分和第三者部分构成。同时，工程保险还可以针对工程项目风险的具体情况提供运输过程中、工地外储存过程中、保证期过程中等各类风险的专门保障。

3. 被保险人具有广泛性

普通财产保险的被保险人较为单一，而工程保险由于工程建设过程中的复杂性，涉及的当事人和关系方较多，包括业主、主承保商、分包商、设备供应商、技术顾问、工程监理等，他们均可能对工程项目拥有保险利益而成为被保险人。

4. 保险期限具有不确定性

普通财产保险的保险期限是相对固定的，通常为1年。而工程保险的保险期限一般是根据工期确定的，往往是几年，甚至十几年。工程保险的保险期限的起止点也不是确定的具体日期，而是根据保险单的规定和工程的具体情况确定的。

5. 保险金额具有变动性

普通财产保险的保险金额在保险期限内是相对固定不变的，但是，工程保险的保险金额在保险期限内是随着工程建设的进度不断增长的。所以，在保险期限内的任何一个时点，保险金额是不同的。

9.1.3 建筑安装工程保险的特点

建筑安装工程保险的特点首先是由其保险标的为建设工程项目的特点决定的。建设工程不同于其他行业，投资巨大，环节很多，多个主体参与，关系复杂，周期很长，风险复杂多样。建设工程的风险复杂性表现在以下几个方面。

1. 工程建设的风险具有多样性

（1）自然灾害。经常影响工程进度和质量的自然灾害，有雷电、暴风、龙卷风、暴雨、洪水、地震、地陷、崖崩、雪灾、雹灾、冰凌、泥石流等。

（2）技术风险。现代工程的专业性极强，涉及许多尖端科学技术，对专业技术要求很高。从技术方面看，工程风险要远远高于其他财产保险。主要包括：①设计缺陷或错误。如设计遗漏、规范不恰当、未考虑地质条件及施工可能性等；②施工工艺方面。施工工艺落后、不合理的施工技术和方案、施工安全措施不当、应用新技术新方案的失败、未考虑施工现场情况等；③工艺设计未达到先进性指标、工艺流程不合理、未考虑操作安全性等。

（3）机械电器设备故障。建筑安装工程要使用大量的机械或电器设备，这类设备可能因设计或工艺上的原因，发生一些故障。如由于电线短路或其他原因造成火灾，致使建筑中的房屋严重毁坏，或由于施工机械出故障、致使工程进度受阻，造成停工损失等。

（4）试车风险。对于像机械、钢结构安装作业这类工程，为了检查完工工程，往往要进行试车。因此，可能遇到由于第一次开动从未启动的机器所带来的各种风险，即试车风险。这种风险从工程安装作业开始就已经存在，工程标的物在设计、施工、材质或制造中的缺陷，由于没有开动而显露不出来，有许多工程标的物在试车阶级发生事故，瞬间即决定接近完成状态的施工项目的命运，所以试车风险很大。

2. 受人为因素影响大

工程是由人设计、制造、安装、施工的，潜在地存在着作业中的过失、错误等人为因素较强的风险。同时，风险的大小还受施工人员的技巧、熟练程度等技术水平等影响。工人和技术人员在工程建设中，由于缺乏经验或疏忽造成损失的情况屡见不鲜。因此，人为因素对工程的危险性影响很大。

3. 工程建设的风险大、集中性的巨额风险较多

建筑安装工程保险通常是从投保工程动工之日或被保险项目被卸至建筑安装工程工地

时开始，至工程竣工、经过验收或实际投入使用时保险责任终止。保险期内的大部分时间保险标的是处于未完成或逐渐接近完成的施工状态。与处于完成状态的保险标的相比，建筑物的强度差、危险度高。同时，现代工程规模也日益浩大，先进的工艺、精密的设计和科学的施工方法，再加上价格昂贵的现代化建筑材料、施工设备，使工程造价猛增，风险向着越来越集中的方向发展。因此，工程风险大多为巨额风险。

由于工程项目风险的复杂性，使得建筑安装工程保险与其他保险相比，具有以下特点：

（1）被保险人的多方性。建筑安装工程保险的目的在于通过将随着工程的进行而发生的大部分风险作为保险对象，来减轻这些风险可能给工程有关的各方造成的损失负担；围绕这种损失所发生的纠纷干扰，清除工程进行中的某些障碍，以保证工程实施的顺利完成。因此，保险标的的所有人和保险标的发生损失时对损失承担修复义务的单位或承担危险的有关各方都可以成为被保险人。

（2）保险期限的不确定性。建筑安装工程保险的保险责任期限，不是按年计算，而是根据预定的工程施工工期天数来确定的，自工程动工之日起或建筑安装项目的材料、设备卸至工地时开始，至工程竣工验收或实际投入使用时为止。保险期限的长短，一般由投保人根据需要确定。

（3）保险金额确定的特殊性。建筑安装工程保险的保险金额以建成该项目工程的总价值为准，包括设计费、建筑所需材料设备费、施工费、运杂费、税款以及其他有关费用在内。由于保险标的的价值随工程的进展逐渐增加，在投保时难以确定保险金额。一般来说，可先按工程概算确定保险金额，待工程竣工后，再按实际定价进行调整。与工程有关的其他财产也可由被保险人估算投保。

（4）保险责任的综合性。建筑安装工程保险除了承保各种财产直接损失外，还附加承保第三者责任险，即对该项工程在保险期限内因发生意外事故，造成工地上和附近地区第三者的人身伤亡或财产损失，依法应由被保险人负责的，以及被保险人因此而支付的诉讼费用和事先经保险人同意支付的其他费用，保险人均负有赔偿责任。

9.1.4 国外工程保险的主要内容

发达国家的保险业经营经验丰富、技术精良，险种设计能力高，在国际保险市场上享有威望，成为各国保险业的先驱和楷模，因而发达国家保险业通行的科学经营方式便成为国际上公认的运作方式。

为了推进工程保险制度的健康顺利发展，许多国家制定了相应的保险法规。世界各国的保险立法通常都由两个方面构成。一方面为保险业的企业法，是关于保险业的组织、经营、管理的法律；另一方面为保险合同法，或者称为保险契约法，是关于保险合同的订立、变更、转让、终止及投保人和保险人双方各自权利、义务等规定的法律。在工程建设领域，工程质量责任保险的有关法律最令人关注。

不同于大多数其他的保险类型，工程保险的保单没有一种现成的、标准的格式，由于不同的保险人所愿意承保的项目不同，不同的投保人对于所要投保的项目也有不同的要求，以及由于工程类型和现场环境、承包商的等级、不同的免赔额等因素的影响，都会导致工程保险的保单必须通过保险人和被保险人的协商才能够解决。

国际上工程保险的范围比较广泛，不同国家和地区以及不同的保险机构工程保险的范畴略有不同，工程保险可包含以下内容：建筑工程一切险、安装工程一切险、机器损坏险、第三者责任险、雇主责任险、合同风险以及承包商设备保险、利润损失险（业务中断险）、完工风险和行业一切险、十年责任险或两年责任险和潜在缺陷的风险等。

9.2 建筑工程一切险

建筑工程一切险是一种针对自然灾害或意外事故造成标的物损失的综合性财产保险。与一般财产保险不同，建筑工程一切险不但承保物质标的，还承保责任标的，并对事故发生后的清理费用均予以承保。因此，建筑工程一切险是一种综合性保险。

9.2.1 建筑工程保险的被保险人与投保人

1. 建筑工程保险的被保险人

凡在工程施工期间对工程承担风险责任的有关各方，即具有保险利益的各方均可作为被保险人。建筑工程保险的被保险人大致包括以下几方：

（1）业主（工程所有人，建设单位）。即提供场所，委托建造，支付建造费用，并于完工后验收的单位。

（2）工程承包商（施工单位或投标人）。即受业主委托，负责承建该项工程的施工单位。承包商还可分为总承包商和分承包商，分承包商就是向总承包商承包部分工程的施工单位。

（3）技术顾问。指由工程所有人聘请的建筑师、设计师、工程师和其他专业顾问、代表所有人监督工程合同执行的单位和个人。

（4）其他关系方，如发放工程贷款的银行等。

2. 建筑工程保险的投保人

投保人是指与保险人订立保险合同，并按照保险合同负有支付保险费义务的人。在一般情况下，投保人在保险契约生效后即为被保险人。

由于建筑工程保险可以同时有两个被保险人的特点，投保时应选出一方作为工程保险的投保人，负责办理保险投保手续，代表自己和其他被保险人交纳保险费，且将其他被保险人利益包括在内，并在保险单上清楚地列明。其中任何一位被保险人负责的项目发生保险范围之内的损失，都可分别从保险人那里获得相应的赔偿，无须根据各自的责任相互进行追偿。

在实践中，可根据建筑工程承包方式的不同来灵活选择由谁来投保。一般以主要风险的主要承担者为投保人。目前，建筑工程承包方式主要有以下四种情况：

（1）全部承包方式。业主将工程全部承包给某一施工单位。该施工单位作为承包商负责设计、供料、施工等全部工程环节，最后将完工的工程交给业主。在这种承包方式中，由于承包商承担了工程的主要风险责任，可以由承包商作为投保人。

（2）部分承包方式。业主负责设计并提供部分建筑材料，承包商负责施工并提供部分建筑材料，双方都负责承担部分风险责任，可以由业主和承包商双方协商推举一方为投保人，并在承包合同中注明。

（3）分段承包方式。业主将一项工程分成几个阶段或几部分，分别由几个承包商承包。承包商之间是相互独立的，没有合同关系。在这种情况下一般由业主作为投保人。

（4）承包商只提供劳务的承包方式。在这种方式下由业主负责设计、提供建筑材料和工程技术指导，承包商只提供施工劳务，对工程本身不承担风险责任，这时应由业主作为投保人。

因此，从保险的角度出发，如是全部承包，应由承包商出面投保整个工程。同时把有关利益方列于共同被保险人。如非全部承包方式，最好由业主投保，因为在这种情况下如由承包商分别投保，对保护业主利益方面存在许多不足。

9.2.2 建筑工程保险的保险对象与保险标的

1. 建筑工程保险的保险对象

凡领有营业执照的建筑单位所新建、扩建或改建的各种建设项目均可作为建筑工程保险的保险对象。

（1）各种土木工程，如道路工程、灌溉工程、防洪工程、排水工程、飞机场、铺设管道等工程。

（2）各种建筑工程，如宾馆、办公楼、医院、学校、厂房等。

2. 建筑工程保险的保险标的

凡与以上工程建设有关的项目都可以作为建筑工程保险的保险标的。具体包括物质损失部分和责任赔偿部分两方面。

物质损失部分的保险标的主要包括：

（1）建筑工程，包括永久性和临时性工程和物料。主要是指建筑工程合同内规定的建筑物主体、建筑物内的装修设备、配套的道路设备、桥梁、水电设施等土木建筑项目、存放在施工场地的建筑材料设备和为完成主体工程的建设而必须修建的主体工程完工后即拆除或废弃不用的临时工程，如脚手架、工棚等。

（2）安装工程项目。是指以建筑工程项目为主的附属安装项目工程及其材料，如办公楼的供电、供水、空调等机器设备的安装项目。

（3）施工机具设备。指配置在施工场地，作为施工用的机具设备。如吊车、叉车、挖掘机、压路机、搅拌机等。建筑工程的施工机具一般为承包人所有，不包括在承包工程合同价格之内，应列入施工机具设备项目下投保。有时业主会提供一部分施工机器设备，此时可在业主提供的物料及项目一项中投保。承包合同价或工程概算中包括购置工程施工所必需的施工机具费用时，可在建筑工程项目中投保。无论是哪一种情形，都要在施工机具设备一栏予以说明，并附清单。

（4）邻近财产。在施工场地周围或临近地点的财产。这类财产不在所有人或承包人所在工地内，可能因工程的施工而遭受损坏。

（5）存放于工地范围内的用于施工必需的建筑材料及所有人提供的物料。既包括承包人采购的物料，也包括业主提供的物料。

（6）场地清理费用。指保险标的受到损坏时，为拆除受损标的和清理灾害现场、运走废弃物等，以便进行修复工程所发生的费用。此费用未包括在工程造价之中。国际上的通行做法是将此项费用单独列出，须在投保人与保险人商定的保险金额投保并交付相应的保险费后，保险人才负责赔偿。

（7）所有人或承包人在工地上的其他财产，也可以通过签订相应条款予以承保。

责任赔偿部分的保险标的即第三者责任。第三者责任险主要是指在工程保险期限内因被保险人的原因造成第三者（如工地附近的居民、行人及外来人员）的人身伤亡、致残或财产损毁而应由被保险人承担的责任范围。

9.2.3 建筑工程保险的责任范围

1. 建筑工程保险物质损失部分的责任范围

（1）洪水、水灾、暴雨、潮水、地震、海啸、雪崩、地陷、山崩、冻灾、冰雹及其他自然灾害。

（2）雷电、火灾、爆炸。

（3）飞机坠毁、飞机部件或物件坠落。

（4）盗窃。指一切明显的偷窃行为或暴力抢劫造成的损失。但如果盗窃由被保险人或其代表授意或默许，则保险人不予负责。

（5）工人、技术人员因缺乏经验、疏忽、过失、恶意行为对于保险标的所造成的损失。其中恶意行为必须是非被保险人或其代表授意、纵容或默许的，否则不予赔偿。

（6）原材料缺陷或工艺不善引起的事故。这种缺陷所用的建筑材料未达到规定标准，往往属于原材料制造商或供货商的责任，但这种缺陷必须是使用期间通过正常技术手段或正常技术水平下无法发现的，如果明知有缺陷而仍使用，造成的损失属故意行为所致，保险人不予负责；工艺不善指原材料的生产工艺不符合标准要求，尽管原材料本身无缺陷，但在使用时导致事故的发生。本条款只负责由于原材料缺陷或工艺不善造成的其他保险财产的损失，对原材料本身损失不负责任。

（7）除本保单条款规定的责任以外的其他不可预料的自然灾害或意外事故。

（8）现场清理费用。此项费用作为一个单独的保险项目投保，赔偿仅限于保险金额内。如果没有单独投保此项费用，则保险人不予负责。

保险人对每一保险项目的赔偿责任均不得超过分项保险金额以及约定的其他赔偿限额。对物质损失的最高赔偿责任不得超过总保险金额。

2. 第三者责任保险的责任范围

建筑工程保险的第三者指除保险人和所有被保险人以外的单位和人员，不包括被保险人和其他承包人所雇佣的在现场从事施工的人员。在工程期间的保单有效期内因发生与保单所承保的工程直接相关的意外事故造成工地及邻近地区的第三者人身伤亡或财产损失，依法应由被保险人承担经济赔偿责任时，均可由保险人按条款的规定赔偿，包括事先经保险人书面同意的被保险人因此而支出的诉讼及其费用，但不包括任何罚款，其最高赔偿责任不得超过保险单明细表中规定的每次事故赔偿限额或保单有效期内累计赔偿限额。

9.2.4 建筑工程保险的除外责任

1. 对物质损失的保险项目和第三者责任保险均适用的除外责任

（1）战争、敌对行为、武装冲突、恐怖活动、谋反、政变引起的损失、费用或责任；

（2）政府命令或任何公共当局的没收、征用、销毁或毁坏；

（3）罢工、暴动、民众骚乱引起的任何操作、费用或责任；

（4）核裂变、核聚变、核武器、核材料、核辐射及放射性污染引起的任何损失费用和责任；

（5）大气、土地、水污染引起的任何损失费用和责任；

（6）被保险人及其代表的故意行为和重大过失引起的损失、费用或责任；

（7）工程全部停工或部分停工引起的损失、费用和责任。在建筑工程长期停工期间造成的一切损失，保险人不予负责；如停工时间不足 1 个月，并且被保险人在工地现场采取了有效的安全防护措施，经保险人事先书面同意，可不作本条停工除外责任论，对于工程的季节性停工也不作停工论；

（8）罚金、延误、丧失合同及其他后果损失；

（9）保险单规定的免赔额。保险单明细表中规定有免赔额，免赔额以内的损失，由被保险人自负，超过免额部分由保险人负责。

2. 适用于建筑工程保险物质损失部分的特殊除外责任

（1）设计错误引起的损失、费用和责任。建筑工程的设计通常由被保险人雇佣或委托设计师进行设计，设计错误引起损失、费用或责任应视为被保险人的责任，予以除外；设计师错误设计的责任可由相应的职业责任保险提供保障，即由职业责任险的保险人来赔偿受害者的经济损失。

（2）自然磨损、内在或潜在缺陷、物质本身变化、自燃、自热、氧化、氧蚀、渗漏、鼠咬、虫蛀、大气（气候或气温）变化、正常水位变化或其他渐变原因造成的被保险财产自身的损失和费用。

（3）因原材料缺陷或工艺不善引起的被保险财产本身的损失以及为换置、修理或矫正这些缺点错误所支付的费用，由于原材料缺陷或工艺不善引起的费用属制造商或供货商的，保险人不予负责。

（4）非外力引起的机械或电器装置损坏或建筑用机器、设备、装置失灵造成的本身损失。

（5）维修保养或正常检修的费用。

（6）档案、文件、账簿、票据、现金、各种有价证券、图表资料及包装物料的损失。

（7）货物盘点时的盘亏损失。

（8）领有公共运输用执照的车辆、船舶和飞机的损失。领有公共运输执照的车辆、船舶和飞机，它们的行驶区域不限于建筑工地范围，应由各种运输工具予以保障。

（9）除非另有约定，在被保险工程开始以前已经存在或形成的位于工地范围内或其周围的属于被保险人的财产损失。

（10）除非另有约定，在保险单保险期限终止以前，被保险财产中已由业主签发完工验收证书或验收合格或实际占有或使用接收的部分。

3. 适用于建筑工程保险第三者责任险部分的除外责任

（1）保险单物质损失项下或本应在该项下予以负责的损失及各种费用；

（2）业主、承包商或其他关系方或他们所雇用的在工地现场从事与工程有关工作的职员、工人以及他们的家庭成员的人身伤亡或疾病；

（3）业主、承包商或其他关系方或他们所雇用的职员、工人所有的或由其照管、控制的财产的损失；

（4）领有公共运输执照的车辆、船舶和飞机造成的事故；

（5）由于震动、移动或减弱支撑而造成的其他财产、土地、房屋损失或由于上述原因造成的人身伤亡或财产损失；本项内的事故指工地现场常见的、属于设计和管理方面的事故，如被保险人对这类责任有特别要求，可作为特约责任加保；

（6）被保险人根据与他人的协议应支付的赔偿或其他款项。但即使没有这种协议，被保险人应承担的责任也不在此限。

9.2.5 建筑工程保险的保险金额与赔偿限额

1. 保险金额与赔偿限额

由于建筑工程保险的保险标的包括物质损失部分和第三者责任部分。对于物质损失部分要确定其保险金额，对于第三者责任部分要确定赔偿限额。此外，对于地震、洪水等巨灾损失，保险人在保险单中也要专门规定一个赔偿限额，以限制承担责任的程度。

（1）物质损失部分的保险金额。建筑工程保险的物质损失部分的保险金额为保险工程完工时的总价值，包括原材料费用、设备费用、建造费、安装费、运杂费、保险费、关税、其他税项和费用以及由业主提供的原材料和设备费用。各承保项目保险金额的确定如下：

1）建筑工程的保险金额为工程完工时的总造价，包括设计费、材料设备费、施工费、运杂费、保险费、税款及其他有关费用。一些大型建筑工程如果分若干个主体项目，也可以分项投保。如有临时工程，则应单独立项，注明临时工程部分和保险金额。

2）业主提供的物料和项目。其保险金额可按业主提供的清单，以财产的重置价值确定。

3）建筑用机器设备。一般为承包商所有，不包括在建筑合同价格内，应单独投保。这部分财产一般应在清单上列明机器的名称、型号、制造厂家、出厂年份和保险金额。保险金额按重置价值确定，即按重新换置和原机器装置、设备相同的机器设备价格为保险金额。

4）安装工程项目。若此项已包括在合同价格中，就不必另行投保，但要在保险单中注明。本项目的保险金额应按重置价值确定。应当注意的是，建筑工程保险承保的安装工程项目，其保险金额应不超过整个工程项目保险金额的20%。如超过20%，应按安装工程保险的费率计收保费。如超过50%，则应单独投保安装工程保险。

5）工地内现成的建筑物及业主或承包商的其他财产。这部分财产如需投保，应在保险单上分别列明，保险金额由保险人与被保险人双方协商确定，但最高不能超过其实际价值。

6）场地清理费的保险金额应由保险人与被保险人共同协商确定。但一般大的工程不超过合同价格或工程概算价格的5%，小工程不超过合同价格或工程概算价格的10%。

（2）第三者责任保险赔偿限额。第三者责任保险的赔偿限额通常由被保险人根据其承担损失能力的大小、意愿及支付保险费的多少来决定。保险人再根据工程的性质、施工方法、施工现场所处的位置、施工现场周围的环境条件及保险人以往承保理赔的经验与被保险人共同商定，并在保险单内列明保险人对同一原因发生的一次或多次事故引起的财产损失和人身伤亡的赔偿限额。该项赔偿限额共分四类：

1）每次事故赔偿限额，其中对人身伤亡和财产损失再制定分项限额。

2）每次事故人身伤亡总的赔偿限额。可按每次事故可能造成的第三者人身伤亡的总人数，结合每人限额来确定。

3）每次事故造成第三者的财产损失的赔偿限额。此项限额可根据工程具体情况估定。

4）对上述人身和财产责任事故在保险期限内总的赔偿限额。应在每次事故的基础上，估计保险期限内保险事故次数确定总限额，它是计收保费的基础。

（3）特种危险赔偿限额。特种危险赔偿指保单明细表中列明的地震、洪水、海啸、暴雨、风暴等特种危险造成的上述各项物质财产损失的赔偿。赔偿限额的确定一般考虑工地所处的自然界地理条件、该地区以往发生此类灾害事故的记录以及工程项目本身具有的抗御灾害能力的大小等因素，该限额一般占物质损失总保险金额的50%～80%之间，不论发生一次或多次赔偿，均不能超过这个限额。

（4）扩展责任的保险金额或赔偿限额。扩展责任（Extended Liability）是在原有保险责任基础上扩充或增加的特别责任。一般是在原保险条款基础上附加扩展责任条款，增加保险责任项目，或者把原保险责任中具体事项的解释放宽，如扩展存仓期限等。多数人在投保时都认为投保了"工程一切险"，就包含了工程中的所有风险，其实不然，工程一切险有很多限制。特别是在特殊风险和导致损失的原因方面有较多的限制，如因设计错误、非外力引起的机械电器装置的损坏，自然环境因素造成的保险财产自身的损失和费用，保险公司是不赔偿的。也就是在保险合同的除外责任中注明的条款以及需要单独说明的条款。

工程保险扩展责任保险金额或赔偿限额的确定方式有以下几种：

1）财产类风险，按照财产保险确定保险金额的方式进行。如施工用机器、装置和机械设备，按重置同种型号、同负载的新机器、装置和机械设备所需的费用确定保险金额。工程所有人或承包人在工地上的其他财产可按照重置价或双方约定的方式确定保险金额。

2）费用类风险，按照第一危险赔偿方式确定，如专业费用、清除残骸费用等。所谓第一危险赔偿方式就是按照实际损失价值予以赔偿。

3）责任类风险，按照限额的方式予以确定。

9.2.6 建筑工程保险的免赔额

免赔额是指保险事故发生，使保险标的受到损失时，损失在一定限度内保险人不负赔偿责任的金额。由于建筑工程保险是以建造过程中的工程为承保对象，在施工过程中，工程往往会因为自然灾害、工人、技术人员的疏忽、过失等造成或大或小的损失。这类损失有些是承包商计算标价时需考虑在成本内的，有些则可以通过谨慎施工或采取预防措施加以避免。这些损失如果全部通过保险来获得补偿并不合理。因为即使损失金额很少也要保险人赔偿，那么保险人必然要增加许多理赔费用，这些费用最终将反映到费率上去，会增加被保险人的负担。规定免赔额后，既可以通过费率上的优惠减轻了被保险人的保费负担，同时在工程发生免赔额以下的损失时，保险人也不需派人员去理赔，从而减少了保险人的费用开支。特别是还有利于提高被保险人施工时的警惕性，从而谨慎施工，减少灾害的发生。

按照建筑工程一切险保险项目的种类，主要有以下几种免赔额：

（1）建筑工程免赔额。该项免赔额一般 2000～50000 美元或为保险金额的 0.5%～2%，对自然灾害的免赔额大一些，其他危险则小一些。

（2）建筑用机器装置及设备。免赔额一般为 500～1000 美元，也可定损失金额的 15%～20%，以高者为准。

（3）其他项目的免赔额。一般为 500～2000 美元或为保险金额的 2%。

（4）第三者责任保险免赔额。第三者责任保险中仅对财产损失部分规定免赔额，按每次事故赔偿限额的 1‰～2‰ 计算，具体由被保险人和保险人协商确走。除非另有规定，第三者责任保险一般对人身伤亡不规定免赔额。

（5）特种危险免赔额。特种危险造成的损失使用特种免赔额，视风险大小而定。

保险人只对每次事故超过免赔部分的损失予以赔偿，低于免赔额的部分不予赔偿。

9.2.7 建筑工程保险的保险费率

1. 费率制定要考虑的因素

（1）承保责任的范围；

（2）工程本身的危险程度；

（3）承包商和其他工程方的资信情况，技术人员的经验、经营管理水平和安全条件；

（4）同类工程以往的损失记录；

（5）工程免赔额的高低，特种危险赔偿限额及第三者责任限额的大小。

2. 建筑工程保险的费率项目

（1）建筑工程、业主提供的物料及项目、安装工程项目、场地清理费、工地内已有的建筑物等各项为一个总费率，整个工期实行一次性费率。

（2）建筑用机器装置、工具及设备为单独的年度费率，如保险期限不足一年，则按短期费率收取保费。

（3）第三者责任险部分实行整个工期一次性费率。

（4）保证期实行整个保证期一次性费率。

（5）各种附加保障增加费率实行整个工期一次性费率。

9.2.8 建筑工程保险的保险期限

1. 保险期限的确定

（1）主保期限的确定。普通财产保险的保险期一般为 12 个月，但建筑工程一切险的保险期限原则上是根据工期来加以确定，并在保单明细表上予以明确。保险人对于保险标的实际承担责任的时间应根据具体情况确定，并在保险单明细表上予以明确，它是一个不确定的时间点。对于主保期开始的时间，可由以下三个时间点确定：

1）以工地动工时间为起点。是指以被保险人的施工队伍进入工地进行破土动工的时间作为保期的起点。当然，如果只举行一个开工典礼仪式，施工队伍并未进入现场则不能视为工程开工。

2）以材料运抵工地作为起点。是指以用于保险工程的材料、设备从运输工具上运到工地，由承运人交付给被保险人的时间作为保险期限的起始时间。由被保险人自行采购并用自己的车辆将设备运回工地的，在车辆进入工地之后、卸货之前发生的保险责任保险人不予负责。对此类风险被保险人应根据具体情况投保一个相应的一揽子预约运输保险合同。

3）以保单生效日作为起点。这个时间点较为明确，即保单上列明的保险起始日期。这是保险期起始时间的"上限"。在任何情况下，建筑安装保险期限的起始时间均不得早于本保险单列明的保险生效日期，它对其他的保险生效方式起到一个限制的作用。"保险责任自被保险工程在工地动工或用于被保险工程的材料、设备运抵工地之日起"的条件是它们的时间点必须在保单生效之后，否则，就以保单生效日为准。

（2）主保期终止的时间，可由以下三个时间点确定。

1）以签发完工验收证书或验收合格为终点。业主或工程所有人对部分或全部工程签发完工验收证书或验收合格作为保险期终止日期。这是以签发完工验收证书和验收合格两个行为作为标志的。工程验收分为正式验收与非正式验收。正式验收是指由业主与有关工程质检部门对工程质量进行查验，验收合格的签发验收证书或竣工证书。非正式验收是指对于某一相对独立的工程完工后，业主需对相对独立的部分进行使用或占有，往往向施工单位提出要求，由业主对项目进行的验收。但通过业主检验合格后，并未对其签发验收证书或竣工证书。就工程保险而言，只要是被保险工程或其中一部分项目被验收并验收合格，保险人对此工程或其中一部分的保险责任则即告终止。对部分或全部工程的规定，主要是因为建设工程项目可能是由若干单位工程组成，这样就有可能出现单位工程竣工和验收与整个建设工程竣工与验收不一致。即使建设工程投保的是一个单位工程，在其建设过程中某一分部工程或分项工程可能出现分阶段交付的现象，这里主要是解决部分工程的验收问题。

2）以业主或所有人实际占有或使用或接收为终止时间。该工程所有人实际占有、使用、接收该部分或全部工程之时作为保期终止时间点，是以业主或工程所有人实际"占有"、"使用"、"接收"这三个行为作为标志终止保险日期的。

3）以保险终止日作为保期终止时间点。保单上明确的终止日期是保险期限的"下限"，为其他方式对终止时间的判定作了限制。工程所有人对部分或全部工程签发完工验收证书、验收合格、工程所有人实际占有、使用、接收该部分或全部工程之时终止的条件必须在保单上明确的终止日期之前，否则就以保单终止日期为准。

（3）保险期与工期的关系。工程保险期与普通财产保险期的含义是不一样的，一般财产保险的保险期就是保险人承担保险责任的期限，工程保险期仅仅是保险人承担责任时间的上下限。保险人实际承担保险责任的前提条件是被保险工程处于施工过程中，通常有以下几种情况：

1）项目开工日与保险责任起点相同，见图9-1：

A——工期与保险期限相同，即保险人承担保险责任的期限与工期相同；施工完成了，保险期终止。

B——工期早于保险期限，即工程结束后，保险期尚未结束，但保险人也不再承担保险责任。

C——工期晚于保险期限，即保险期已到，但工程尚未结束，保险人也不再承担保险责任。

E——保险期起始时间。

图9-1　项目开工日与保险责任起点相同

F——保险期终止时间。

2）项目开工日早于保险责任起点，见图9-2：

保险人承担责任的终点与第一种情况相同，承担责任的起点均以 E 为准。

3）项目开工日晚于保险责任起点见图9-3：

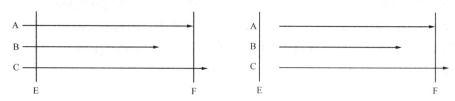

图9-2　项目开工日早于保险责任起点　　　图9-3　项目开工日晚于保险责任起点

保险人承担责任的终点与第一种情况相同，承担责任的起点均以各自的工期为准。

2. 试车期（扩展期限）的确定

试车是对试车期和考核期的统称，条款主要是针对安装项目。它是指机器设备在安装完毕后、投入生产性使用前，为了保证正式运行的可靠性、准确性所进行的试运转期间。试车按性质可分为"冷试"、"热试"和试生产。"冷试"是指设备进行机械性的试运行，不投料；"热试"是指设备进行生产性的试运行，进行投料运行；较长周期的"热试"则称为试生产，主要是考核设备的生产能力和稳定性，所以试生产也称为"考核期"。

强调试车期和考核期的具体时间以保险单明细表中的规定为准。被保险人不能因为与业主签订的安装合同中的试车期和考核期不同于保险单的规定，要求保险人对期外发生的有关损失负责赔偿，也不能因为被保险人与业主在合同执行过程中的种种原因，对试车期和考核期进行调整或修改，而要求保险人对期外发生的有关损失负责赔偿。

安装前已被使用过的设备或转手设备的试车风险除外。对这两类设备，保险人只负责其在试车之前的风险，一旦投入试车，保险责任即告终止。

保险单中为试车提供的保险保障期限一般是紧临在安装期之后的一个明确的期限，保单所提供的试车期保险期限应根据安装工程项目的具体情况而定，但一般不超过3个月。

对于保险期的延展，被保险人需征得保险人的书面同意，否则，保险公司不负责赔偿。

3. 保证期（扩展期限）的确定

保证期是指根据工程合同的规定，承包商对于所承建的工程项目在工程验收并交付使用之后的预定期限内，如果建筑物或被安装的机器设备存在缺陷，甚至造成损失的，承包商对这些缺陷和损失应承担修复或赔偿的责任。这个责任期为保证期。被保险人可根据需要扩展工程项目的保证期。工程缺陷保险是一个相对独立的保险，是否扩展完全取决于被保险人，其保险责任范围是专设的，保证期也是相对独立的。

工程保险保证期的期限是根据工程合同中的有关规定确定的，受保险单明细表列明的保证期、保险期限的限制。工程合同中的保证期超过保险单列明的明细表中的保证期限的，以保单中的规定为准。工程合同中的保证期如果低于保险单明细列表的保证期限，则以合同中规定的保证期为准。

保证期是一个相对的时间概念，它规定的仅仅是一个期限，至于项目保证期具体从哪一天开始，则要根据工程所有人对全部或部分工程签发完工验收证或验收合格，或工程所有人实际占有、使用、接收该部分或全部工程时起算，以先发生者为准。

9.2.9 建筑工程一切险的保险总则

一般建筑工程一切险都设有总则部分，对合同条款进行总的说明。我国建筑工程一切险条款总则部分，共包括10项：保单效力、保单无效、保单终止、权益丧失、合理查验、比例赔偿、重复保险、权益转让、争议处理、特别条款。

1. 保单效力

保单效力是指保险人承担责任的前提条件。被保险人严格地遵守和履行保险单的各项规定，是保险公司在保险单项下承担赔偿责任的先决条件，强调保险人承担赔偿责任的前提是被保险人必须遵守保险合同的所有规定，尤其是应该承担的义务。

2. 保单无效

我国建筑工程一切险规定，如果被保险人或其他代表漏报、错报、虚报或隐瞒有关保险的实质性内容，则保险单无效，强调了被保险人的诚信义务。如果被保险人在投保时或投保之后故意隐瞒事实，不履行如实告知的义务，则将构成不诚实或欺诈行为，此合同将不受法律保护。

3. 保单终止

保险单将在被保险人丧失保险利益、承保风险扩大的情况下自动终止：保险单终止后，保险公司将按日比例退还被保险人保险单项下未到期部分的保险费。投保人及被投保人必须对保险标的具有保险利益，合同才能有效，丧失保险利益可能是由于工程业主将在建工程所有权全部或部分出让，也就是原业主对该项目的所有权全部或部分发生变更；业主与工程承包商的承包合同终止等情况。承保风险扩大是指保险合同有效期内保险标的危险程度增加，保险人有权加收保险费或终止保险合同。若被保险人未履行风险增加通知的义务，由此项危险增加而引起的保险事故，保险人不承担赔偿责任。

4. 权益丧失

权益丧失是指如果任何索赔含有虚假成分、被保险人或其代表在索赔时采取欺诈手段企图在保险单项下获取利益，或任何损失是由被保险人或其代表的故意行为或纵容所致，被保险人将丧失其在保险单项下的所有权益。对由此产生的包括保险公司已支付赔款在内的一切损失，应当由被保险人负责赔偿。被保险人对保险事故的发生或办理索赔有虚假、欺诈行为，则将丧失其在保单项下的所有权益，保险人有权对有关损失拒绝赔偿；向被保险人追回赔偿保险金及其他损失如费用、利息等。

5. 合理查验

合理查验是指保险公司的代表有权在任何时候对被保险财产的风险情况进行现场查验。被保险人应提供一切便利及保险公司要求的用以评估有关风险的详情和资料。但上述查验并不构成保险公司对被保险人的任何承诺。合理查验是保险人的权利，被保险人应给予充分的配合。查验并不等于承保人对标的现状的任何认同。

6. 比例赔偿

在发生保险物质损失项下的损失时，若受损保险财产的分项或总保险金额低于对应保险金额，其差额部分视为被保险人所自保，保险公司则按保险单明细表中列明的保险金额与实际保险金额的比例负责赔偿。在发生损失时，保险金额低于实际保险金额时，保险人对有关损失将按比例承担赔偿责任。损失仅限于某些项目损失，而保险单内不同的保险项目有对应的保险金额，实行比例赔偿应适用于有关的分项。比例赔偿的计算方法如下：

保险损失金额＝实际损失金额×某项目保险金额/某项目应投保金额

比例赔偿不适用以下两种情况：一是双方约定以工程概算总造价投保，且被保险人认真履行了保险合同规定的义务，则不存在比例赔偿问题；二是比例赔偿不适用保险金额为第一危险方式的有关项目，如清理残骸费用、专业费用等。

7. 重复保险

保险单负责赔偿损失、费用或责任时，若另有其他相同的保险存在，不论是否由保险人或他人以其名义投保，也不论该保险赔偿与否，保险公司仅负责按比例分摊赔偿的责任。重复保险不一定都是指工程保险，可以是应对发生的保险事故予以负责的任何保险。重复保险的存在，并不一定会对有关保险事故作出赔偿。因为根据免赔额的规定，重复保险不需要承担给付保险金的责任；另外，重复保险有更为严格的规定，如其他保险存在，该保险不承担任何赔偿责任。

8. 权益转让

若保险单项下负责的损失涉及其他责任方时，不论保险公司是否已赔偿被保险人，被保险人应立即采取必要的措施行使或保留向该责任方索赔的权利。在保险公司支付赔款后，被保险人应将向该责任方追偿的权力转让给保险公司，移交一切必要的单证，并协助保险公司向责任方追偿。在财产保险中，如果标的发生保险责任范围内的损失是由第三者的侵权行为造成的，被保险人即对其拥有请求赔偿的权利。而保险人在按照保险合同的约定给付了保险金之后，即有权取代被保险人的地位，以被保险人或自己的名义向第三者提出索赔，获得被保险人在该损失项下要求责任人赋予赔偿的一切权利。保险人的这种行为叫做"代位求偿"，所享受的权利称为"代位求偿权"。

9. 争议处理

被保险人与保险公司之间的一切有关保险的争议应通过友好协商解决。如果协商不成，可申请仲裁或向法院提出诉讼。除事先另有协议外，仲裁或诉讼应在被告方所在地进行。保险双方发生争议是不可避免的，所以保险合同对此作出相应的规定，如果双方产生争议，要以友好协商为原则，通过协商加以解决，如果协商未果，再采取仲裁或诉讼的方式。一般而言，保险人作为被告方，仲裁或诉讼在被告方所在地进行，有利于维护保险人的利益，符合我国民事诉讼法中"原告就被告"的原则。

10. 特别条款

特别条款适用于保险单的各个部分，若其与保险单的其他规定相冲突，则以特别条款为准。尽管工程保险条款是针对工程建设中的风险特点而制定的，但是由于工程项目种类繁多、情况复杂、风险各异，所以工程保险的条款是针对工程项目中的共性而言的，如果用这种统一的条款去使用，显然满足不了被保险人的需要，因此，保险人为了弥补这一缺陷，制定了特别条款。特别条款又称附加条款，根据其作用与性质分为三类：一是扩展条款，是指对保险范围进行扩展的条款，其中包括扩展保险责任类、扩展保险标的类和扩展保险期限类；二是限制性条款，是指对保险范围进行限制的条款，其中包括：限制保险责任类和限制保险标的类；三是规定性特别条款，是针对保险合同执行过程中的一些重要问题，或是就需要明确的问题进行明确的规定，以免产生误解和争议的条款。关于特别条款的介绍说明，有兴趣的读者可以参阅有关资料，在此不作介绍。

9.3 安装工程一切险

安装工程保险是以设备的购货合同和安装合同价格加各种费用或以安装工程的最后建成价格为保险金额的，以重置基础进行赔偿的，对新建、扩建或改造的工矿企业的机器设备或钢结构建设物在整个安装调试期间由于保险责任范围内的风险造成保险财产的物质损失及列明的费用予以赔偿的保险。

9.3.1 安装工程保险的特点

安装工程一切险和建筑工程一切险在形式和内容上都具有相似或相同之处，两者是承保工程项目中相辅相成的一对工程保险。但安装工程保险与建筑工程保险相比较，仍有些显著区别：

（1）承保标的为安装项目。安装工程一切险的承保对象主要是以重、大型机器设备的安装工程在安装期限内，因自然灾害和意外事故时遭受物质损失或第三者责任损失为标的保险。虽然大型机器设备的安装需要在一定范围及一定程度上的土木工程建筑上，但这种建筑只是为安装工程服务的，其标的物主要是安装项目。建筑工程一切险则是以土木建筑和第三者责任为标的物的保险险种，而安装项目则是为土木建筑项目服务的。

（2）试车、考核和保证期风险最大。建筑工程保险的保险标的是逐步增加，风险责任也随着保险标的的增加而增加。安装工程与建筑工程相比较，安装工程标的价值是相对稳定的，保险标的物在进入工地后，从一开始保险人就负有全部的风险责任。安装工程中的机械设备只要不进行运转，风险一般就不会发生或发生的概率比较小。虽然风险事故发生与整个安装过程有关，但只有到安装完毕后的试车、考核和保证期中各种问题才能够暴露出来，因此，安装工程事故也大多发生在安装完毕后的试车、考核和保证阶段。而建筑工程标的物是动态的，标的物的价值是逐步形成、逐步增加的。建筑工程一切险的标的物风险贯穿于施工的过程，无论是施工初期还是完工期，每一个环节都有发生各种风险的可能性。

（3）安装工程一切险主要是人为风险。机械设备本身是技术的产物，承包人对其安装和试车更是专业技术性较强的工作，在安装施工中，机械设备本身的质量、安装者的技术状态、责任心以及安装过程中的电、水、气供应和施工设备、施工方式等都是导致风险发生的主要因素。虽然安装工程也面临着自然风险，但安装工程标的物多数在建筑物内，受自然灾害风险影响的因素较小，主要面临的是人为风险。建筑工程一切险标的物暴露性较强，其风险因素主要是遭受灾害或意外损失的可能性较大。

（4）建筑工程保险不负责因设计错误而造成的损失，而安装工程保险虽然不负责因设计错误造成的安装工程项目的本身损失，但负责设计错误而引起的其他保险标的的损失。

（5）安装工程交接前必须通过试车考试，相应保险的费率比较高，而建筑工程无试车风险。

9.3.2 安装工程保险的被保险人

所有对安装工程的保险项目具有可保利益的有关方均可成为安装工程保险的被保险人。主要有以下几方：

（1）业主，即工程所有人。

（2）工程承包商，即负责安装该项工程的承包单位。包括总承包商和分承包商。

（3）供货人，即负责提供被安装机器设备的一方。

（4）制造商，即被安装机器设备的制造人。

（5）技术顾问。

（6）其他关系方，如贷款银行。

安装工程实际投保时应视承包方式的不同而确定投保人。安装工程主要有以下承包方式：

（1）全部承包方式。即业主将所有机器设备的供应及全部安装工程包给承包商，由承包商负责设计、制造、安装、调试及保证期等全部工程内容，最后将完成的安装工程交给业主。

（2）部分承包方式。即业主负责提供被安装的机器设备，承包商负责安装和试车，双方都承担部分风险责任。

（3）分段承包方式。业主将一项工程分成几个阶段或几个部分，分别由几个承包商承包，承包商之间是相互独立的，没有合同关系。

一般来说，在全部承包方式下，由承包商作为投保人投保整个工程的安装工程保险。同时把有关利益方列为共同被保险人。如非全部承包方式，最好由业主投保。

9.3.3 安装工程保险的保险对象与保险标的

1. 安装工程保险的保险对象

安装工程保险的保险对象为各种工厂、矿山安装机器设备、各种钢结构工程以及包含机械工程因素的建筑工程。

2. 安装工程保险的保险标的

在安装工程施工现场的物品都可以作为安装工程保险的保险标的。具体包括物质损失部分和责任赔偿部分两方面。物质损失部分的保险标的主要有：

（1）安装项目。包括被安装的机器、设备、装置、物件、基础工程以及工程所需的各种设施，如水、电、照明、通讯设施等。安装项目是安装工程保险的主要保险项目。安装工程主要有三类：

1）新建工厂、矿山或某一车间生产线安装的成套设备。

2）单独的大型机械装置，如发电机组、锅炉、巨型吊车等组装工程。

3）各种钢结构建筑物，如储油罐、桥梁、电视发射塔之类的安装，管道、电缆的铺设工程等。

（2）土木建筑工程项目。指新建、扩建厂矿必须有的土建项目，如厂房、仓库、道路、水塔、办公楼、宿舍等。如果该项目已包括在上述安装项目内，则不必另行投保，但要在保单中说明。

（3）安装施工用机器设备。施工机具设备一般不包括在承包合同价格内，如果要投保可列入此项。

（4）场地清理费。

（5）业主或承包商在工地上的其他财产。指不包括在承包工程范围内的，业主或承包商所有的或其保管的工地内已有的建筑物或财产。

责任赔偿部分的保险标的即为第三者责任保险。

9.3.4 安装工程保险的责任范围

1. 安装工程保险物质损失部分的责任范围

在保险期限内，安装工程一切险对保险单中的被保险财产在列明的工地范围内，因保险单除外责任以外的任何自然灾害或意外事故造成的物质损失，均予赔偿。

（1）洪水、火灾、暴雨、冻灾、冰雹、地震、地陷、海啸及其他自然灾害。

（2）火灾、爆炸。

（3）空中运行物体坠落。

（4）超负荷、超电压、碰线、电弧、走电、短路、大气放电及其他电气引起的其他财产的损失。

（5）安装技术不善引起的事故。

2. 第三者责任部分的责任范围

在安装工程保险的保险期限内，因发生与保险单所承保的工程直接相关的意外事故引起工地内及邻近地区的第三者人身伤亡、疾病或财产损失，依法应由被保险人承担经济赔偿责任时，保险人按条款的规定负责赔偿。对被保险人因此而支付的诉讼费用以及事先经保险人书面同意支付的其他费用，保险人也可按条款的规定负责赔偿。

9.3.5 安装工程保险的除外责任

1. 对物质损失部分和第三者责任险均适用的除外责任

（1）战争、敌对行为、武装冲突、恐怖活动、谋反、政变引起的损失、费用或责任；

（2）政府命令或任何公共当局的没收、征用、销毁或毁坏；

（3）罢工、暴动、民众骚乱引起的任何损失、费用或责任；

（4）核裂变、核聚变、核武器、核材料、核辐射及放射性污染引起的任何损失、费用或责任；

（5）大气、土地、水污染引起的任何损失、费用或责任；

（6）被保险人及其代表的故意行为或重大过失引起的损失、费用或责任；

（7）工程部分停工或全部停工引起的损失、费用或责任；

（8）罚金、延误或丧失合同及其他后果损失；

（9）保险单中规定的应由被保险人自行负担的免赔额。

2. 适用于安装工程保险物质损失部分的特殊除外责任

（1）因设计错误、铸造或原材料缺陷或工艺不善引起的本身损失以及纠正这些缺陷错误所支出的费用。

（2）由于超负荷、超电压、碰线、电弧、超电、短路、大气放电及其他电气原因造成电气设备或电气用具本身的损失；

（3）自然磨损、内在或潜在缺陷、物质本身变化、自燃、白热、氧化、锈蚀、渗漏、鼠咬、虫蛀、大气（气候或气温）变化、正常水位变化或其他渐变原因造成的被保险财产自身的损失与费用；

（4）非外力引起的施工用具、设备、机械装置失灵造成的本身损失；

（5）维修保养或正常检修的费用；

（6）档案、文件、账簿、票据、现金、各种有价证券、图表资料及包装物料的损失；

（7）货物盘点时的盘亏损失；

（8）领有公共运输用执照的车辆、船舶、飞机的损失；

（9）除非另有约定，在被保险工程开始以前已经存在或形成的位于工地范围内或其周围的属于被保险人的财产损失；

（10）除非另有约定，在保险单保险期限终止以前，被保险人财产中已由业主签发完工验收证书、验收合格、实际占有、使用或接收的部分。

3. 适用于第三者责任险部分的特殊除外责任

（1）保险单物质损失项下或本应在该项下予以负责的损失及各种费用；

（2）业主、承包商或其他关系方或他们雇用在工地现场从事与工程有关工作的职员、工人以及他们的家庭成员的人身死亡或疾病；

（3）业主、承包商或其他关系方或他们所雇用职员、工人所有的或由其照管、控制的财产损失；

（4）领有公共运输执照的车辆、船舶、飞机造成的事故；

（5）被保险人根据与他人的协议应支付的赔偿或其他款项，但即使没有这种协议，被保险人应承担的也不在此限。

9.3.6 安装工程险的保险金额、赔偿限额与免赔额

1. 保险金额与赔偿限额

（1）物质损失部分的保险金额。安装工程保险的物质损失部分的保险金额即保险工程安装完成时的总价值，包括原材料费用、设备费用、建筑费、安装费、运杂费、关税、其他款项和费用以及由业主提供的原材料和设备费用。各承保项目保险金额的确定如下：

1）安装工程项目的保险金额以安装工程完工时的总价值为保险金额，包括设备费用、原材料费用、运费、安装费、关税等。

2）土木建筑工程项目的保险金额为工程项目建成的价格，包括设计费、材料费、施工费、运杂费、保险费、税款及其他费用。

安装工程保险内承保的土木建筑工程项目的保险金额不能超过安装工程保险金额的20%，超过20%时，应按建筑工程保险费率计收保险费。超过50%时，则需单独投保建筑工程保险。

3）安装施工用机器设备的保险金额按重置价值计算。

4）场地清理费的保险金额按工程的大小确定。一般大的工程不超过价格的5%，小的工程占合同价格的5%～10%。

5）业主或承包商在工地上的其他财产，其保险金额由保险人与被保险人协商确定，

但不可能超过其实际价值。

（2）第三者责任险和特种危险赔偿两部分的赔偿限额的确定与建筑工程保险相同。

2. 免赔额

安装工程保险的免赔额有以下几种：

（1）自然灾害引起的巨灾损失免赔额为 3000～5000 美元。

（2）试车考核期免赔额为 10000～100000 美元。

（3）其他风险免赔额为 2000～5000 美元。

（4）对第三者责任险的免赔额，只规定每次事故财产损失的免赔额为 2000～5000 美元。

（5）特种危险免赔额与自然灾害相同。

9.3.7 安装工程保险的保险费率

1. 费率制定要考虑的因素

（1）工程本身的危险程度；

（2）承包商和其他工程方的资信情况、技术水平及经验；

（3）工地及邻近地区的自然地理条件，有无特别危险存在；

（4）工程现场管理和施工的安全条件；

（5）保险期限的长短，安装过程中使用吊车次数的多少及危险程度；

（6）被安装设备的质量、型号，产品是否达到设计要求；

（7）工期的长短，试车期和保证期分别有多长；

（8）同类工程以往的损失记录；

（9）工程免赔额的高低，特种危险赔偿限额及第三者责任限额的大小。

2. 安装工程保险的费率项目

（1）安装项目、土木建筑工程项目、场地清理费、工地内的现成财产、业主或承包商在工地上的其他财产等各项为一个总的费率，整个工期实行一次性费率；

（2）试车期为单独的一次性费率；

（3）安装施工用的机器设备为单独年度费率；

（4）第三者责任险实行整个工期一次性费率；

（5）保证期实行整个保证期一次性费率；

（6）各种附加保障实行整个工期一次性费率。

9.3.8 安装工程保险的保险期限

安装工程保险的起讫日期与建筑工程保险相同。安装工程保险的保险期限内包括试车考核期。试车考核期包括冷试、热试和试生产。冷试指单机冷车运转；热试指全线空车联合运转；试生产指加料全线负荷联合运转。试车考核期的长短应根据工程合同上的规定，一般以不超过 3 个月为限，若超过 3 个月则应另行收费。对旧的机器设备不负责试车。这里旧机器指被保险设备本身是在本次安装前已被使用过的设备或转手设备。由于旧机器设备开始试车时发生事故的频率极高，为了排除这一风险，对该旧机器的责任在该旧机器试车时或负荷试验开始时责任即告终止。

如果被保险工程在保险单规定的保险期限内不能如期完工，被保险人要求延长保险期限，须事先获得保险人的书面同意，保险人同意后应加批单，并要增收保险费。

保险期的保险期限从工程业主对部分或全部工程签发完工验收证书或验收合格，或业主实际占有、使用、接收该部分或全部工程时起算，以先发生为准。但在任何情况下，保证期的保险期限不得超出保险单中列明的保证期。保证期责任投保与否由被保险人自行决定。

9.3.9 安装工程保险的赔偿方式与赔偿金额

1. 安装工程保险的赔偿方式

安装工程保险的保险标的发生保险责任范围内的损失后，保险人可以选择现金、修复或置换方式负责赔偿。

2. 安装工程保险的赔偿金额

（1）物质损失部分的赔偿金额。这部分损失的赔偿金额按将被保险财产修复至其基本恢复受损前状态所需的费用扣除残值和免赔额后的金额为准。修复费用包括材料费、加工费、检查费用等。但应注意下列费用不应包括在内：尚未蒙受损失部分的检查清理费用，非保险复原修理费，拆卸处理费，修复后的试运转费，由于改变样式、改良性能所增加的费用，研究恢复受损保险标的方法的费用，恢复工作停止或停工期间的费用等。财产损失的赔偿金额以被保险财产损失前的实际价值扣除残值和免赔额后的金额为准。

若受损被保险财产的保险金额低于对应的保险价值时，也要按比例赔偿。即：

$$实际赔款 = \frac{赔偿金额 \times 某项目现行保险金额}{某项目的保险价值} \tag{9-1}$$

（2）安装工程保险部分赔偿金额的计算同建筑工程保险。

9.4 其他几种相关保险介绍

9.4.1 建筑意外伤害险

1. 建筑意外伤害险

建筑意外伤害险是指为建筑行业所开设的意外伤害保险。意外伤害险的概念定义为：当被保险人遭受意外伤害使其人身残废或死亡时，保险人依照合同规定给付保险金的人身保险。这里采取的是逻辑上属加种差的方式对意外伤害险概念进行的定义。从上述表述可以看出，其概念属于人身保险范畴，表明意外伤害险与人寿保险和健康保险相似，都是以人的身体或生命作为保险标的，均属于人身保险的范畴。遭受意外伤害致使人身残废或死亡的种差表明，意外伤害险与人寿保险和健康保险存在着区别。

2. 建筑意外伤害险的分类

意外伤害险按照实施方案划分可分为：自愿性质的意外伤害险，即投保人根据资金的意愿和需求，投保的各种意外伤害险。强制性的意外伤害险，即由政府强制规定有关人员必须参加的一些意外伤害险，它是基于国家保险法令的效力构成的被保险人与保险人的权利和义务关系。2003 年我国颁布的《建筑法》第 48 条明确规定："建筑施工企业必须为从事危险作业的职工办理意外伤害保险，支付保险费"。建筑意外伤害险就属于国家强制性保险。

按照承保的风险不同，意外伤害险可划分为：普通意外伤害险和特殊意外伤害险。普通意外伤害险是指在保期内由于一般的风险而导致的各种意外伤害事件。许多具体的险种，均属于此类意外伤害险，例如建筑工程意外伤害险。特种意外伤害险是指以特定时间、特定地点、特定原因而导致的意外伤害险。例如海上作业、高山攀登等。特种意外伤害险的保单是由保险当事人双方协商一致后签订办理的，而一般意外伤害险则是保险人事先制定的条款，由投保方进行选择。

按照保险对象的不同，意外伤害险可分为个人意外伤害险和团体意外伤害险。个人意外伤害险是指以个人为保险对象的各种意外伤害险。团体意外伤害险是指以团体为保险对象的各种意外保险。对意外伤害险采取不同划分标准进行讨论是一种研究方式，具体的一个险种在不同的划分中可能会出现交叉。例如，建筑意外伤害险，既属于普通意外伤害险，又属于强制性保险，还属于团体性质的意外伤害险。

3. 建筑意外伤害险制度

我国政府对建筑工程人身意外伤害保险工作十分重视。在1997年，原建设部颁布了《施工现场工伤保险试点工作研讨纪要》（建监安〔1997〕17号）对建筑工程人身伤害保险进行了明确的要求和试点工作。1998年3月1日《建筑法》颁布，建筑工程人身伤害险成为建筑施工人员的强制险，由国家法律加予确定。2003年5月国务院颁布了《工伤保险条例》，2003年5月原建设部在总结了全国各个城市的试点工作后，颁布了《关于加强建筑意外伤害保险工作的指导意见》（建质〔2003〕107号），从九个方面对加强和规范建筑意外伤害保险工作提出了较详尽的规定，明确了建筑施工企业应当为施工现场从事施工作业和管理的人员，在施工活动过程中发生的人身意外伤亡事故提供保障，办理建筑意外伤害险、支付保险费，范围应当覆盖工程项目。同时，还对保险工作目标、保险范围、保险期限、保险金额、保险费用、投保方式、保险索赔、安全服务及行业自保等都提出了指导性意见。该指导意见的精神主要有以下几点：

（1）工作目标。《建筑法》第48条规定，建筑职工意外伤害保险是法定的强制性保险，也是保护建筑业从业人员合法权益、转移企业事故风险、增强企业防御和控制事故能力、促进企业安全的重要手段。2003年内要实现在全国各地全面推行建筑意外伤害保险制度的目标。

（2）建筑意外伤害险的范围。建筑施工企业为施工现场从事施工作业和管理的人员，在施工活动过程中发生的人身意外伤亡事故提供保障，办理建筑意外伤害险、支付保险费。范围应覆盖施工项目。

（3）保险的期限应涵盖工程项目开工之日到工程竣工验收合格日。提前竣工的，保险责任自行终止。延长工期的，应当办理保险顺延手续。

（4）保险金额。各地建设行政主管部门要结合本地区实际情况，确定合理的最低保险金额，使之能保障施工伤亡人员得到有效的经济补偿。

（5）保险费用。保险费应当列入建筑安装工程费用，由施工企业支付，不得向职工摊派。施工企业和保险公司双方应本着平等协商的原则，根据各类风险因素商定建筑意外伤害险费率，提倡差别费率和浮动费率。差别费率可与工程规模、类型、工程项目风险程度和施工现场环境等因素挂钩。浮动费率可与施工企业安全生产业绩、安全生产管理状况等因素挂钩。对重视安全生产管理、安全业绩好的企业可采用下浮费率；反之则可采用上浮费率。

（6）保险投保。施工企业应在工程项目开工前投保，实行不记名和不计人数的方式。工程项目中有分包单位的，由总承包施工企业统一办理，分包单位合理承担投保费用。业主直接发包的工程项目由承包企业直接办理。各级建设行政主管部门要把在建工程项目开工前是否投保的情况作为审查企业安全生产条件的重要内容之一。未投保的工程项目，不予发放施工许可证。投保人办理投保手续后，应将投保有关信息以布告形式张贴于施工现场，告知被保险人。

（7）保险索赔。建筑意外伤害险应规范和简化索赔程序，使施工伤亡人员能够得到及时足额的赔付。凡被保险人发生意外伤害事故，企业和工程项目负责人隐瞒不报、不进行索赔的，要严肃查处。

（8）安全服务。施工企业应当选择能提供建筑安全生产风险管理、事故防范等安全服务和有保险能力的保险公司。目前还不能提供安全服务的保险公司，应通过建筑安全服务中介组织向企业提供与保险相关的安全服务。安全服务内容可包括施工现场风险评估、安全技术咨询、人员培训、防灾防损设备配置、安全技术研究等。施工企业在投保时可与保险机构商定具体服务内容。

（9）行业自保。一些国家和地区结合建筑行业高风险的特点，采取行业自保或企业联合自保的方式都是可以借鉴的。

2004年颁布的《建筑工程安全生产管理条例》第38条规定："施工单位应当为施工现场从事危险作业的人员办理意外伤害保险。意外伤害保险费由施工单位支付。实行施工总承包的，由总承包单位支付意外伤害保险费。意外伤害保险期限自建设工程开工之日起至竣工验收合格止"。

9.4.2 工程质量责任险

工程质量责任保险具有保证担保的特征，人们又通常称之为工程质量责任保证担保。我国对建筑物竣工后质量责任实行的是保修制度和损害赔偿制度。《建筑法》第62条规定："建筑工程实行质量保修制度，建筑工程的保修范围包括地基基础工程、主体结构工程、屋面防水工程和其他土建工程以及电气管线、上下管线的安装工程，供热、供冷系统等项目；保修期的期限应当按照保证建筑物合理寿命年限内正常使用，维护使用者合法权益的原则确定，具体的保修范围和最低保修期限由国务院规定"。该条法律确定了我国对建设工程质量保修期的法律制度，即地基基础和主体结构在合理使用寿命内保证使用，其余部位在最低保修期内保证使用的法律制度，保证使用的责任定位在施工方。《建筑法》第80条规定："在建筑物的合理使用寿命内，因建筑工程质量不合格受到损害的，有权向责任者要求赔偿"。这一条规定确定了我国建设工程损害赔偿期的法律制度，即在整个合理使用寿命期内，因工程质量不合格造成损害的，责任者均应赔偿的法律制度。

可见，我国的建设工程法律框架设定的质量责任在建筑竣工交付后，工程质量实行两个责任期，一是工程质量保修期，二是损害赔偿责任期。

1. 工程质量责任期

（1）质量保修期内的责任。《建筑法》第61条规定："交付竣工验收的建筑工程，必须符合规定的建筑工程质量标准，有完整的工程技术经济资料和经签署的工程保修书，并具备国家规定的其他竣工条件"。保修书应当明确建设工程的保修范围、保修期限和保修责任等。工程交付后就进入第一个质量责任期。

我国《建设工程质量管理条例》第40条对最低保修范围和最低保修期限作了规定。其中基础设施工程、房屋建筑的地基基础工程和主体工程的最低保修期年限为设计文件规定的该工程的合理使用年限；屋面防水工程、卫生间、房间和外墙面防渗漏的最低保修期为5年；供热与供冷系统的最低保修期为两个采暖期、供冷期；电气管线、给排水管道、设备安装和装修工程的最低保修期限为2年。其余部位的最低保修期由承发包双方在合同中约定。

（2）损害赔偿责任期内的责任。质量保修期届满后，进入第二个质量责任期，即损害赔偿期。大多数国家的业主都可以在这一时期内向有关责任人要求损害赔偿。但也有些国家对这种责任没有相应的规定，例如，葡萄牙规定在政府作为业主的情况下，质量保修期后不存在损害赔偿责任。

2. 工程质量保险的对象

（1）与业主有直接合同关系的承担者。按照我国《建筑法》第24条规定，业主可能与一个项目总承包商签订合同，也可能分别与勘察、设计、施工及监理和设备采购各方签订合同。建筑法对业主与合同对方的工程质量责任都作了相应的规定。因此，在建筑物竣工后，按照《建筑法》第80条规定，工程质量不合格造成损害的责任者，就可能是与业主有各种合同关系的对应者。

（2）与业主没有直接合同关系的承担者。如建设工程质量主管部门、质量检测机构、分包商、供应商等。

3. 工程质量缺陷的分类

（1）设计缺陷。设计图纸和文件上的错误或疏忽从一开始就会影响工程建设的质量。设计师无疑是承担设计错误的责任主体。但在很多情况下设计错误带来的缺陷责任承担主体并非仅设计师一方。在美国，工程边设计边施工的现象十分普遍，大部分设计工作是在工程进行施工过程中通过独立技术监理的监督和配合完成的，如果由于监理的过错而导致设计错误，监理也应承担工程设计缺陷的责任。

承包商也会被要求承担设计缺陷的责任。在英国，承包商有义务在进行施工组织设计时检查设计师的设计。意大利的立法走到了极端，把设计师和监理过程中的所有错误和疏忽的责任都压在承包商一方上。而新加坡走向另一个极端，力求确定设计师、监理工程师和承包商、分包商、供应商之间承担设计错误的合理比例。

我国《建设工程质量管理条例》第28条2款规定："施工单位在施工过程中发现设计文件和图纸有差错的，应当及时提出意见和建议"。就是说是施工单位只有发现差错后及时提出的义务，而没有规定施工单位有审查设计文件和图纸的义务。因此，除非合同另有约定，承包商一般不承担设计缺陷的责任。至于承包商发现设计有错误而不及时提出意见和建议应承担怎样的责任，目前法律没有明确的规定。

（2）施工缺陷。施工缺陷大部分是由施工单位引起的。承包商最主要的义务是按照工程设计图纸和施工技术标准施工，严格执行每道工序，检查建筑材料、构件的质量，这在各个国家都是一样的。我国《建筑工程质量管理条例》第29条规定："施工单位必须按照工程设计要求的施工技术材料和合同约定，对建筑材料、建筑构配件、设备和商品混凝土进行检验，检验应当书面记录和专人签字；未经检验或者检验不合格的，不得使用"。可见，建筑材料、构配件等使用到施工项目，成为建筑物的一部分之后，由此造成工程质量缺陷的责任应当由施工单位向建设单位承担，而不管其是由谁来购买的。

（3）指导缺陷。工程交付使用时，建筑师给予业主的维修使用指导说明书不充分，可能引起建筑物使用过程中的损害。随着建筑物功能的日趋多样和复杂，对建筑物如何使用和维护的告知愈发显得重要。错误信息或疏忽重要信息的告知都可能造成重大损害。我国《建筑法》第61条规定：交付使用的建筑工程应具备完整的工程技术经济资料。原建设部有关文件还规定对于房地产开发商开发的住宅建筑应提供《住宅使用说明书》的要求，违反这些规定，受害人可以依法要求责任人承担损害责任。

4. 保修责任与质量责任

各国对于工程质量责任的法律规定尽管各不相同，但是都有明确的责任主体。由于建筑市场竞争的激烈程度日益增强，责任主体往往在经过几年的运营后可能会因破产不复存在，一旦建筑物发生质量缺陷，难以找到责任者。为此，国外通过质量保险来解决这一问题。

法国是一个典型的实行强制性工程质量保险的国家。《法国民法典》第2270条规定："建筑人及承揽人，经过10年后，即免除其对于建筑或指导的巨大工程担保的义务"。法国的《建筑职责与保险法》则进一步规定：凡涉及工程建设活动的所有单位，包括业主、设计商、承包商、专业分包商、建筑产品制造商、质量监理公司等，均需向保险公司进行投保。同时《建筑职责与保险法》还规定，工程项目竣工后，承包商应对该工程的主体部分，在10年内承担缺陷保证担保责任；对建筑设备在1年内承担功能保证责任。保险费率根据建筑物的风险程度、承包商的企业声誉、质量检查的深度等加以综合考虑，一般要负担相当于总工程造价的1.5%～4%的保险费。工程交付使用后，若1年内发生质量问题，承包商负责进行维修并承担维修费用；若在其余9年内发生质量问题，承包商负责维修，而维修费用则由保险公司承担。

我国《建筑法》第60条规定："建筑物在合理使用寿命内，必须确保地基基础工程和主体工程的质量"。合理使用寿命即设计年限，一般需要几十年甚至上百年的时间。就目前建筑工程一切险的附加保证期来承保工程质量险显然是不行的，因为保证期保险金为1年的期限，不能满足上述的法律要求，必须通过相应的保险来解决这一问题。

5. 保修保险与质量保险

2004年，原建设部有关部门已起草了《建设工程质量保修保险试行办法》（草案），并从2004年起，在北京等11个城市开展建设工程质量保修保险的试行工作。投保工程质量保修保险后，建设工程在竣工验收后的第一年保险期内出现质量缺陷，由施工单位负责维修，维修费用由施工单位承担；在竣工验收一年后的保险期内出现质量缺陷，由承保的保险公司负责维修，维修费用由保险公司承担。

就建筑工程质量的保险而言，在国外已经十分普遍，成为国际惯例和国际通行的建筑工程风险管理方式。工程质量保险也叫工程质量内在缺陷保险，两百年前起源于法国，属于责任保险的一种，承保由于被保险财产结构部分的内在缺陷引起的未来突然坍塌的物质损坏或威胁的风险，类似于 2004 年"法国戴高乐机场坍塌"等突发的建筑工程安全事故，将由保险公司在第一时间向受害第三方进行赔偿。因此，建筑工程质量保险具有很强的公益性。

我国建筑工程质量保险制度建设刚刚起步，2005 年 8 月，原建设部与保监会联合下发了《关于推进建设工程质量保险工作的意见》；2006 年 5 月，保监会批准了中国人保总公司制定的《建设工程质量保险条款》，2006 年 9 月，原建设部与保监会联合下文，在全国北京、上海、天津、大连、青岛、厦门、深圳、兰州等 14 个省（市）正式启动建筑工程质量保险试点工作，使工程质量保险制度建设进入实质性阶段。

9.4.3 工程设计责任险

1. 工程设计责任的属性与风险

工程设计与监理责任属于职业责任，是指从事与工程建设有关的职业，如勘察、设计、监理、咨询顾问的人员或机构在提供专业技术等服务过程中的责任，工程职业责任属于专家责任。专家是指具有特定的专门技能和知识，并以提供技能或者知识服务为业的人员，这些人员应当采用合理的技能，谨慎而勤勉地工作。一般认为，专家应当具有以下特征：高度的专门性，所从事的工作是精神层面的，而不是体力层面的；专家与顾客之间存在特殊的信赖关系；具有从事专家服务的资格；具有较高的社会地位和收入水准。设计责任是指设计专家在提供专门技能或者知识服务的过程中，因疏忽或者过失导致他人的人身伤亡和财产损失而依法应当承担的民事责任。

通常，工程职业责任的主体是在业主和承包商之外，为工程建设项目提供技术服务的各种工程专业技术人员和机构。因此，职业责任与质量责任不属同一范畴。在工程项目的开发建设过程中，这些专业技术人员和组织涉及的工作内容是多方面的，其职业责任可以分为过失责任及合同责任两大类。过失责任是指专业技术人员没有履行其作为专业技术人员应该履行的责任，或是做了专业技术人员不应该做的事情，而这些过失恰恰造成了业主或第三方的损失，因此，必须承担相应的民事损害赔偿责任。合同责任是指专业技术人员作为技术服务合同当事人的一方违背了合同的规定，没有适当地履行合同规定的义务，从而给另一方造成了损害，因此，必须依据合同承担相应的经济赔偿责任。

工程职业风险可分为行为责任风险、工作技能风险、技术资源风险、管理风险和职业道德风险。从主体看，行为责任风险、工作技能风险和职业道德风险属于个人职业风险，而技术资源风险和管理风险则多为单位职业风险。

2. 工程设计责任与特点

（1）工程设计责任。建设工程的设计服务是由工程设计单位的专业人员提供的，这些专业人员包括：从事建筑设计的建筑师、从事工程结构设计的结构工程师、从事设备设计的设备工程师、从事土木工程设计的土木工程师等。设计质量出现问题造成的经济损失应该由谁来赔偿，这是一个曾经长期困惑建筑界人士的问题。1983 年国务院颁发的《建设工程勘察设计条例》规定：对于因勘察设计错误而造成重大质量事故者，勘察设计单位除了要免除损失部分的勘察设计费用外，还应支付与直接受损部分勘察设计费用相当的偿金。也就是说，勘察设计单位除了质量问题，只承担 2% 的工程损失，而绝大部分由建设单位承担，因此，设计单位几乎不存在任何的经济风险。

随着我国市场经济的发展和建设单位投资主体的多元化以及设计单位多种所有制体系并存，这种赔偿方式越来越不适应形势发展的需要。一方面，这种赔偿方式对设计单位的设计质量缺乏有效的制约，造成一些设计单位片面追求经济利益而忽视设计质量；另一方面，作为经济合作合同管辖的一方，业主需为合同的另一方即设计单位承担设计风险，造成不平等的合同关系，业主的合法权益得不到保障。1998年3月1日施行的《建筑法》和1999年10月1日施行的《合同法》，对1983年《建设工程勘察设计条例》所规定的赔偿条款进行了重大调整，特别是《合同法》。其中《建筑法》第80条规定："在建筑物的合理使用寿命内，因建筑工程质量不合格受到损害的，有权向责任者要求赔偿"。也就是说，如果建筑工程质量不合格是由于设计原因造成的，工程设计单位就成为责任者，受害人有权要求工程设计单位承担赔偿。《合同法》第280条也对此明确地规定："勘察、设计的质量不符合要求或者未按照期限提交勘察、设计文件而拖延工期，造成发包人损失的，勘察、设计人应当继续完成勘察、设计，减少或者免收勘察、设计费并赔偿损失"。因此，勘察设计质量出了问题，到底由谁赔偿，在《合同法》中给出了明确的回答。勘察、设计单位必须确保设计质量，否则就要承担全部责任。

（2）工程设计责任险的特点。这种职业责任保险是一种广义的财产保险，具有一般财产保险的特征，但是它也有自身的特殊性，具备一些有别于普通财产保险的特点。

1）保险标的是职业责任。职业责任保险是以职业责任为保险标的的，没有有形的物质载体，是一种疏忽或过失责任。也就是说，工程设计责任是因为设计工程师未尽高度注意义务而未能预见损害结果的发生而应承担的责任。

2）赔偿的滞后性。工程设计责任引起的索赔具有滞后性。工程设计行为通常是在工程施工前就完成的，特殊时也有边设计边施工的情况。而设计缺陷或错误造成的损失往往发生在施工阶段后期或者工程建设后的使用期内，绝大部分会发生在项目的使用期内。也就是说，设计错误引起的损失索赔会滞后于设计任务的完成期。

3）责任确认的复杂性。工程设计责任确认相当复杂。建设工程质量的好坏往往与勘察设计单位、施工单位、材料设备供应商、业主等具有密切的关系，工程事故出现是多方面因素、多方面责任的共同结果。因此，认定设计是在工程质量事故中是否承担责任以及责任的大小，难度是十分大的。

面对设计责任风险，设计单位经济实力显得十分脆弱，因为我国设计单位在承担设计任务时只收取少量的设计费并且设计单位不是进行资本、资产运营的单位，自身的抗风险能力较小，万一因设计错误造成巨大事故损失，索赔可能使设计单位面临破产。因此，必须引入一种新的机制加以保护。这就是工程设计责任险。

3. 工程设计责任险的对象与责任

（1）工程设计责任险的对象。工程设计责任险的保险对象可以是专业服务的技术人员，也可以是提供这种专业服务的单位机构。我国工程设计责任险的保险对象规定为：经过国家建设行政主管部门批准，取得相应资质证书并经过工商行政管理部门注册登记，依法成立的建设工程设计单位。可见，我国设计责任险的保险对象是设计单位（法人）。根据《建设工程勘察设计管理条例》第2条规定，所谓工程设计是指根据建设工程的需求，对建设工程所需的技术、经济、资源、环境等条件进行综合分析、论证、编制建设工程设计文件的活动。承保的标的物为在中华人民共和国境内（港、澳、台地区除外）完成设计的建设工程。

（2）工程设计责任险的责任。根据中国人保公司的建设工程设计责任险条款规定："被保险人在本保险单明细表中列明的追溯期或保险期限内，在中华人民共和国境内（港、澳、台地区除外）完成设计的建设工程，由于设计的疏忽或过失而引发的工程质量事故造成下列损失或费用，依法应由被保险人承担经济赔偿责任的，在本保险期限内，由该委托人首次向被保险人提出赔偿要求并经被保险人向保险人提出索赔申请时，保险人负责赔偿：建设工程本身的物质损失；第三者人身伤亡或财产损失；事先经保险人书面同意的诉讼费用，保险人负责赔偿。但此项费用与上述两项的每次索赔赔偿总金额不得超过本保险单明细表中列明的每次索赔赔偿限额。发生保险责任事故后，被保险人为缩小或减少对委托人的经济赔偿责任所支付的必要的、合理的费用，保险人负责赔偿。"

4. 工程设计责任险的类型

工程设计责任险按其标的不同可分为年度责任险、项目责任险和多个项目险三类。

（1）年度责任险是指以工程设计单位一年内完成的全部工程设计项目可能发生的对受害人的赔偿责任作为保险标的的建设工程设计责任保险。年度责任险的年累积赔偿限额由工程设计单位根据该年承担的设计项目可能发生的风险状况来确定，保险期限为1年。国外大多数职业公司持有的职业责任保险为1年，承保该公司为职工在该年度内所有工程项目设计任务由于疏忽或过失而引起的责任事件。

（2）项目责任险是指以工程设计单位完成的某一工程设计项目的设计可能发生的对受害人的赔偿责任作为保险标的的建设工程设计责任险。项目责任险的累计赔偿金额一般与该工程项目的总造价相同，保险期限由设计单位与保险公司具体约定。项目责任险单仅为该项目提供保障。项目责任险可以视为对年度保单的一种补充措施，通常有两种情况需要购买年度保单，一是项目业主发现承接其工程设计任务的单位没有购买年度保险时，则应当要求其为本项目安排一个单独的保险。二是如果承接设计任务的单位虽然购买了年度保单，但年度保单的赔偿限额与承担的风险不匹配时，则可以安排一个项目保单作为补充。

国外的项目责任险单可以为该项目的总职业公司、该项目所有的咨询工程师、总承包商和分包商提供保险，它贯穿于整个建设过程，通常持续直至项目完工后2年的商定期限。项目保险不必像常规保单那样每年续保。项目保单的资金仅限于在该项目上使用，不得用于所设计的职业公司由于其他项目引起的索赔或赔偿。换句话说，也就是国外的项目责任保险单不但可以为项目的设计单位提供责任保障，而且可以同时为项目中所有的其他咨询单位以及承包商提供责任保障，是"一揽子"形式的责任保险。

（3）多个项目险是以工程设计单位完成的多个项目工程设计可能发生的对受害人的赔偿责任作为保险标的的建设工程设计责任险。多个项目责任保险的，累计赔偿限额一般为数个项目的总造价或数个项目总造价之和的一定比例，保险期限由设计单位与保险公司具体商定。

目前我国工程设计责任险主要施行的是前两种类型，即年度责任险和项目责任险。

9.4.4 工程监理责任险

1. 工程监理责任的定义

工程监理责任是指在国家法律法规及委托监理合同授权范围之内，由于自身的疏忽和过失未能履行或未适当履行法律法规和委托合同所规定的监理义务造成委托人即业主和第三方人身伤害和财产损失，依法应由监理承担的赔偿责任。这里工程监理责任的定义包含三方面，一是监理责任必须是在所获授权范围之内的责任，而不是授权外的责任。在国际上对于职业责任的授权主要来自合同，我国现行监理制度下，除委托监理合同外，工程监理部分责任还来自于监理的法律法规，例如《建筑法》、《建筑工程质量管理规定》、《建设工程质量管理条例》等，若监理工程师发现施工图纸存在问题有通过业主更改设计文件的责任，对于质量不符合国家标准的建筑材料、构配件、设备负有拒进场地的责任；二是监理职业责任可以分为两类：来自监理法律法规规定的法律责任和来自委托监理合同的约定责任。这也是监理职业责任保险与一般责任保险的重要区别。国际上一般只考虑监理委托合同的约定责任，而我国需要承担较大的社会公众责任；三是监理职业责任险只承担由于职业疏忽、错误或过失而导致业主或第三方的经济损失，否则不属于监理责任保险的范畴。

2. 工程监理责任的赔偿制度

我国《建筑法》第35条规定："工程监理单位不按照委托监理合同的约定履行监理义务，对应当监督检查的项目不检查或者不按照规定检查，给建设单位造成损失的，应当承担相应的赔偿责任。工程监理单位与承包单位串通，为承包单位谋取非法利益，给建设单位造成损失的，应当与承包单位承担连带赔偿责任"。《建筑工程质量管理条例》第62条规定："工程监理单位转让工程监理业务的，责令改正，没收违法所得，处合同约定的监理酬金百分之二十五以上百分之五十以下的罚款；可以责令停业整顿，降低资质等级；情节严重的，吊销资质证书"。第67条规定："工程监理单位有下列行为之一的，责令改正，处50万元以上100万元以下的罚款，降低资质等级或者吊销资质证书；有违法所得的，予以没收；造成损失的，承担连带赔偿责任"。《建设工程委托监理合同》（示范文本）（GF—2000—020）第24条："当委托人发现监理人员不按监理合同履行监理职责，或与承包人串通给委托人或工程造成损失的，委托人有权要求监理人更换监理人员，直到终止合同并要求监理人承担相应的赔偿责任或连带赔偿责任"。第27条："对不公正维护各方面的合法权益引起的与之有关的事宜，向委托人承担赔偿责任"。第26条："监理人在责任期内，应当履行约定的义务。如果因监理人过失而造成了委托人的经济损失，应当向委托人赔偿"。第28条："监理人向委托人提出赔偿要求不能成立时，监理人应当补偿由于该索赔所导致委托人的各种费用支出"。上述有关法律规定了工程监理的行政、刑事和民事赔偿等责任，为建设工程监理责任保险制度的建立提供了坚实的法律基础。建立工程监理职业责任保险制度，是提高工程监理水平，保证工程质量，完善市场管理制度，建立社会监督体系的重要措施；也是强化工程监理单位与监理工程师法律责任、监督他们依法执业、控制和减少监理工作风险、增强工程监理企业抵抗风险能力的有效途径。

3. 工程监理职业责任与保险责任

按照现行的有关法律法规与工程监理合同示范文本，就监理职业责任来说，包括两方面内容，即工程质量监理责任和安全生产监理责任。

根据《建筑法》、《建筑工程质量管理条例》、《建设工程委托监理合同》（示范文本）等有关文件，工程质量监理职业责任归纳为以下几点：

（1）建筑工程监理应当依照法律、行政法规及有关技术标准、设计文件和建筑工程承包合同，对承包单位在施工质量、建设工期和建设资金使用等方面，代表建设单位实施监督。

（2）工程监理人员发现工程设计不符合建筑工程质量标准或者合同约定的质量要求的，应当报告建设单位要求设计单位改正。

（3）工程监理人员认为工程施工（包括材料、构配件、设备）不符合工程设计要求、施工技术标准和合同约定的，有权要求建筑施工企业改正。

（4）工程监理单位应按照委托监理合同的约定履行监理义务，对应当监督检查的项目按照规定，对关键部位、关键工序采取旁站、巡视和平行检验等形式，对建设工程实施监理。

（5）在工程监理过程中发现建设单位、施工单位、工程检测单位违反工程建设强制性标准以及其他不严格履行其质量责任的行为，应及时发出整改通知或责令停工。

根据《建设工程安全生产管理条例》和原建设部《关于落实建设工程安全生产监理责任的若干意见》（建市［2006］248号），工程安全监理职业责任主要归纳为以下几点：

（1）监理单位对施工组织技术设计中的安全措施和专项施工方案进行审查。

（2）监理单位在监理巡视检查过程中发现安全隐患应及时下达书面通知要求施工单位整改或停工。

（3）施工单位拒绝按照监理单位的要求进行整改的，监理单位应及时向建设行政主管部门报告。

监理工作在很大程度上是一种微观的监督活动，监理的基本职业责任主要是在监理过程中发现显在或潜在的质量与安全问题，如果发现了就应该向有关单位提出并采取相应的措施。应该发现的没有发现就是监理单位的责任。发现了但没有向相关责任人提出也是监理的责任。这两条是监理职业责任最基本的内容。我国目前试行的工程监理保险承保的不是上述职业责任的全部，而是针对工程质量职业责任风险，工程安全生产监理责任风险并未列入其中。

4. 工程监理责任险的保险对象

工程监理责任险是属于职业责任保险，职业责任保险的保险对象是注册工程监理师或工程监理企业。我国目前的有关条款规定为："凡是经建设行政主管部门批准，取得相应资质证书并经工商行政管理部门登记注册，依法设立的工程建设监理企业，均可作为本保险的被保险人"。保险对象主体规定为企业。

5. 工程监理责任险的责任范围

目前，我国工程监理责任条款对责任范围作出如下规定：①在保险期限或追溯期内，在国内开展的工程监理工作的；②在监理过程中因过失未能履行委托监理合同中约定的监理义务或作出错误指令导致监理的建设工程发生工程质量事故，给委托人造成经济损失的；③相关仲裁或诉讼费、律师费以及为控制或减少损失而支付的必要费用。

对于监理责任险的责任范围，我们应该需要注意以下五点：

（1）事故发生在国内的监理工程，在保险期限内或追溯期内所发生的损失。对工程监理责任保险作了时空上的界定。

（2）并不是监理工程师的任何责任风险都能够通过保险来解决。职业责任保险仅仅是针对监理工程师根据委托监理合同在提供服务时由于疏忽、错误或过失行为，未能履行委托监理合同中约定的监理义务或发出错误指令而导致工程发生质量事故，是引发工程的质量事故，给委托人或依赖于这种服务的第三方所造成的经济损失。

（3）监理责任险仅限于监理工程师专业范围内的行为，而不负责和专业范围无关的疏忽行为造成的损失。因此，监理责任与设计责任保险一样，承保的是一种过失责任而不是故意行为。

（4）造成业主损失的这种监理行为在主观上必须是无意的，从法律上讲，故意或过失都构成过错，但属于两个不同的概念。故意行为的直接原因比较单一，一般是为了追求非法利益而导致工程质量损失的行为。而过失行为的情况则比较复杂，既有可能是监理单位以及监理人员不执行监理规范的行为引起的，也有可能是监理人员自身业务素质低下造成的，还可能有其他因素。监理险责任范围是疏忽与过失责任，故意行为责任除外。

（5）责任赔偿范围包括：直接经济损失费、相关事故产生的诉讼与律师费和为减少损失而采取的必要支出费用。

9.5 工程保险与索赔实务

9.5.1 一般投保程序

工程投保的具体工作大致包括以下几项：

（1）根据工程项目风险情况，明确投保原则；

（2）制定投保计划。包括保险类型、确定投保的主要内容（投保人与投保标的、保险期、保额与保费、保单类型及对保险条款选择等）、优化投保方式等内容；

（3）选择投保方式即确定由谁来投保，采取什么方式投保；

（4）实施投保行动，包括选择保险公司，索取保险申请并填写、配合保险人到工地勘察、阅读保险建议书，修订保险计划；

（5）签订保险合同，直至合同正式生效为止。

工程保险投保工作流程如图9-4所示。

9.5.2 保险类型的选择

对于工程风险投保，不是所有的破坏物质财富或威胁人身安全的风险，保险人都可以承保，投保的风险必须是可保风险（Insurable Risk），即可以进行投保的风险。即使是可保风险被保险人也不一定要100%投保，应根据工程的实际情况加以确定。尤其对工程的承发包方而言，并不是所有的风险均可成为保险保障的对象，而是要根据工程的具体情况决定是否选择保险和选择哪类保险。人们在工程风险管理中，对风险是否采取保险以及保险应采取哪一类保险，进行了不断地探索，并形成了一些为工程管理界和保险界认可的做法。国际咨询工程师联合会（FIDIC）在《土木工程合同条件》中给出了风险及其应用情况，见表9-1。国际上对BOT工程项目施工阶段的保险类型也进行了总结，见表9-2。

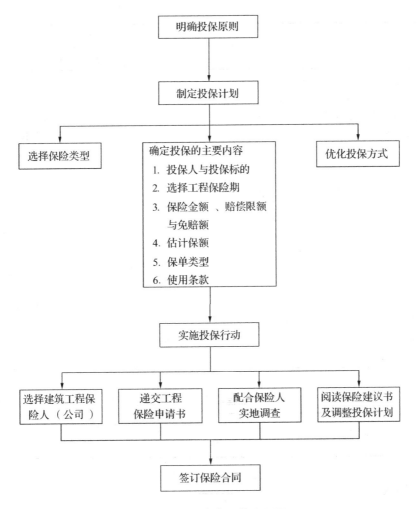

图 9-4 工程投保工作流程图

FIDIC 土木工程合同条件所列风险及其应用情况   表 9-1

风险类型	投 保 主 体		
	业　主	工 程 师	承 包 商
1. 工程的重要损失与破坏			
（1）战争等：暴乱、骚乱或混乱	不保险	不保险	不保险
（2）核装置和压力波、危险爆炸	不保险	不保险	不保险
（3）不可预见的自然力	建筑工程一切险		
（4）运输中的损失与损坏			运输保险
（5）不合格的工艺与材料			建筑工程一切险
（6）工程师的粗心设计		职业责任保险	
（7）工程师的非疏忽缺陷设计	按业主正常保险计划		
（8）已被业主使用或占用	风险自留，不保险		
（9）其他原因			建筑工程一切险

风险类型	投保主体		
	业　主	工　程　师	承　包　商
2. 对工程设备的损失与损坏			
（1）战争等：暴乱、骚乱或混乱	风险自留，不保险	不保险	不保险
（2）核装置和压力波、危险爆炸	风险自留，不保险		不保险
（3）运输中的损失与损坏			运输保险
（4）其他原因			建筑工程一切险
3. 第三方的损失			
（1）执行合同中无法避免的结果	业主的第三者责任		
（2）业主的疏忽	业主的第三者责任		
（3）承包商的疏忽			承包商的第三者责任
（4）工程师的职业疏忽		职业责任保险	
（5）工程师的其他疏忽		工程师的第三者责任	
4. 承包商/分包商方的人身伤害			
（1）承包商的疏忽			承包商的第三者责任
（2）业主的疏忽	业主的第三者责任		
（3）工程师的职业疏忽		职业责任保险	
（4）工程师的其他疏忽		工程师的第三者	

国际上 BOT 工程项目施工阶段保险类型　　　　　　表 9-2

项　目　阶　段	项目开始	首次海上运输开始	项目开工	临时被业主接收	最终移交	还债贷款	移交政府
海洋货物运输保险							
海洋货物运输延误竣工保险（或利损险）							
建筑（安装）一切险							
建（安）一切险的第三者责任险							
建（安）一切险的延期利润损失险							
建筑施工意外伤害险							
职业责任保险（设计、监理职业险）							
企业财产保险（包括机器故障险）							
企业财产的利润损失险							
运行期间的第三者责任险							

项目公司/运营公司 ——　　承包商 ……　　贷款人/银行 ——　　职业人员

　　临时被业主接收是指工程完工且验收移交。最终移交是指保证期结束，发放履约证书之时的移交。

　　目前，国内开展的商业保险险种比较多、种类也比较全，以工程险为例，按保障内容主要有建筑工程一切险、安装工程一切险、吊装工程一切险以及第三者责任险和人身意外伤害险等。同一类险种保险责任大体相同，但细节上又各有差异和侧重。对施工单位来说，投保的大多数是建筑工程一切险、安装工程一切险，这两个险种一般还要同时附加第三者责任险以及人身意外伤害险。

9.5.3 选择工程保单

工程保单与其他保险不同，在投保过程中扮演着更加重要的角色，它不仅仅起到投保人要约证明、合同签订依据的作用，而且还作为风险调查和问询表出现。其中要求投保人详细填报与工程、工程风险有关的各种信息。有的保险公司还会针对一些具有特殊风险的工程项目，如公路、桥梁、铁路、大坝、隧道等设计专门的风险调查和问询表，使保险人对标的了解得更加清楚。

保单附件是指保险人为了全面地掌握标的风险情况，需要了解更丰富、更全面、更系统的工程信息，如可行性研究报告、地质勘测报告、建筑设计图纸、施工合同、施工进度计划等，以便对情况进行总体把握和科学分析。因此，投保人在准备投保的时候，应该将这些资料准备好作为附件，这些资料将成为合同的有效成分。同时，在发生索赔时，这些资料也将被作为保险人进行理赔计算和履行保险合同的重要依据。

1. 保单类型选择

投保人应根据工程及风险状况的实际需要，选择保单进行投保，一般可分为以下几类：

（1）按投保范围划分。按照投保人投保的范围不同，保单可分为列明除外保单和列明保单。

1）列明除外保单。列明除外保单，亦称为"一切险"保险单，是指保险人承保除了列明的除外责任以外的一切风险造成的损失，这种类型的保单具体表现形式有两种：

①直接明示保单。该保单在责任范围的规定上，采用"除外之除外"的方式，通常措辞为："因本保险单除外责任以外的任何自然灾害或意外事故造成的物质损坏或灭失"作为自己的责任范围，直接对被保险人作出明示，然后逐一列出除外责任。

②否定除外保单。该保单在责任范围的规定上采用列明的方式，列明承保的责任范围，但在其责任范围的最后一条通常的措辞为："除本条款除外责任规定以外的其他不可预料的和突然事故"这一措辞通过否定除外的方式，使保险单成为列明除外式的"一切险"保险单。

有些投保人往往将列明除外保险单看成是"一切险"保单，但要注意的是它仅仅是普通商业保险意义上的"一切险"，投保人不能将"一切险"理解为广义上的保障一切风险的保险，或者将其称为"全险"，这显然是错误的。从商业保险的角度理解"一切险"应注意把握以下两点：一是一般的商业保险所承保的风险具有可保性，即造成损失的风险应具有突发的、不可预见的、人力无法抗拒等特点，什么都保，结果就什么也保不了，失去了可保性；二是它所针对的风险是除外责任风险以外的，即它所指的"一切"是除外责任以外的"一切"。目前，大多数工程合同如 FIDIC 合同，为了最大限度地维护和保障工程各个方面的利益，在关于工程保险安排中均明确要求应采用列明除外式，即"一切险"保单。

2）列明保单。列明保单也称列明责任保单，是指保险人仅仅承保保单中列明的风险造成的损失。在这种保单的责任范围规定中，在列明了承保的风险之后，通常会出现一条

"关门"的条款，其措辞为："其他不属于保险责任范围内的损失和费用。"例如在前面我们介绍的建安险就属此例。这种保险单显然要比列明除外保单的保障范围窄得多，投保人在使用这种保单时，应当对此有充分的了解和把握。一般这种保单仅用于一些小的工程项目或适用一些简单的、风险较为单一的工程项目。

（2）按保险标的划分。为满足工程项目投保的各种需求，按照保险需求的不同可分为单一项目保单、开口保单。

1）单一项目保单。单一项目保单是指向某一个工程项目或者某一个项目的一部分进行投保。在工程建设中，往往需要由各方承包商合作共同完成。一些承包商则独立的完成项目其中的一部分，例如地基基础工程、结构工程、砌体工程等。但投保人应该注意，保险人一般不愿接受对风险较为集中的"某一部分"进行承保，如地基基础工程。另一方面也应注意"某一部分"应该有一个独立的工程合同。再者，承保人在接受项目"某一部分"的保险时，一般不接受第三者责任保险，因为在这种情况下第三者责任的风险较大，也较为复杂。如果要坚持进行第三者责任险，投保人必须对项目各方关系、项目划分、工地管理等风险情况进行详尽的规划和组织，并向保险人进行说明，在此情况下，投保人才可能获得保险公司的承保，这一类型保单在工程保险中最为常见。

2）开口保单。开口保单是指由于工程建设的特殊需要，投保人需要一种统一条件的预约保险单。例如，投保人对于一个开发区进行建设时，进行一系列的项目开发，为了统一风险管理水平、避免重复劳动、便于合同的统一和规范管理，防止由于疏忽等原因可能出现漏保而导致损失，在项目开发前，可以将其要进行建设的所有项目的保险条件一次性地同承保人进行协商，在协商的基础上，双方签订的一个开口保单。在以后的开发建设中，投保人一旦签订了工程合同或者开工建设一个项目时，只需要将项目向承保人进行开工申报，就可以将工程合同纳入开口保单范畴，获得统一的风险保障，不需要逐个对所开发的项目进行协商和签订保险合同。

（3）按保险的保期划分。投保人根据自身要求和项目的特点可选择营造期保单或年度保单。

1）营造期保单。建设工期有长有短，短则一年，长则3~5年，按照工期长短，保险人可提供整个项目营造期的保单。

2）年度保单。投保人需要承保人提供在一年内施工活动的风险保单。在施工建设中，承包商需要提供与经营管理相配套的风险保障服务，为方便企业年度核算和管理，需要这种年度保单，向承包商提供一定期限（一年）内工程的保险，不管工程何时开始、何时结束，只要这些在建的项目是由投保人承建的，并在一年合同期内发生损失，投保人均能获得相应赔偿。

年度保单又可分为：新项目年度保单、期间年度保单和混合保单。新项目年度保单是指投保人要求保险人在保险期限（年度）内开工的项目进行保险；对于在保险期限内（年度）开始之前已经开工的项目不进行保险。期间年度保单是指投保人要求保险人在保险期间的所有项目进行保险，不论项目是否为保险期限以内开工。混合年度保险为新项目年度保单和期间年度保单的混合。

9.5.4 确定使用条款

1. 条款的使用

目前我国普遍使用的是 1995 版的建筑（安装）工程一切险条款。为适应建设市场对保险业的需要，2000 年，保险业推出"列明风险"工程条款，主要是为了解决一些中小型项目对于工程保险的特殊需要，工程保险条款比较简单，主要解决以自然灾害为主的巨灾风险，同时也适应中小项目的保险费支付能力，这两类条款均可供企业选用。工程保险条款分为基本条款和附加条款。基本条款是指按照工程的常规风险设计的，主要解决工程项目的投保人在风险分散共性方面的需求。附加条款是根据不同投保人的风险分散需求，投保人除基本条款外而需要附加的款项，主要是解决工程项目投保人在风险分散个性方面的需求。工程项目条款还可以分为保险人条款、再保险条款、经纪人条款和投保人条款等。

2. 基本条款的选择

一个工程项目很少是纯粹的建筑工程或是安装工程。一个工程往往同时包含建筑和安装的内容，因此，就有一个条款选择问题。在以建筑工程为主的工程项目中，如果安装工程所占的比例小于 25%，则采用建筑工程一切险条款；如果安装工程所占比例超过 25%，则采取建筑工程一切险条款和安装工程一切险条款分别承保的方式。在以安装工程为主的项目中，也是按照一样的原则处理。

3. 特别条款的使用

特别条款又称附加条款。投保人在拟定投保计划时，要注意风险的共性与个性，利用基本条款解决项目风险分散的共性问题，另一方面也要考虑和善于利用特别（附加）条款解决项目风险分散的个性问题。一个好的保险方案应该能够满足投保人个性化的需求，这就需要在制定保险计划方案之前，投保人对本项目的风险状况有一个全面地了解和把握，在此基础上与保险人进行充分的沟通，了解保险条款的设定，搞清楚利用哪些条款可以解决风险分散的共性问题，哪些特别条款可以解决风险分散的个性问题，基本条款与特别条款结合构成一个具有较强针对性的投保计划方案。同时，注意基本条款与特别条款的衔接与吻合。我国目前颁布和使用的特别条款归纳起来可以分为三类：扩展性特别条款、限制性特别条款、规定性特别条款。

（1）扩展类特别条款是对基本条款的一种扩展性条款，将基本条款中的除外条款纳入保险责任范围之中，其中包括扩展责任类特别条款、扩展标的类特别条款和扩展保期类特别条款。扩展责任类特别条款主要有：罢工、暴动及民众骚动扩展、交叉责任扩展（主要是针对第三者责任，即对多个被保险人独立承担保险责任的条款）、震动、位移或减弱支撑扩展、内陆运输扩展、设计师风险扩展、契约责任扩展、工地外储存物扩展、地下炸弹扩展。扩展标的类特别条款包括：原有建筑物及周围财产扩展、建筑、安装施工及其设备扩展、图纸文件扩展、清除残骸费用扩展、专业费用扩展、特别费用扩展、空运费用扩展、清除污染费用扩展、工程完工部分扩展。扩展期限类特别条款包括：保证期特别扩展、有限责任保证期扩展、扩展责任保证期扩展。

（2）限制性特别条款是对保险责任范围限制的条款，其中包括限制性保险责任和限制性保险标的。主要内容为：地震除外条款、洪水除外条款、隧道工程除外条款、农作物、森林除外条款、大坝、水库除外条款、清除滑坡土石方条款、旧设备除外条款等。

（3）规定性特别条款是指针对保险合同执行过程中的一些重要问题，或者对需要说明的问题进行明确的规定，以免产生误解和争议。我国工程险中的规定性特别条款包括：工棚、库房特别条款、施工用具特别条款、建筑材料特别条款、地震地区建筑物特别条款、地下电缆、管道及设施特别条款、防火设施特别条款、铺设供水、污水管道特别条款、铺设管道、电缆特别条款、埋管查漏费用特别条款、时间调整特别条款、运输险、工程险责任分摊条款、分期付款条款、建筑安装时间进度特别条款等。

9.5.5 优化投保方式

在传统投保方式上，对建筑工程的各项保险都由业主所发包的各承包商来安排投保，业主唯一的安全保障就是在合同条款中列入业主要求承包商的带有强制性的适当保险。然而，由于承包商考虑的是从工程承包中获得最大利润，而业主关心的是工程投资能得到全面的保护，这种由承包商安排他们各自保险计划的方式暴露出许多严重的缺点，重大工程项目的业主日益要求对整个工程保险方案具有控制权。现在，这种情况正在发生变化，国际上大多数比较复杂而巨大的工程项目，如香港地铁、英吉利海峡隧道等都采用了一种新型的保险方式——由业主安排并控制工程总体保险计划。

1. 业主安排工程总体保险计划的主要优点

由于合同法规愈来愈复杂，工程越来越庞大，加上承包商和承包商的边际利润减少，承包商遇到的问题越来越多。业主安排保险计划可以解决传统方法中一些明显的不利之处：

（1）传统投保方法上的合同列出的保险条款很模糊，而对工程的说明则十分详细，是极不适宜的。一份正确的业主安排的保险计划会明确地列明保险的责任、费用和险额，从而使承包商在投标期间就清楚地知道享受的承保范围，并准确地估计未来投资（自己需要负担）的风险。

（2）如果工程保险由承包商和分包商各自安排保险，会不可避免地导致重复投保和漏保，不仅多付保费，增加投资，而且损失可能得不到赔偿，或索赔时不同的承保人争论责任的分摊问题，使保险合同难以履行，耽误工期。业主统一安排保险计划则以不重复地取得最大范围的全面保险保障，在整个工程实施过程中有效地进行损失控制。

（3）保险合同的分割使得承包商可能付出较高的保费和承担高额免赔额。业主安排的工程总体保险计划会尽可能地由同一家保险公司负责整个工程的保险，使用一个保单，通过谈判，不仅会减少保费，也能降低免赔额，有利于业主控制投资。

（4）由承包商或分包商分别安排保险，保额（通常是根据承包商的投标价而定）没有根据工程合同价的上升或由于工程的变更而引起的工程量增加而上升，容易造成非足额投保，以致得不到足额赔偿，或者由于分包商投保单的期限是分部、分项工程的完工移交时间，而如果意外事故在整个工程完工前发生并导致已完工部分的损毁（如因机械设备安装而引起的地基损坏），业主就会因已完工部分缺乏保险而遭受损失。这些赔偿不足或得不到赔偿的情况在业主安排保险计划的方法中可以得到控制，业主根据工程进展情况，决定是否需要增加保险或续保，从而进行总体规划。

（5）当发生索赔要求时，根据传统投保方法，除承包商和其所投保的保险公司进行谈判解决索赔问题时，业主并没有直接的发言权，而必须完全依靠承包商的谈判能力来确保索赔要求能够适当和迅速地解决，但索赔关系往往十分复杂，承包商可能难以做到这一点。如果是业主安排工程保险，业主只和一个保险公司（或保险联合体的首席代表）谈判所有索赔问题，各方对所负责任的争端大大减少，索赔程序可以顺利进行，业主就能迅速获得由保险公司支付的索赔款项，及时恢复生产。

2. 业主安排工程总体保险计划的合同条件分析

强制规定工程险是国际惯例，是各国承包工程均须设定的条款。在英国，未保工程险的建设项目将无法获得银行的贷款，因为对银行来说，未投保工程险的建设项目一旦发生损失或意外风险，银行的贷款安全将无法保证。

由世界银行指定的利用世界银行贷款的国际建筑工程项目必须使用的 FIDIC《施工合同条件》（以下简称 FIDIC 条件）对工程保险有明确的规定。FIDIC 中有关工程保险的条款有 7 条（第 20~25 条、第 65 条），详细地列明了业主和承包商的责任和应承担的风险、业主和承包商应投保的项目和保险金额、一方在另一方保险违约时一方续保的责任和权利、保险事故发生后的通报以及业主和承包商对对方保险凭证的审查等条款。FIDIC 条件的专用条件为业主安排工程总体保险计划的实施提供了需要的合同条件。相对于该条件的通用条件，在不改变业主和承包商双方义务和责任的前提下，由业主负责安排工程保险和公共责任（第三者责任）保险（修改第 21、23 款和第 25 款）。投标人不必把此类保险费计入投标价内，除非其认为在业主办理的保险之上需要追加保险。

9.5.6 选择保险公司

有关资料统计，到 2005 年年底，我国共有保险公司 82 家，集团 6 家，资产管理公司 5 家，保险法人机构 93 家，其中中资保险机构 42 家，外资保险公司 40 家，形成了由控股公司、股份公司、政策性公司、专业性公司、外资公司的多元化的组织结构，各具优势，相互竞争的局面。保险公司受限于其资本金额、再保险安排能力，以及本身对工程风险的评估水平和能力。投保人应选择那些信誉好、有一定理赔实力的保险公司。国际保险业务已高度发展，受理保险业务的保险机构繁多，通常有三种类型：独立保险人；保险集团、承保人协会及再保协会；金融服务联合体。

目前，国内成立较早并且实力较强的保险公司有以下几个：中国人民财产保险公司、太平洋保险公司和中国平安保险公司。中国人民财产保险公司具有较为雄厚的经济实力，分公司分布全国各地，其理赔人员业务素质较高，理赔方面比较专业。太平洋保险公司具有雷厉风行的工作作风和严格的组织制度优势，一般而言，所属省公司或分公司对超过 20 万的报损必须报请总公司审批。而中国平安保险公司也具有一定的经济实力，工作人员热情，服务周到，保险理赔开展有条有序。因此，中国平安保险公司也是一个很好的选择目标。另外，随着我国保险事业的发展，国内涌出一些新的保险公司，新的保险公司具有新的优势，其拥有的某些素质是一些历史悠久的大公司所不具备的。对于大型工程投保可以采用招标方式进行；中小型项目或紧急型工程可以议价、邀请保险人直接协商办理。不论哪种方式，投保人都应该为保险公司提供现场勘察的机会，并准备好工程的相关资料，例如，工程承包合同、工程预算表、工程场所及邻近地区平面分布图、施工方法简述、施工进度表、工程基本图纸等，使保险人对工程及施工现场有充分的了解。在招标过程中，投标人可根据自己的投保计划，参考保险人的保险建议书进行适当的调整。投保人也不能采取报价最低的决标方式，而是要将报价与保险公司的风险管理专业建议和保险条件进行综合考虑。总之，投保人应根据工程及所在地的具体情况，采用适当的方式，正确选择保险公司。

9.5.7 工程保险索赔

工程保险索赔是被保险人投保的目的，一旦工程保险标的遭受损失，被保险人将向保险人要求经济赔偿，达到恢复正常施工、保障被保险人财务稳定的目的。索赔是被保险人行使权利的具体体现，它是指被保险人在发生保险责任范围内的损失后，按照双方签订的保险合同有关规定，向保险人申请经济补偿的过程。

1. 工程险索赔人

"谁受损谁索赔"的原则是为了防止道德风险，维护受损者利益的需要而制定的。但是在工程保险索赔中，由于工程保险人的多方性以及工程合同所构成的权利与义务关系的复杂性，由谁来进行索赔变为较为复杂的问题。例如，业主对工程项目进行了统一保险并缴纳了保费，此时承包商也就是被保险人之一了。如果承包商发生保险事故，承包商理应可以成为索赔人向保险人进行索赔。但是在承包合同中规定，由于人力不可抗拒因素造成的损失由业主赔偿或者规定了由于保险责任范围内的损失由业主赔偿，这样承包商直接向保险公司索赔就不合适了，而是由业主向保险人索赔获得赔偿后，再赔偿承包商。所以投保人在与保险人签订保险合同时就应该确定发生事故后由谁来索赔的事项。

确定索赔人总的原则是：谁缴纳保费谁索赔。因为投保人对于签订保险合同的过程和条款较为了解，掌握的有关信息较为丰富，可以提高索赔的效率。另一个原则就是承包合同的规定，承包合同中规定由谁索赔就应该由谁索赔。

2. 申请理赔程序

（1）出险后及时通知保险人。在发生引起或可能引起保险责任项下的索赔时，被保险人或其代表应立即通知保险人，通常在7天内或经保险人书面同意延长的期限内以书面报告提供事故发生的经过、原因和损失程度。

（2）保险事故发生后，被保险人应立即采取一切必要的措施防止损失的进一步扩大并将损失减少到最低限度。

（3）在保险人的代表进行查勘之前，被保险人应保留事故现场及有关实物证据。

（4）按保险人的要求提供索赔所需的有关资料。

（5）在预知可能引起诉讼时，立即以书面形式通知保险人，并在接到法院传票或其他法律文件后，将其送交保险人。

（6）未经保险人书面同意，被保险人或其代表对索赔方不得作出任何承诺或拒绝、出价、约定、付款或赔偿。

3. 赔偿标准与施救费用

赔偿标准是指受损标的物恢复原状的程度，有两条：

（1）在标的物部分损失的情况下，保险人的责任是支付费用，将保险财产修复到受损前的状态，如果在修复中有残值，残值应在保险人支付的费用中扣除。保险财产的全部损失，可以分为实际全部损失和推定全部损失。实际全部损失指保险财产在物质意义上的全部灭失，或者对被保险人而言相对全部灭失，如被盗。推定全部损失指在物理意义上并没有全部灭失，但从经济角度看，对被保险人已经没有什么价值了，所以认定其已经全部损失。从保险角度讲，其判断的标准是修复的费用加上残值已经超过保险金额。在全部损失情况下，保险人应按照保险金额进行赔偿，如有残值存在，则保险人应收回残值。

（2）在被保险财产虽未到达全部损失，但有全部损失的可能，或其修复费用将超过本身价值时，被保险人可以将其残余价值利益，包括标的上的所有权和责任转移给保险人，即"委付"，而要求按照推定全部损失给予赔偿的一种意思表达。推定全部损失是"委付"的必要条件，但是委付是否能够被保险人所接受，那就是保险人的权利了。

施救费是指发生事故后为减少标的物的损失而采取抢救措施所花费的必要费用。在实践中，施救费用与防损费用容易混淆，从而产生争议，应在以下几点进行把握和理解。

1）从时间上把握。以事故发生时间为界，施救费在后，防损费在前。在保险事故发生之前，被保险人为了防止和减少可能发生的损失而采取的必要措施所产生的费用属于"防止损失费用"。

2）从费用的"必要性"、"合理性"和"有效性"上看，施救费必须是"必要的、合理的和有效的"。施救费通常理解为保险财产损失的替代费用，如果施救费不能够起到"必要的、合理的和有效的"效果，就不可能起到替代作用，也就失去了实际意义。但在保险事故发生的紧急情况下，被保险人很难确保和鉴别哪些施救行为是"必要的、合理的和有效的"。常常因此与保险人发生争议。为此，在可能的前提下，要求被保险人在进行施救行为前尽量征得保险人的同意。再者，被保险人应对施救行为做出判断，即是否是正常人的选择，如果在没有保险的情况下，被保险人是否可能做出这样的选择。

3）从施救费作为替代费用的角度出发，不应超过被施救标的实际价值。但是由于实施施救行为本身存在着风险，可能出现施救行为失败的情况，施救费没有起到替代的作用，保险人也要支付施救费用并赔偿保险标的损失。

4. 保额的减少与恢复

根据保险的对价原则，保险人收取保险费和承担保险责任是对应的。保险人在履行了赔偿责任后，保险责任也就相应地终止了，换句话讲，保险费用也就相应地消失了。一旦被保险人获得了全部赔偿，保险人就要收回保单终止保险合同。大多数情况出现的是部分损失，当保险标的部分出现损失，保险人对损失部分进行补偿后，保险人就应当出具批单，终止对已经赔偿部分的保险责任，即减少保险金额。为此，被保险人在保险合同项下的保险金额就相应减少了。如果被保险人希望继续得到充分的保障，就必须对损失修复部分进行保险金额的恢复。被保险人可以按照约定的费率追加保险费后对保险金额进行恢复。追加部分的保险金额是按照损失或者赔偿的金额计算，保险期是按照损失发生之日算起，而不是从标的物恢复之日算起，这样做的目的是为了向被保险人提供更加充分的保障，因为受损标的在修复过程中也可能同样存在风险。

5. 第三者责任的赔偿

第三者责任损失的赔偿不同于物质损失赔偿。在责任保险中，保险标的是被保险人依法应当承担的责任，责任认定是关键。保险人要求对责任的认定有绝对的控制权，同时排除被保险人未经保险人同意擅自决定的权利。这是保险人承担保险责任的先决条件，如被保险人违反这一条，保险人有权拒绝承担风险责任。如果保险损失是由第三者造成的，保险人在对被保险人进行赔偿后，就取得了代为追偿的权利。如果由被保险人的过失而导致保险人丧失了追偿的责任，或不能进行有效的和充分的追偿，则被保险人应当承担相应的后果，保险人可以相应地扣减保险赔偿金额。同时，保险人有自行处理涉及第三者责任案件的权利，并要求被保险人对保险人的工作提供必要的支持，将其作为被保险人应尽的义务。

6. 保险索赔时效

索赔时效是指被保险人向保险人提出索赔的期限，一般建筑工程一切险规定从损失发生之日起，不得超过两年。在这里，两年是指被保险人向保险人提供全套索赔单证、正式提出索赔的期限。我国建筑工程一切险规定的两年期限是依据《中华人民共和国保险法》的有关规定做出的。

7. 工程保险索赔应注意的问题

工程保险索赔与投保工作是紧密相连的。投保工作的每一个环节都应从索赔的角度加以考虑，做到周密、细致、明确和具有可操作性，为索赔奠定基础。因为在保险合同签订时任何一个环节产生的模糊概念、疏忽遗漏都会对日后的索赔工作造成不利影响。另一个方面就是在事故发生后，要积极收集事故的证据，这一点是至关重要的。一是定性资料，即提供的资料一定能够说明事故在保险责任范围内的理由，并且证明事故不在除外责任之内。在定性方面，一般要查找分析引起事故的原因，是自然灾害还是人为事故。首先要在这方面进行详细的说明，因为自然灾害一般是人力无法抗拒的，一旦定性为自然灾害，保险责任就非常明确了。但在某些情况下，对于自然灾害的界定有时也是复杂的。在索赔中，对于意外事故造成的保险责任认定就更为复杂了，如果牵扯到一些人为因素，被保险人很容易和保险人引起纠纷；二是定量资料，即提供的资料要足以证实上报的损失是真实的，所提供的资料要实事求是，既要充分、翔实，又要保证各种资料间的关联性。尤其是一些无法考证的数据，要在施工日志、监理日志或者会议纪要上查找，拿出有利的证据。要完善索赔文件。索赔文件包含索赔报告、出险通知、损失清单、单价分析表及其他有关的证明材料。损失清单包括直接损失、施救费用和处理措施费用，事故的直接损失一旦定为保险责任，保险人必定负责赔偿。出险时的施救费用和处理措施费用，索赔人也要拿出有力证据要求保险人员根据合同条款进行赔偿。

9.6　本章小结

本章首先介绍了工程保险的概念、特点和国外工程保险的主要内容。建筑工程一切险和安装工程一切险重点介绍了保险对象与保险标的、保险的责任范围和除外责任、保险金额与赔偿限额、保险的免赔额、保险的费率、保险期限及赔偿处理等内容。并介绍了建筑意外伤害险、工程质量责任险、工程设计责任险和工程监理责任险等几种保险形式。最后介绍了工程保险的投保程序、保险类型的选择、使用条款的确定、投保方式的优化、保险公司的选择及保险索赔处理程序等实务方法。

复习思考题

1. 什么是工程保险？有哪些特点？

2. 建筑安装工程保险有哪些特点？

3. 建筑工程保险的责任范围有哪些？

4. 建筑工程保险的被保险人和保险对象是什么？

5. 建筑工程保险的申请理赔程序是怎么样的？

6. 安装工程保险的除外责任有哪些？

7. 安装工程险的保险金额、赔偿限额与免赔额如何规定的？

8. 建筑意外伤害险有哪几类？

9. 工程质量责任险的保险对象是什么？

10. 工程设计责任险的对象与责任是什么？

11. 工程监理责任险的责任范围是什么？

12. 一般投保程序是什么？

13. 如何选择保险类型？

14. 如何选择工程保单？

15. 确定保险使用条款时要注意哪些事项？

16. 业主安排工程总体保险计划的主要优点是什么？

17. 如何选择保险公司？

18. 工程保险索赔时要注意哪些事项？

第10章 体育场钢结构工程投标策略分析

10.1 体育场钢结构工程概述

（1）工程名称：某市体育场钢结构分包工程。

（2）建设地点：略。

（3）工程概况和工程规模：

该体育中心位于市区西区，占地 40 万 m²。地块处于交通便捷地区，东西两侧为中心规划道路。除体育中心用地外，南北侧各规划了一个五星级宾馆和国际会议中心用地，周围自然物理环境好，无污染，视野开阔，有较好的环境景观，而且远离闹市。该工程的鸟瞰图如图 10-1 所示。

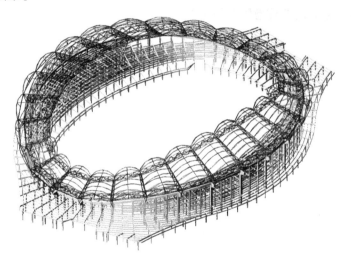

图 10-1　体育场工程鸟瞰图

体育场工程钢屋盖采用膜结构体系，由高低起伏、长短不一的空间加 26 榀三角形空间桁架和其间的 52 榀空间联系桁架梁组成。其上架设管拱次结构，次结构上安装膜结构设计的二次结构。上部张拉膜。

（4）工程建设的地理环境特征

该市地处长江三角洲，位于江苏省东南部，属北亚热带南部季风气候区，气候温和湿润，四季分明，光照充足，雨量充沛。年平均气温为 15.8℃，年平均风速为 3.5m/s，最大风速 17.0m/s，最大风力等级为 7 级，风向 NNW，冬季为西北风，偶尔有龙卷风袭击。

本工程现场安装时间主要集中在冬季，从以上相关气象信息的资料中可以看出，本工程施工时，温度较低，整个施工期间应考虑冬雨季对于本工程的影响。

（5）工程量

该工程计算得到的工程量见表10-1。

体育场钢结构工程工程量（单位：t）

表 10-1

序号	构 件 名 称	工程量
1	主桁架	477
2	环梁	362
3	管 拱	335
4	膜结构配套钢结构	177
5	预埋件	50
6	其他钢结构	25

1）悬挑的空间网壳结构

体育场钢屋盖以体育场长轴与短轴对称布置，最大悬挑达到31m，主桁架及其之间的联系桁架形成了悬挑的空间网壳结构。

2）结构受力体系简明

单榀的屋面主桁架为三角形悬挑桁架，为保证其空间稳定性，桁架之间设置稳定联系桁架。

3）主次构件分明

构成建筑物骨架的构件主次鲜明，由屋面桁架和环向桁架组成。次结构由膜结构中的管拱和二次结构构成。

4）全相贯焊接节点

同一节点相贯连接的构件数量多，设计全部采用管管相贯焊接节点。

5）高空作业安全工作难度大

现场施工都为高空作业，但是屋面桁架主弦管和环梁桁架的管径小，尤其是管拱结构。高空操作人员移动不方便，施工安全工作难度大。

（8）项目管理流程

为保证本项目的成功，项目工作必须遵守已制定的项目管理流程，如图 10-2 所示。

本次招标范围：本工程钢结构深化设计、钢结构屋架、膜结构用钢、马道用钢及其他用钢（电子大屏钢架、钢爬梯等）的制作、安装、预埋件制作埋设、防腐处理、装饰涂装、试验、探伤、测试、竣工验收等。即按钢结构屋面设计图、钢马道图、膜结构用钢深化设计图等进行钢结构施工的全部内容。

（6）进度目标

总工期：105 天。

开工时间：2005 年 12 月 20 日。

竣工时间：2006 年 4 月 3 日。

（7）技术特点和难点

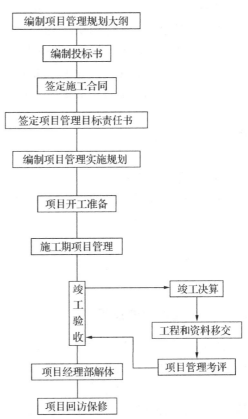

图 10-2　项目管理流程图

10.2 工程评标方法

(1) 评标原则：本招标过程，将采用公平、公正、公开的原则。评标小组将对投标人的工期、信誉、设备水平、施工组织设计、钢结构拼装方案及安装施工方案、钢结构加工制作及运输、投标报价的合理性等方面进行综合评审，按公正、科学、客观、平等竞争的要求，选择设计及技术方案优、报价合理、项目班子素质高、加工施工设备先进可靠、具有丰富施工经验和良好信誉、综合实力强的队伍，以技术评审和经济评审得分总和最高的第一名为中标单位，报业主指挥部讨论审批，并报市建设工程招标中心备案。

(2) 评标顺序：首先进行商务标开标，其次进行技术标的评审。

(3) 打分办法：采用百分制乘该项权重，为实际得分，各项实际得分相加之和为总得分，总得分为该投标方的排序分。

技术标权重为 0.4，其中综合实力、信誉权重为 0.10；设计施工图权重为 0.10；施工组织措施权重为 0.20；商务标权重为 0.60。

商务标评分标准：本项目商务标采用复合标底法，复合标底计算公式为：

$$C = \mu \times A + (1 - \mu) \times B \qquad (10\text{-}1)$$

式中　C——复合标底；

　　　A——业主标底，开标时业主提供；

　　　B——投标人有效报价的平均值，即 $B = (B_1 + B_2 + \cdots\cdots B_8)/8$；

　　　μ——业主标底 A 在复合标底中所占权重，本项目中规定 $\mu = 45\%$。

投标人有效报价的范围为业主标底的 90% ~ 110%，超过此报价范围的报价为废标。

最优报价为复合标底报价的基础上下浮动 5%，即

$$D = (1 - \lambda) \times C = (1 - 5\%) \times C \qquad (10\text{-}2)$$

式中　D——最优报价；

　　　C——复合标底；

　　　λ——下浮率 5%。

本项目商务标评分办法为：投标人报价为最优报价的得满分，满分为 100 分；投标人报价高于最优报价每 1% 扣 2 分；投标人报价低于最优报价每 1% 扣 1 分。

10.3 投标前决策

10.3.1 单纯评分法运用

根据本书第三章所述，对于一个施工企业来说，在投标之前都要对工程项目的可投标性进行多方面的决策，决策的内容涉及企业自身的条件还包括竞争对手以及市场环境等等，决策的结果决定了企业是否或者部分参与投标，在这里我们运用单纯评分比较法来定量的分析投标前需要解决的问题。分析内容见表 10-2。

投标须考虑的指标	权数	等级 c					指标得分 $\omega \times c$
		好 1.0	较好 0.8	一般 0.6	较差 0.4	差 0.2	
1. 管理条件	0.10		√				0.08
2. 技术水平	0.20	√					0.2
3. 机械设备实力	0.10			√			0.06
4. 对风险的控制能力	0.10			√			0.06
5. 实现工期的可能性	0.05		√				0.04
6. 资金支付条件	0.10		√				0.08
7. 与竞争对手实力比较	0.10			√			0.06
8. 与竞争对手投标积极性比较	0.10		√				0.08
9. 今后的机会	0.10		√				0.08
10. 劳务和材料条件	0.05	√					0.05
$\sum \omega \times c$							0.79

10.3.2　对单纯评分法各要素的分析

（1）管理条件。上海宝钢工程建设总公司作为一家历史悠久的大型国有建筑企业，在管理水平上还是相当有保证的，因为标前决策涉及十项因素，每一项因素的平均权数为0.1，在管理水平上与竞争对手相比处于中上水平，所以权数选择0.1，等级选择0.8。

（2）技术水平。因为本工程采取复合标底评分法，技术标部分在整个评标中占有0.4分的权重，说明工程业主对技术水平的重视。从工程的难度来看，本工程也的确要求相当的技术水准，而上海宝钢工程建设总公司对于此类工程经验丰富，施工技术娴熟，在技术水平上占有相当的优势，所以权数选择0.2，等级选择1.0。

（3）机械设备实力。由于目前国内从事钢结构工程的大型建筑施工企业，在机械设备实力上旗鼓相当，所以权数上选择0.1，等级选择0.6。

（4）对风险的控制能力。项目的风险可能来自多个方面，例如：业主的支付能力，企业的管理水平存在的潜在风险等，因为国内企业在对风险的转移和控制上普遍还缺乏系统的管理和规范，所以权数选择0.1，等级选择0.6。

（5）实现工期的可能性。从本工程实际来看，虽然有一定技术难度，但是通过工程进度的合理安排和筹划，实现工期是不存在问题的，所以权数选择0.05，等级选择0.8。

（6）资金支付条件。由于昆山体育场工程属于昆山市政府投资项目，在资金的来源和支付能力上均不存在问题，所以权数选择0.1，等级选择0.8。

（7）与竞争对手比较，7家竞争对手从企业所有制上看囊括了国有、民营、外资三种形式，既有老牌国有企业，例如上海宝钢建总，又有新兴的民营企业，例如浙江精工，还有实力比较雄厚的外资企业，例如中远川崎。在技术水平和工程管理经验上，上海宝钢建总处于上风，但在资金实力和营销手段上逊于竞争对手，所以权数选择0.1，等级选择 0.6。

（8）与竞争对手投标积极性比较。上海宝钢建总在该项目上积极性很高，主要因为此类工程宝钢建总已承建过多起，具有丰富经验，其次业主资金和信誉状况良好。所以权数选择 0.1，等级选择 0.8。

（9）今后的机会。该体育场工程建成以后将是该市具有影响力的项目，项目设计美观大方颇具时代气息，如果能够顺利承揽此项工程，对企业来说是一次很好的宣传机会。所以权数选择 0.1，等级选择 0.8。

（10）劳务和材料条件。对于本工程项目来说，劳务和材料条件属于企业常规资源，不存在稀缺性，企业完全有能力组织好劳务以及相关的材料，所以权数选择 0.05，等级选择 1.0。

从单纯评分法的分析结果上看，最后的数据为 0.79，大于企业自身对标前决策结果的最低心理标准 0.6 分，所以企业根据数据分析的结果判断可以投入人力、物力进行投标了。

10.4　商务标投标策略

10.4.1　投标人基本信息

上海宝钢工程建设总公司参与了此次钢结构工程投标，并通过情报分析，确定了有其他七家竞争对手，分别投标人 1～投标人 7 表示。上海宝钢工程建设总公司具有钢结构工程专业承包一级资质，通过 20 年宝钢工程建设在钢结构制作与安装等方面积累了丰富的实践经验与独到的技术优势。通过分析竞争对手我们发现，与竞争对手相比，上海宝钢工程建设总公司在技术力量上面可以说略胜一筹，但是竞争对手多为近些年新兴的民营企业，可能在价格上会更具有竞争优势，所以，上海宝钢工程建设总公司此次投标掌握好商务标的价格是关键。

10.4.2　商务标报价博弈模型应用

1. 历次投标数据情况
（1）历次本企业成本与业主标底数据

由于上海宝钢工程建设总公司多次参与该市政府投资项目的投标工作，对该市政府的标底编制情况有一定的了解，造价水平基本稳定，根据以往的投标工作总结，上海宝钢工程建设总公司积累了业主的多次标底数据，见表 10-3。

<table>
<tr><td colspan="9">上海宝钢建总历次成本报价 C 与业主标底 A 比较</td><td>表 10-3</td></tr>
<tr><td>投 标 次 数</td><td>1</td><td>2</td><td>3</td><td>4</td><td>5</td><td>6</td><td>7</td><td>8</td></tr>
<tr><td>业主标底 A（万元）</td><td>4573</td><td>3346</td><td>2136</td><td>3859</td><td>1020</td><td>1258</td><td>5416</td><td>7432</td></tr>
<tr><td>投标人成本价 C（万元）</td><td>4250</td><td>3048</td><td>1856</td><td>3423</td><td>826</td><td>987</td><td>5213</td><td>6138</td></tr>
<tr><td>A/C</td><td>1.076</td><td>1.098</td><td>1.248</td><td>1.127</td><td>1.235</td><td>1.274</td><td>1.039</td><td>1.21</td></tr>
</table>

（2）历次竞争对手报价与最优报价数据

根据以往的投标工作总结，上海宝钢工程建设总公司积累的其他竞争对手的多次报价数据，见表10-4。

竞争对手历次报价与最优报价表 表10-4

	投标次数	1	2	3	4	5	6	7	8
其他投标人1	投标报价 H	3472	1209	7360	3120	985	1894	4567	8432
	最优报价 D	3573	1342	7455	2890	867	1750	4210	8569
其他投标人2	投标报价 H	7732	5213	1080	4312	3347	750	4437	6653
	最优报价 D	7530	5400	1122	4510	3120	800	4250	6400
其他投标人3	投标报价 H	5283	8937	14096	6854	6612	1096	3809	5448
	最优报价 D	5363	8635	15490	6888	6010	1232	3680	5300
其他投标人4	投标报价 H	6608	9671	15143	7835	12018	8127	10698	5830
	最优报价 D	6010	8635	15490	7462	11947	6888	10287	5300
其他投标人5	投标报价 H	2413	2978	5850	4630	1590	7786	6543	9618
	最优报价 D	2500	2760	5735	4820	1440	7960	6600	9500
其他投标人6	投标报价 H	5410	1617	7432	5642	4327	3741	2618	890
	最优报价 D	5550	1500	7210	5800	4200	3580	2543	960
其他投标人7	投标报价 H	6208	4646	1250	7872	4492	3680	5650	3266
	最优报价 D	6010	4555	1232	7462	4604	3680	5300	3171

（3）本项目预算成本价

本项目经过预算人员计算以及复核人员复核，确定预算造价为1880万元。经公司材料、工程管理以及财务部人员仔细核算，工程成本价为1600万元，在预算造价的基础上可下浮15%。

2. 项目复合标底博弈模型

本项目复合标底投标报价博弈的基本要素包括：参与人、企业竞争信息情报、战略、效用和均衡，目的是用博弈规则预测报价均衡，确定最优报价。

（1）参与人：有8个投标者参加投标，即 $i = 1, 2, \cdots, 8$。

（2）信息：所有能够收集到的关于业主及竞争对手的历史报价资料（见表10-3和表10-4）。

（3）战略：对于投标人来说报价即为自己的战略，令 $B_1, \cdots, B_n$ 为 n 个人的报价，其中 $B_i \in B_I = \{B_i\}$，对于不同的建筑企业的报价有各自的浮动范围，$B_{imin} \leqslant B_i \leqslant B_{imax}$。

（4）博弈规则：评分标准为复合标底。

复合标底 $C = 45\% \times A + (1 - 45\%) \times B$

最优报价 $D = (1-5\%) \times C$；

其中 A 为业主标底，在开标时公布；B 为投标人有效报价平均价。

（5）效用：投标人参加复合标底报价的目的是：在报价不低于成本的情况下获得最高报价得分，即报价最接近最优报价且扣分最少，则投标人 i 的报价 B_i 的支付为：

$$u_i(B_1, \cdots B_i, \cdots B_n) = \begin{cases} 100, & \text{当} \quad B_i = D \\ 100 - \dfrac{B_i - D}{D} \times 100 \times 1, & \text{当} \quad B_i < D \\ 100 - \dfrac{B_i - D}{D} \times 100 \times 2, & \text{当} \quad B_i > D \end{cases} \qquad (10\text{-}3)$$

（6）上海宝钢工程建设总公司的报价目的就是准确预测最优报价，争取得分最高。

10.4.3 项目博弈模型求解

复合标底 $C = uA + (1-u)B$

最优报价 $D = (1-\lambda)C$

则 $D = (1-\lambda)C = (1-\lambda)[uA + (1-u)B]$ $\qquad (10\text{-}4)$

从以上公式可以看出复合标底最优报价问题转换为业主标底 A 和投标人平均报价 B 的预测。而 A、B 的值可以通过投标人对历史数据的积累与分析利用一定的预测方法得到。因此，原复合标底博弈问题转换为两个子博弈问题：对 A 和 B 的预测博弈。

1. 业主标底 A 的预测

业主标底的编制工作大多由本地区的造价工程师、设计人员以及具有丰富经验的技术和管理人员组成，他们对本地区的物价水平、地质状况、气候条件、地理特点、施工工艺都十分熟悉，因而对于本地区同类型工程项目的标底编制水平是相当的，针对这种特点，利用指数平滑法可以对业主标底 A 进行较为准确的预计，且每个投标人都会对业主标底进行类似的预测。

所以可以利用指数平滑法来计算业主标底 A 和投标人自己的成本价 C 的偏差系数，即以往的业主标底与投标人的成本价的平均偏差 Γ' 和最近一次报价偏差 Γ_1，加上平滑系数 a 来计算。业主标底计算公式为：

$$\Gamma' = \frac{1}{n} \sum_{i=1}^{n} \frac{A_i - C_i}{C_i} \qquad (10\text{-}5)$$

$$\Gamma_1 = \frac{A_1 - C_1}{C_1} \qquad (10\text{-}6)$$

$$\Gamma = a\Gamma' + (1-a)\Gamma_1 \qquad (10\text{-}7)$$

业主标底预测值为：$A = (1+\Gamma) \times C$ $\qquad (10\text{-}8)$

式中 Γ'——以往历次业主标底与投标人成本价的相对偏差；

$\quad \Gamma_1$——最近一次业主标底与投标人成本价的偏差；

$\quad \Gamma$——本次预测的业主标底和投标人成本价的偏差系数；

$\quad A_i$——业主以往第 i 次编制的标底；

$\quad C_i$——投标人第 i 次编制的成本价；

A_1——业主最近一次编制的标底；

C_1——投标人最近一次编制的成本价；

a——平滑系数。为一经验数据，a 取值大时，表明最近一次报价偏差的倾向性变动影响小；反之表明近期数值的倾向性变动影响大。建议 a 取 $0.5 \sim 0.7$。

根据以上公式以及表 10-3 及表 10-4 数据求解：

$$\Gamma' = \frac{1}{8} \sum_{i=1}^{8} \frac{A_i - C_i}{C_i} = 0.131$$

$$\Gamma_1 = \frac{A_1 - C_1}{C_1} = 0.174$$

$$\Gamma = a\Gamma' + (1-a)\Gamma_1 = 0.7 \times 0.131 + 0.3 \times 0.174 = 0.144$$

$$A = (1+\Gamma) \times C = (1+0.144) \times 1600 = 1830 \text{ 万元}$$

2. 其他投标人投标报价与最优报价偏离度

如果已知某投标单位的投标报价与最优报价的偏离度 σ，可以推断此单位投标报价在 $[(1-\sigma)D, (1+\sigma)D]$ 范围内的概率比较大。根据方差的定义可以计算投标单位的投标报价与最优报价的偏离程度 σ，计算公式如下：

$$\sigma_i = \frac{1}{n} \sqrt{\sum_{i=1}^{n} \left[\frac{H_i}{D_i} - 1 \right]^2} \tag{10-9}$$

式中 σ_i——其他投标单位的投标报价与最优报价的偏离程度；

H_i——其他投标人第 i 次的投标报价；

D_i——其他投标人第 i 次报价中该标段的最优报价。

根据以上公式及表 10-4 可以计算出其他投标人投标报价与最优报价偏离度见表 10-5。

其他投标人报价与最优报价偏离度　　　　表 10-5

其他投标人	1	2	3	4	5	6	7
偏离度	0.028	0.017	0.023	0.033	0.018	0.017	0.013

3. 最优报价 D 预测

其他投标人本次报价 B_i 会在 $[(1-\sigma_i)D, (1+\sigma_i)D]$ 范围内，即 $B_i \in [(1-\sigma_i)D, (1+\sigma_i)D]$，其中 B_i 表示除投标人 i 以外的 $n-1$ 个其他投标人本次报价。

设定本投标人预测报价准确，其投标报价为最优报价，则投标人平均报价 B 的预测计算公式为：

$$B = \frac{1}{n} \left(\sum_{i=1}^{n-1} B_i + D \right) \tag{10-10}$$

我们前面已经知道 $D = (1-\lambda)C = (1-\lambda)[uA + (1-u)B]$，其中假设投标人 i 准确地预测到了最优报价，即其报价即为 D，将偏离度公式 σ 和本次投标人平均预测报价 B 代入上式中，可得：

$$D_{\min} = (1-\lambda) \left\{ \mu(1+\Gamma) \times c + (1-\mu) \frac{1}{n} \left[\sum_{i=1}^{n-1} (1-\sigma_i)D + D \right] \right\}$$

$$= \frac{n(1-\lambda)\mu(1+\Gamma)}{n-(1-\mu)(1-\lambda)\left[\sum\limits_{i=1}^{n-1}(1-\sigma_{ii})+1\right]} \times C \tag{10-11}$$

$$D_{\max} = (1-\lambda)\left\{\mu(1+\Gamma) \times c + (1-\mu)\frac{1}{n}\left[\sum\limits_{i=1}^{n-1}(1+\sigma_i)D+D\right]\right\}$$

$$= \frac{n(1-\lambda)\mu(1+\Gamma)}{n-(1-\mu)(1-\lambda)\left[\sum\limits_{i=1}^{n-1}(1+\sigma_{ii})+1\right]} \times C \tag{10-12}$$

预测精度范围 δ 公式为：

$$\delta = \frac{D_{\max}-D_{\min}}{(D_{\max}+D_{\min})/2} \times 100\% = \frac{2(1-\mu)(1-\lambda)}{n(\mu+\lambda-\mu\lambda)} \times \sum\limits_{i=1}^{n-1}\sigma_i \times 100\% \tag{10-13}$$

从式中可以看出除 σ 外其他数据均为已知数，最优报价的预测精度 δ 跟其他投标人历史报价的偏离度 σ 相关，其他投标人报价偏离度越大则最优报价预测的精度范围越大，预测的精度越低，也就是说最优报价的预测均衡取决于所有投标人对最优报价的把握程度。

将已知数 μ、λ 及以上求出的参数 Γ、σ 代入式 $D_{\min}$、$D_{\max}$ 及 δ 中：

$$D_{\min} = (1-\lambda)\left\{\mu(1+\Gamma) \times c + (1-\mu)\frac{1}{n}\left[\sum\limits_{i=1}^{n-1}(1-\sigma_i)D+D\right]\right\}$$

$$= \frac{n(1-\lambda)\mu(1+\Gamma)}{n-(1-\mu)(1-\lambda)\left[\sum\limits_{i=1}^{n-1}(1-\sigma_{ii})+1\right]} \times C$$

$$= \frac{8 \times (1-5\%) \times 45\% \times (1+0.144)}{8-(1-45\%) \times (1-5\%)(6.851+1)} \times 1830$$

$$= 1837$$

$$D_{\max} = (1-\lambda)\left\{\mu(1+\Gamma) \times c + (1-\mu)\frac{1}{n}\left[\sum\limits_{i=1}^{n-1}(1+\sigma_i)D+D\right]\right\}$$

$$= \frac{n(1-\lambda)\mu(1+\Gamma)}{n-(1-\mu)(1-\lambda)\left[\sum\limits_{i=1}^{n-1}(1+\sigma_{ii})+1\right]} \times C$$

$$= \frac{8 \times (1-5\%) \times 45\% \times (1+0.144)}{8-(1-45\%) \times (1-5\%)(7.149+1)} \times 1830$$

$$= 1913$$

$$\delta = \frac{D_{\max}-D_{\min}}{(D_{\max}+D_{\min})/2} \times 100\% = \frac{2(1-\mu)(1-\lambda)}{n(\mu+\lambda-\mu\lambda)} \times \sum\limits_{i=1}^{n-1}\sigma_i \times 100\%$$

$$= \frac{1913-1837}{(1913+1837)/2} \times 100\% = 0.0405 = 4\%$$

经过以上公式以及模型分析可以看出，预测精度为4%，说明本次报价预测的精度是比较高的，同时最优报价在 1837～1913 万元之间波动，比上海宝钢工程建设总公司的成本价 1600 万元高出约 13%～16%，也间接说明本项目利润水平还是比较丰厚的，结合上述情况公司决定将投标价格定为 1880 万元。如果能顺利拿下该项目，对公司来说是一次很好的机会。

第11章　卷烟厂联合工房安全风险管理

11.1　项目概况

工程名称：卷烟厂联合工房二期。

工程地点：略。

工程内容：二期联合工房建筑主体工程，室内外地沟、道路、高架桥工程施工及工程总承包管理。

工程立项批准文号：国家烟草专卖局国烟计×××号。

资金来源：自筹。

11.1.1　工程承包范围

工程承包范围按工程招标文件相应内容执行：二期联合工房建筑主体、室内外地沟、道路及高架桥工程施工，二期工程除工艺设备购置和安装外的工程总承包管理。发包人保留在工程实施过程中，修改本项目承包范围的权利。工程承包范围的基本内容如下：

1. 施工承包范围

（1）桩基以上的钢筋混凝土结构，围护结构

（2）桩头凿除及砂石垫层

（3）室内外地沟、停车场、道路、高架桥及附属工程

（4）联合工房主体工程及施工范围内的室内防火门窗

（5）接地部分（所有混凝土内的接地网部分）

（6）室外排水工程

（7）室内外给、排水管道预留、预埋

（8）轻钢屋面系统制作、安装（檩条以上部分）

（9）耐磨地面施工

（10）卫生间及水房瓷砖

（11）水电部分的预留、预埋及施工

（12）吊杆的制作、安装

2. 施工承包不包括的范围

（1）钢结构制作及安装

（2）网架制作及安装

（3）室外精装修

（4）室内精装修（包括生活辅房，参观走廊，卷包车间装饰吊顶、墙裙，不锈钢门连窗）

167

（5）地面装饰工程（除耐磨地面施工以外的地面装饰工程）

（6）防火涂料及防水工程（地面防潮，钢筋混凝土屋面防水）

（7）厂区高架桥桩基工程

3. 工程总承包管理范围

除工艺设备购置和安装外的工程总承包管理。

11.1.2 本工程承包方式

包工包料。

11.1.3 合同工期

开工日期：2006 年 9 月 21 日

竣工日期：2007 年 11 月 12 日

合同工期总日历天数：418 天（日历天），需与总进度计划一致。

总进度计划的施工进度主控节点见本合同第三部分专用条款第 10.4 条。

11.1.4 质量标准

本工程要求的工程质量标准：

（1）工程质量必须达到合格及以上标准；

（2）工程严格按照设计施工图及国务院《建设工程质量管理条例》、建设部《工程建设标准强制性条文》（房建部分）、现行施工验收规范等进行施工。

11.2 LEC 风险评价法

11.2.1 基本原理

LEC 法是一种简单易行的、半定量的作业条件危险性评价方法，是由美国学者格雷厄姆和金尼所提出。该评价法用与系统风险有关的三种因素指标值之积来评价作业条件的危险性，这三种因素是：事故或危险事件发生的可能性、暴露于危险环境的概率和一旦发生事故可能造成的后果。用公式表示为：

$$D = L \times E \times C \tag{11-1}$$

式中 D——作业条件的危险性；

L——事故或危险事件发生的可能性；

E——暴露于危险环境的概率；

C——发生事故可能造成的后果。

要取得这三种因素的准确数据，是相当繁琐的过程。根据实际经验，首先给三种因素的不同等级分别确定不同的分值，再以三个分值的乘积 D 来评价作业条件危险性的大小，再在按经验将危险性分数值划分的危险程度等级表或图上，查出其危险程度。

11.2.2 评价标准

1. 事故或危险事件发生可能性的取值标准

用概率表示事故或危险事件发生可能性时，绝对不可能发生的概率用 0 表示，必然发生的事故概率用 1 表示。但从系统安全角度考察，绝对不发生事故是不可能的，而只能说某种具有潜在危险的作业条件发生事故的可能性极小，所以人为将发生事故可能性极小的概率规定为 0.1。

在实际生产条件中，事故或危险事件发生可能性的范围非常广泛，因此将能完全预料某个时候会发生事故的分值规定为 10，再根据可能性的大小在 0.1 和 10 之间相应地指定若干中间值。如将"完全意外，极少可能"发生事故的概率定为 1，"相当可能"发生事故的概率定为 6，"极不可能"发生事故的概率定为 0.2 等，见表 11-1。

LEC 方法的评价标准
表 11-1

事故或危险事件发生可能性（L）		暴露于危险环境的频繁程度（E）		发生事故产生的后果（C）	
分值	事故或危险情况发生可能性	分值	事故或危险情况发生频率	分值	可能结果
10	完全可能，会被预料到	10	连续暴露于潜在危险环境	100	大灾难，许多人死亡
6	相当可能	6	逐日在工作时间内暴露	40	灾难，数人死亡
3	不经常，但可能	3	每周一次或偶然地暴露	15	非常严重，重伤
1	完全意外，极少可能	2	每月暴露一次	7	严重，重伤
0.5	可以设想，但很不可能	1	每年几次出现在潜在危险环境	3	重大，致残
0.2	极不可能	0.5	非常罕见地暴露	1	引人注目，需要救护
0.1	实际上不可能				

2. 暴露于危险环境的频繁程度的取值标准

众所周知，人员暴露在危险环境中的时间越长、次数越频繁，则危险性越大。因此，规定连续暴露在危险环境的情况的分值为 10，非常罕见地暴露于危险环境的分值为 0.5。然后，在这两种情况之间根据暴露于危险环境的程度可指定若干中间值，见表 11-1，如每年仅出现几次、非常稀少的暴露于危险环境的分值定为 1。另外，根本不暴露于危险环境的情况在实际上是不存在的，因此在表中没有列出。

3. 发生事故或危险事件的可能结果的取值标准

事故造成的人身伤害和财产损失可在很大的范围内变化，如工伤事故的范围可以从轻伤直到许多人死亡。因此，对需要救护的轻微伤害的可能结果，分值规定为 1，将造成多人死亡或重大财产损失的可能结果的分值规定为 100。然后，在 1~100 之间指定若干的中间值，见表 11-1。

4. 危险性的评价标准

确定了上述三种因素的分值后，即可按公式计算作业条件的危险性的分值 D。根据 D 分值的大小，就可以确定危险源的风险严重程度。

由经验可知，危险性分值 D 在 20 分以下为低危险性，这样的危险比日常生活中骑自行车去上班还要安全些；如果 $70 > D > 20$ 时，规定为一般危险，需要加以注意；如果 $160 > D > 70$ 时，规定为显著危险，需及时整改；如果 $320 > D > 160$ 时，规定为高度危险，需要立即采取措施进行整改；如果 $D > 320$ 时，则规定为极其危险，不能继续作业。因此，按危险性分值将危险等级标准划分为五级，见表 11-2。

危险分值等级表 表 11-2

D 值	级别	危险程度	D 值	级别	危险程度
>320	一	极其危险，不能继续作业	20 ~ 70	四	一般危险，需要注意
160 ~ 320	二	高度危险，需要立即整改	<20	五	稍有危险，可以接受
70 ~ 160	三	显著危险，需要整改			

需要注意的是危险性等级的划分是凭经验判断，难免会带有局限性，应用时需要根据实际情况予以纠正。

11.2.3 应对措施

确定了危险源的等级后，需要针对不同的风险级别采取相应的应对措施，见表 11-3。

风险应对措施 表 11-3

风险级别	措 施
一	由于风险极高，应立即停止相关作业。必须重新评估作业活动的合理性，通过各种综合措施降低风险。只有当风险已降低时，才能开始或继续工作。如果无限的资源投入也不能降低风险，就必须禁止工作
二	为降低风险有时必须提供大量资源，并且直至风险降低后才可以开始工作。此外，当风险涉及正在进行的工作时，必须采取应急措施
三	应努力降低风险，并在规定的时间期限内实施降低风险措施。当评价结果为中度风险并且是严重伤害后果时，必须进行进一步的评价，以便确定是否需要改进控制措施
四	一般不需要其他控制措施。如需要，则应考虑投资效果更佳的解决方案或不增加额外成本的改进措施。同时，需要监测来确保控制措施得以维持
五	不需采取措施，保持原有控制计划

11.2.4 LEC 方法的局限性

LEC 风险评价法在对可能发生严重伤亡事故的情况时，会出现一定的偏差，这是由于 LEC 风险评价法本身的局限性导致的。因为许多发生严重伤亡以上事故往往都是突发性的，其爆发的周期较长或频次较小，爆发及其持续危害时间往往也比较短暂，因此 E 值较小，即便其 C 值很大，但其乘积 $E \times C$ 也由于 E 值的过小而变得较小。无论是何种原因引发、无论采用何种分析判断法、无论对于何种企业，对于可能发生严重伤亡以上事故的情况，一定属于高度风险或不可容忍的风险，这是符合实际情况和客观规律的。因此，当出现上述这些可能发生严重伤亡事故的情况时，就不能也没必要使用 LEC 风险评价法，必须结合直接判断法进行风险评价，即对于那些可能发生严重伤亡以上事故的危险源，直接可以判定为高度风险或不可容忍的风险，并依据其风险的大小立即或限期整改以消除或减小其危害性。

11.3 危险源识别与风险评价

根据卷烟厂项目的特点和风险识别技术，本项目的危险源见表 11-4 所列。并且，在进行风险评价时，对可能发生严重伤亡事故的情况采用直接判定法，其他情况采用 LEC 风险评价法进行风险的评价。

采用直接评定法时，对符合下列条件之一的即认定为重大危险源：

（1）不符合职业健康安全法律、法规和标准，预计可能导致重伤以上事故发生的；

（2）相关方强烈抱怨和要求的；

（3）曾经发生事故，至今未采取有效控制措施的；

（4）直接观察到可能导致危险且无适当控制措施的。

长沙卷烟厂危险源及风险等级　　　　　　表 11-4

编　号	危　险　因　素	可能导致的事故	选用准则	LEC 值法				风险等级
				L 值	E 值	C 值	D 值	
1	施工准备							
1.1	场地平整							
1.1.1	机械设备未按操作规程执行	机械伤害	1	1	6	3	18	五
1.1.2	不相关人员擅自进入施工机械的操作范围	机械伤害	1	3	6	3	54	四
1.1.3	特种作业人员未持证上岗	机械伤害	2	重大危险				
1.1.4	压路机、推土机司机配备不够疲劳作业	机械伤害	1	3	6	3	54	四
1.1.5	道路平整无明显标志	机械伤害	1	3	1	7	21	四
1.1.6	场地地下物未探明	机械伤害	1	1	6	3	18	五
1.1.7	压路机、推土机等未设专人指挥	机械伤害	1	1	6	7	42	四
1.1.8	违章作业	车辆伤害	1	1	6	3	18	五
1.2	临时用电							
1.2.1	配电线路的电线老化，破皮未包扎，潮湿环境电缆沿地铺设	触电	1	3	3	15	135	三
1.2.2	脚手架外侧边缘与外电架空线路的边线未达到安全距离并未采取防护措施	触电	2	重大危险				

编 号	危 险 因 素	可能导致的事故	选用准则	LEC 值法				风险等级
				L 值	E 值	C 值	D 值	
1.2.3	电工不按规定佩带劳动防护用品或劳动防护用品不符合要求	高处坠物/触电	1	3	1	40	120	三
1.2.4	临电方案不完整，或未按方案施工	触电	2	重大危险				
1.2.5	未采用 TN-S 接零保护系统	触电	1	3	6	3	54	四
1.2.6	未达到三级配电两级保护	触电	2	重大危险				
1.2.7	保护接地、保护接零混乱或共存	触电	1	1	3	7	21	四
1.2.8	外电防护不合规范要求	触电	2	重大危险				
1.2.9	保护接零线装设开关或熔断器，零线有拧缠式接头	触电	1	3	6	3	54	四
1.2.10	在高压架空输电线下方或上方作业无保护措施	触电	1	6	1	15	90	三
1.2.11	保护零线未单独敷设，并作它用	触电	1	3	6	3	54	四
1.2.12	用电线路不规范，未按规定设漏电保护器	触电	1	3	6	15	270	二
1.2.13	保护零线未按规定在配电线路做重复接地	触电	1	1	3	7	21	四
1.2.14	电力变压器的工作接地电阻大于4Ω	触电	1	3	1	7	21	四
1.2.15	重复接地装置的接地电阻值大于10Ω	触电	1	3	1	7	21	四
1.2.16	漏电保护装置未经国家技术监督部门检定合格	触电	1	3	2	7	42	四
1.2.17	移动配电箱的电缆任意拖拉	触电	1	3	3	7	63	四
1.2.18	开关箱无漏电保护器或漏电保护器失灵	触电	1	6	3	7	126	三
1.2.19	配电箱的箱门内无系统图和开关电器未标明用途，未设专人负责	触电	1	1	3	3	9	五
1.2.20	固定式设备未使用专用开关箱，未执行"一机、一闸、一漏、一箱"的规定	触电	1	3	3	7	63	四
1.2.21	闸具、熔断器参数与设备容量不匹配，安装不符合要求	触电	1	3	6	3	54	四

编 号	危 险 因 素	可能导致的事故	选用准则	LEC 值法				风险等级
				L 值	E 值	C 值	D 值	
1.2.22	电箱内的电器和导线有带电明露部分，相线使用端子板连接	触电	1	3	3	7	63	四
1.2.23	电箱安装位置不当，周围杂物多，没有明显的安全标志	触电	1	3	3	3	27	四
1.2.24	电箱未设总分路隔离开关、引出配电箱的回路未用单独的分路开关控制	触电	1	3	3	7	63	四
1.2.25	电箱内有杂物	触电	1	3	6	3	54	四
1.2.26	电箱无门、无锁、无防雨措施	触电	1	3	6	3	54	四
1.2.27	电箱内多路配电无标记，引出线混乱	触电	1	3	3	7	63	四
1.2.28	电缆架设或埋地不符合要求	触电	1	3	3	3	27	四
1.2.29	电缆绝缘破坏或不绝缘	触电	1	3	6	7	126	三
1.2.30	架空线路不符合要求	触电	1	1	2	7	14	五
1.2.31	电缆过路无保护措施	触电	1	1	2	3	6	五
1.2.32	在潮湿场所不使用安全电压	触电	1	3	1	15	45	四
1.2.33	照明专用回路无漏电保护	触电	1	3	3	7	63	四
1.2.34	私拉乱接电线，违章用电	触电、火灾	2	重大危险				
1.2.35	离在建工程安全距离不够	物体打击	2	重大危险				
1.2.36	灯具金属外壳未作接零保护	触电	1	3	3	7	63	四
1.2.37	室内灯具安装高度低于2.5m，未使用安全电压供电	触电	1	3	1	7	21	四
1.2.38	36V安全电压照明线路混乱和接头处未用绝缘胶布包扎	触电	1	3	3	7	63	四
1.2.39	手持照明灯未使用36V及以下电源供电	触电	1	3	3	7	63	四
1.2.40	电工不按规定佩戴劳动防护用品或劳动防护用品不符合要求	触电	1	3	1	15	45	四
1.2.41	用其他金属代替熔丝	触电	1	3	6	7	126	三
1.2.42	电工不按规定程序送电	触电	1	6	1	15	90	三

编 号	危 险 因 素	可能导致的事故	选用准则	LEC 值法				风险等级
				L 值	E 值	C 值	D 值	
1.3	搭建临时设施							
1.3.1	预制屋面板有裂痕断裂、钢屋架腐蚀生锈	坍塌、高坠	2	重大危险				
1.3.2	屋顶石棉瓦破损、天窗腐蚀	坍塌、高坠	2	重大危险				
1.3.3	违章作业	物体打击、起重伤害，高处坠落	1	3	6	3	54	四
1.3.4	施工未按安全操作规程执行	物体打击、触电、机械伤害	1	1	6	7	42	四
1.3.5	操作人员未按规定穿戴劳动防护用品	物体打击	1	3	6	3	54	四
1.4	材料机械进场							
1.4.1	临时设施拆除随意抛物，未按高空作业进行防护	物体打击，高坠	1	3	6	3	54	四
1.4.2	施工区域未加设围栏，无关人员入施工现场	物体打击、触电、机械伤害	1	3	6	1	18	五
1.4.3	人员在被吊物下方停留	起重伤害	1	3	2	15	90	三
1.4.4	未遵守操作规程	起重伤害	1	1	3	7	21	四
1.4.5	不遵守"十不吊"规定	起重伤害	1	3	3	7	63	四
1.4.6	特种作业人员未持证上岗	起重伤害	2	重大危险				
1.4.7	地下煤气管道防护不当	火灾、爆炸、中毒、窒息	1	3	6	3	54	四
1.4.8	地下水管防护不当	边坡坍塌	1	3	6	3	54	四
1.4.9	地下电缆防护不当	触电	1	3	6	3	54	四
1.4.10	地下电信光缆管防护不当	其他伤害	1	3	6	3	54	四
1.4.11	违章作业	起重伤害物体打击	2	重大危险				
2	地基与基础							

编 号	危 险 因 素	可能导致的事故	选用准则	LEC 值法				风险等级
				L 值	E 值	C 值	D 值	
2.1	深基坑开挖							
2.1.1	挖槽、坑、沟深度超过 1.5m 时未按规定放坡或加可靠支撑	边坡坍塌	1	3	6	7	126	三
2.1.2	开挖不规范	坍塌	1	3	6	15	270	二
2.1.3	开挖防护缺陷	高处坠落、物体打击	1	3	6	1	18	五
2.1.4	开挖深度超过 2m 的沟槽，未按标准设围栏防护和密目安全网封挡	坍塌、高处坠落	1	3	6	3	54	四
2.1.5	在沟、坑、槽边沿用 1m 内、堆料、停置机具	坍塌、高处坠落	1	3	6	1	18	五
2.1.6	机械设备施工与槽边安全距离不符合规定，又无措施	坍塌	1	3	6	3	54	四
2.1.7	不按规定程序挖土或超挖	坍塌	1	3	6	1	18	五
2.2	土石方运输							
2.2.1	作业不当，场内运输道路不符合要求	物体打击	1	3	6	1	18	五
2.3	降水							
2.3.1	降水作业不规范	机械伤害	1	3	6	1	18	五
3	桩基础工程							
3.1	降水							
3.1.1	降水井口作业防护缺陷	高处坠落	1	3	6	1	18	五
3.1.2	使用金属材料吊挂潜水泵，违规接送电源	触电	1	3	6	1	18	五
3.2	基坑支护							
3.2.1	作业不规范	坍塌	2	重大危险				
3.3	挖孔桩							
3.3.1	人工挖孔桩无桩机施工方案	坍塌、窒息、透水	2	重大危险				
3.3.2	防护不规范	高处坠落	2	重大危险				
3.3.3	防护不规范	物体打击	1	6	6	15	540	一

编　号	危险因素	可能导致的事故	选用准则	LEC 值法				风险等级
				L值	E值	C值	D值	
3.3.4	井下照明未采用安全电压，并无防水措施	触电	1	3	6	15	270	二
3.3.5	井口未及时封闭	高处坠落	1	1	10	7	70	三
3.3.6	对地质情况或地下管线掌握不清	窒息、管涌、触电	1	0.5	6	7	21	四
3.3.7	土方随意堆放	坍塌	1	1	10	7	70	三
3.3.8	电线乱拉乱接、未架空	触电	1	3	2	15	90	三
3.3.9	附壁未按设计施工，混凝土质量达不到设计要求	坍塌	1	3	6	15	270	二
3.3.10	附壁拆膜过早	坍塌	1	3	6	15	270	二
3.3.11	地下水未及时抽取或无降水措施	坍塌	1	1	6	15	90	三
3.3.12	发现流沙、流泥未及时采取措施，附壁坍塌无防治措施	坍塌	1	6	6	15	540	一
3.3.13	吊具吊索使用前未进行检查	机械伤害	1	1	6	15	90	三
3.3.14	上下桩井没有专门设施	高处坠落	1	1	6	15	90	三
3.3.15	井下人员未戴安全帽	物体打击	1	1	6	15	90	三
3.3.16	放钢筋笼无防护措施	高处坠落	1	3	6	3	54	四
3.3.17	用电不规范	触电	2	重大危险				
3.3.18	凿岩粉尘	其他伤害	1	3	3	3	27	四
3.3.19	空气不流通	窒息	1	6	6	15	540	一
3.3.20	涌水	坍塌	2	重大危险				
3.3.21	人工破除桩头	物体打击	1	0.5	3	3	4.5	五
4	结构工程							
4.1	脚手架工程							
4.1.1	脚手架搭设垂直度超过允许偏差	倒塌	2	重大危险				
4.1.2	未按规定设置剪刀撑	倒塌	2	重大危险				
4.1.3	脚手架无设计计算书	倒塌	2	重大危险				
4.1.4	脚手架搭设未验收	倒塌	2	重大危险				
4.1.5	操作人员无上岗证	倒塌	1	3	3	7	63	四
4.1.6	架子工搭设架子时未按规定穿戴劳动防护用品	高空坠落、物体打击	1	6	6	7	252	二

编　号	危 险 因 素	可能导致的事故	选用准则	LEC 值法				风险等级
				L 值	E 值	C 值	D 值	
4.1.7	在大风、暴雨、低温等恶劣气候下进行搭设作业	高空坠落、物体打击	1	3	3	7	63	四
4.1.8	脚手架搭设落后于施工进度	高空坠落、物体打击	1	6	6	15	270	二
4.1.9	脚手架未避雷接地或接地不符合要求	雷击	2	重大危险				
4.1.10	架体上下通道未设置或设置不合要求	高处坠落	1	1	6	15	90	三
4.1.11	脚手架的材质、搭设、扣件螺丝预紧力达不到要求	脚手架易变形	2	重大危险				
4.1.12	扣件的质量不符合国家标准的要求	高处坠落、坍塌	1	1	6	15	90	三
4.1.13	脚手架基础未平整夯实，无排水措施	倒塌、高处坠落	1	3	10	7	210	二
4.1.14	脚手架底部未按规定垫木和加绑扫地杆	倒塌	1	3	10	3	90	三
4.1.15	架体与建筑物未按规定拉结	倒塌	1	6	6	15	270	二
4.1.16	立杆、大横杆、小横杆间距不符合规范要求	高处坠落、物体打击	1	6	6	1	36	四
4.1.17	未使用密目安全网沿外架子内侧进行封闭	高处坠落	1	1	10	15	75	三
4.1.18	安全网有的破损严重或绑扎丝强度不合规范	高处坠落、物体打击	1	1	6	15	90	三
4.1.19	脚手架上有探头板、飞跳板	高处坠落、倒塌	1	3	6	15	270	二
4.1.20	操作面未铺满脚手板，下层未兜设水平接网	高处坠落、	1	3	6	15	270	二
4.1.21	操作面未设防护栏杆和挡脚板，或立挂安全网	高处坠落	1	3	6	15	270	二
4.1.22	建筑物顶部的架子未规定高于屋面，高出部分未设防护栏和挂安全网	高处坠落	1	3	2	15	90	三
4.1.23	卸料平台未经设计，用架管随意搭设，荷载加在外架上	垮塌	1	6	6	15	180	二

编　号	危险因素	可能导致的事故	选用准则	LEC 值法				风险等级
				L 值	E 值	C 值	D 值	
4.1.24	卸料平台无限定荷载标牌，护栏高度低于 1.5m，没用密目安全网封严	物体打击	1	3	2	7	42	四
4.1.25	不按规定拆除脚手架	高处坠落、倒塌	1	6	6	15	540	一
4.1.26	拆除脚手架时，未设警戒	物体打击	2	重大危险				
4.1.27	超规定荷载使用	倒塌、高处坠落	1	3	2	15	90	三
4.1.28	脚手架物料堆放集中或不均匀	物体打击	1	3	2	15	90	三
5	钢筋工程							
5.1	钢筋加工							
5.1.1	加工机械操作不规范	机械伤害	1	3	6	1	18	五
5.2	钢筋加工临时用电							
5.2.1	违规接送电源，未按规定穿戴绝缘护具	触电	1	1	6	3	18	五
5.3	钢筋焊接作业							
5.3.1	钢筋高处绑扎焊接防护不规范	高处坠落	1	1	6	3	18	五
5.4	钢筋堆放							
5.4.1	钢筋半成品堆放不规范	坍塌	1	0.5	6	3	9	五
5.4.2	在结构临边脚手架上堆放材料	坍塌、物体打击	1	1	6	3	18	五
5.5	钢筋转运							
5.5.1	钢筋搬运不规范	其他伤害	1	3	6	1	18	五
5.6	钢筋加工							
5.6.1	钢筋埋弧焊，操作不规范	其他伤害	1	1	6	3	18	五
5.6.2	电源配置和使用不符合规范要求	触电	1	3	6	7	126	三
5.6.3	转动部分无防护措施或防护措施不到位	物体打击	1	1	6	3	18	五
5.6.4	钢筋高处绑扎焊接防护不规范	高处坠落	1	3	6	7	126	三
5.6.5	吊运作业不符合吊装作业规范	起重伤害	1	3	6	7	126	三
5.7	钢筋连接作业							
5.7.1	连接作业不规范或防护缺陷	高处坠落、其他伤害	1	3	3	3	27	四
5.8	钢筋切断加工							

编 号	危 险 因 素	可能导致的事故	选用准则	LEC 值法				风险等级
				L值	E值	C值	D值	
5.8.1	切断的钢筋向外弹出，横摆	物体打击	1	3	6	1	18	五
5.9	钢筋焊接作业							
5.9.1	焊接作业不规范	火灾、其他伤害	1	3	6	1	18	五
5.9.2	焊接后高温的钢筋未加标识或防护	灼伤	1	3	6	1	18	五
5.10	钢筋悬空焊接							
5.10.1	焊接火花飞溅掉落	灼伤、火灾	1	3	6	1	18	五
6	模板工程							
6.1	模板加工							
6.1.1	吊运作业不规范	起重伤害	2	重大危险				
6.1.2	支、拆模方案不完善及木工人员素质不高	架体失稳、倾覆、施工人员坠落、杆件打击人体、搭设过程中人员坠落	2	重大危险				
6.1.3	木工棚、机械缺陷误操作，防护缺陷	机械伤害	1	1	6	3	18	五
6.1.4	机械操作不符合操作规程，防护措施不符合要求	机械伤害	1	3	6	1	18	五
6.1.5	漏电保护器失灵，违规搭接电源	触电	1	1	6	3	18	五
6.1.6	木工棚内未采取防火措施，未按规定配备消防器材	火灾	2	重大危险				
6.1.7	明火	火灾	2	重大危险				
6.2	模板支拆							
6.2.1	模板拆下后未去除或砸平钉子	刺伤	1	3	6	1	18	五
6.2.2	模板搬运不规范	物体打击	1	3	6	1	18	五
6.2.3	模板、卡具等使用存放不当	物体打击	1	1	6	3	18	五
6.2.4	模板等吊运不规范	起重伤害	1	1	6	3	18	五
6.3	模板支设							
6.3.1	模板支撑固定在外脚手架上	倒塌	1	6	6	3	54	四
6.3.2	木立柱下端未锯平，下端无垫板	倒塌	1	1	6	7	42	四
6.3.3	立柱长度不一致，或采用接短柱加长，交接处不牢固，或在立柱下垫几皮砖加高	坍塌	1	1	6	7	42	四

编　号	危 险 因 素	可能导致的事故	选用准则	LEC 值法				风险等级
				L值	E值	C值	D值	
6.3.4	未按规定要求设置纵横向支撑	坍塌	1	1	6	7	42	四
6.3.5	模板支架设计缺陷	坍塌	1	1	6	3	18	五
6.3.6	支模设施设备缺陷	物体打击	1	3	6	1	18	五
6.3.7	高处支模防护缺陷	高处坠落	2	重大危险				
6.3.8	支拆模环境不良	其他伤害	1	3	6	1	18	五
6.3.9	作业面孔、洞及临边无防护措施	高处坠落	1	3	6	15	270	二
6.3.10	垂直作业面上下无防护措施	高处坠落	2	重大危险				
6.3.11	2m 以上高处作业无可靠立足点	高处坠落	1	1	6	7	42	四
6.3.12	清扫模板和刷隔离剂时，未将模板支撑牢固，两模中间走道小于60cm	物体打击	1	3	2	7	42	四
6.4	模板拆除							
6.4.1	模板支架设计缺陷	坍塌	1	3	6	7	126	三
6.4.2	模板拆除前无混凝土强度报告或强度未达到规定拆除	物体打击	1	3	2	15	90	三
6.4.3	模板拆除时，未将电梯井口\楼梯口封闭防护，易坠物	高处坠落、物体打击	1	3	3	7	63	四
6.4.4	木料等堆放不规范	坍塌	1	1	6	7	42	四
6.4.5	模板、卡具等使用存放不当	物体打击	1	1	6	7	42	四
6.4.6	拆模作业操作不合规范要求	物体打击，坍塌	1	6	6	15	540	一
6.5	模板转运							
6.5.1	木料等堆放不规范	坍塌	1	3	6	3	54	四
7	混凝土工程							
7.1	混凝土搅拌							
7.1.1	搅拌机安装未验收合格使用	机械伤害	1	6	3	7	126	三
7.1.2	搅拌机操作人员不持证上岗	机械伤害	2	重大危险				
7.2	运输							
7.2.1	水泥输送及混凝土搅拌产生粉尘	其他伤害	1	0.5	3	3	4.5	五
7.2.2	混凝土垂直运输时掉落碎石	物体打击	1	1	6	1	6	五
7.2.3	混凝土料斗作业防护缺陷	物体打击	1	3	6	1	18	五
7.3	混凝土施工作业							

编 号	危险因素	可能导致的事故	选用准则	LEC值法				风险等级
				L值	E值	C值	D值	
7.3.1	搅拌机输送泵作业、维护清理等违章作业	物体打击、其他伤害	1	6	6	7	252	二
7.3.2	混凝土、砂浆机械搅拌、运输措施不符合要求或机械施工用电不规范	机械伤害、触电	2	重大危险				
7.3.3	乱拉乱设电源线，漏电保护器失灵	触电	1	3	6	3	54	四
7.3.4	现场搅拌机无防雨、防砸、防尘措施或措施无效	物体打击、尘肺	1	3	6	1	18	五
7.3.5	搅拌站机械离合器、制动器、钢丝绳达不到要求	高处坠落	1	3	6	1	18	五
7.3.6	传动部分无防护罩	机械伤害	1	1	6	7	42	四
7.3.7	振动器操作人员未穿戴绝缘鞋和戴绝缘手套	触电	1	3	6	3	54	四
7.3.8	搅拌机不按操作规程运行	机械伤害	1	3	6	3	54	四
7.3.9	混凝土浇灌运输道不平稳、不牢固	高处坠落	1	3	6	3	54	四
7.3.10	混凝土浇灌注作业平台不牢固，周边无防护措施	高处坠落	1	3	6	3	54	四
7.3.11	高处作业防护缺陷	高处坠落	1	1	6	3	18	五
7.3.12	混凝土搅拌站布料、振动作业时防护不当	其他伤害	1	3	6	1	18	五
8	结构工程							
8.1	结构吊装工程							
8.1.1	构件放置不规范	物体打击	1	1	3	3	9	五
8.1.2	焊接违章作业、弧光	火灾、触电、其他伤害	2	重大危险				
8.1.3	物料提升机架上堆积超载	高处坠落	2	重大危险				
8.1.4	吊装违章作业	起重伤害	1	1	6	3	18	五
9	幕墙工程							
9.1	幕墙安装							
9.1.1	幕墙安装时工人违章作业	物体打击	1	1	6	3	18	五
9.1.2	幕墙安装时工人违章作业	高处坠落	1	1	6	3	18	五
10	砌砖工程							
10.1	材料堆放							

编 号	危 险 因 素	可能导致的事故	选用准则	LEC 值法				风险等级
				L 值	E 值	C 值	D 值	
10.1.1	码放不规范	坍塌	1	3	3	1	9	五
10.2	高处作业							
10.2.1	砌砖高处作业防护缺陷	高处坠落、物体打击	1	1	6	3	18	五
10.3	砌砖工程							
10.3.1	砂浆原材料粉尘	其他伤害	1	3	6	1	18	五
10.3.2	拌合机械用电不当	触电	2	重大危险				
11	钢结构工程							
11.1	装卸板材、型材管材							
11.1.1	捆绑不牢	起重伤害、物体打击	2	重大危险				
11.2	下料切割							
11.2.1	易燃物过近、施工防护不当，施工器具防护缺陷	火灾、爆炸	2	重大危险				
11.3	下料、半成品、机械作业							
11.3.1	防护措施缺陷	机械伤害、物体打击	1	1	6	1	6	五
11.4	钢结构施工							
11.4.1	钢结构焊接区有易燃品	火灾	2	重大危险				
11.4.2	钢结构拼装时掉物	物体打击	2	重大危险				
11.4.3	钢结构吊装时失稳	物体打击	2	重大危险				
11.5	除锈刷油							
11.5.1	明火	火灾、其他伤害	2	重大危险				
11.6	运输							
11.6.1	捆绑不牢	起重伤害、车辆伤害	1	1	3	3	9	五
12	屋面工程							
12.1	找平层、防水层、保温层							
12.1.1	违章作业防护缺陷	高处坠落	2	重大危险				
12.1.2	用电不规范	触电	2	重大危险				
12.1.3	明火	火灾	2	重大危险				

编 号	危 险 因 素	可能导致的事故	选用准则	LEC 值法				风险等级
				L 值	E 值	C 值	D 值	
12.1.4	热沥青施工防护不当	其他伤害	1	1	6	3	18	五
12.1.5	有机防水材料气体排放	中毒	1	1	6	1	18	五
13	装修工程							
13.1	易燃装修材料采购和使用							
13.1.1	明火	火灾	2	重大危险				
13.2	油漆涂料、有机物、粘胶剂、溶剂等							
13.2.1	有害物质超标	中毒	1	3	3	1	9	五
13.3	装修石材、面砖采购和使用							
13.3.1	放射性物质超标	其他伤害	1	3	6	1	18	五
13.4	铝合金门窗切割加工							
13.4.1	机具	机具伤害	1	1	3	1	3	五
13.4.2	金属粉尘	其他伤害	1	1	3	1	3	五
13.5	玻璃切割							
13.5.1	意外断裂切割不当	其他伤害	1	3	6	1	18	五
13.6	外墙装修							
13.6.1	防护缺陷	高处坠落物体打击	1	1	6	3	18	五
13.7	室内抹灰							
13.7.1	操作架防护缺陷	高处坠落物体打击	1	1	6	3	18	五
13.8	粉刷涂料							
13.8.1	操作架防护缺陷	高处坠落物体打击	1	1	6	1	6	五
13.9	电梯安装							
13.9.1	电梯口护栏撤除	高处坠落	1	1	6	1	6	五
13.9.2	操作架防护缺陷	高处坠落物体打击	1	1	6	15	90	三
13.10	门窗安装							
13.10.1	防护缺陷	高处坠落	1	3	6	1	18	五
13.11	室内装修							
13.11.1	操作架防护缺陷	高处坠落、物体打击	1	3	6	1	18	五

编 号	危 险 因 素	可能导致的事故	选用准则	LEC 值法				风险等级
				L值	E值	C值	D值	
14	给、排水							
14.1	进场安全教育							
14.1.1	未按规定内容教育	多种伤害	1	3	6	1	18	五
14.2	管沟、池井开挖							
14.2.1	开挖不规范	坍塌	1	1	6	3	18	五
14.2.2	开挖防护缺陷	高处坠落、物体打击	1	1	6	3	18	五
14.3	焊接作业							
14.3.1	焊接作业不规范	火灾、其他伤害	1	3	6	1	18	五
14.4	高处作业							
14.4.1	防护缺陷	高处坠落	1	3	6	1	18	五
14.5	装卸管材							
14.5.1	捆绑不牢	起重伤害、物体打击	2	重大危险				
14.6	焊接（切割）作业							
14.6.1	焊接作业不规范，紫外线、电危害、粉尘重金属烟尘	火灾、中毒、触电、其他伤害	2	重大危险				
14.7	管道吊装							
14.7.1	信号不明、指挥操作失误	高处坠落、物体打击	2	重大危险				
14.8	试压							
14.8.1	压力表失灵	其他伤害	1	0.5	6	3	9	五
14.9	胶塑管制安							
14.9.1	明火	火灾	2	重大危险				
14.10	地下管道加工铺设							
14.10.1	防护缺陷	坍塌、高处坠落	1	3	6	1	18	五
15	安装工程							
15.1	机械设备使用							
15.1.1	个人违章，设备未加防护	机械伤害	1	3	6	1	18	五
15.2	管道安装施工							
15.2.1	脚手架失稳、脚手板滑	高处坠落	1	3	6	1	18	五
16	电气工程							

编 号	危 险 因 素	可能导致的事故	选用准则	LEC 值法				风险等级
				L 值	E 值	C 值	D 值	
16.1	电工作业							
16.1.1	违章操作、用电器材有缺陷	触电	1	1	6	3	18	五
16.2	架空电线、电缆桥架							
16.2.1	防护缺陷	高处坠落	1	1	6	3	18	五
16.3	电气耐压试验							
16.3.1	未穿戴绝缘护具	触电	1	3	6	1	18	五
16.4	安装变压器							
16.4.1	明火	火灾	1	1	6	3	18	五
16.5	开挖电缆沟							
16.5.1	防护缺陷	坍塌	1	1	6	1	6	五
16.6	放电缆							
16.6.1	作业不规范	其他伤害	1	3	6	1	18	五
16.7	设备接线							
16.7.1	无专人监护	触电	1	1	6	3	18	五
16.8	电气调试							
16.8.1	作业不规范	触电	2	重大危险				
16.9	安装电动机							
16.9.1	明火	火灾	1	1	6	3	18	五
16.10	高处作业							
16.10.1	防护缺陷	高处坠落	1	3	6	1	18	五
17	通风与空调							
17.1	绝热物资保管							
17.1.1	明火	火灾	2	重大危险				
17.2	特殊工种人员培训							
17.2.1	未进行培训	多种伤害	1	3	6	1	18	五
17.3	下料、半成品、机械作业							
17.3.1	防护措施缺陷	机械伤害、物体打击	1	1	6	3	18	五
17.4	包管、粉刷涂料							
17.4.1	操作架防护缺陷	高处坠落、物体打击	1	1	6	1	6	五

编号	危 险 因 素	可能导致的事故	选用准则	LEC 值法				风险等级
				L值	E值	C值	D值	
17.5	设备接线							
17.5.1	作业不规范	触电	1	1	6	3	18	五
17.6	下料切割							
17.6.1	易燃物过近、机械工作部分的削、锯、击、砸、轧等的伤害	火灾、爆炸、机械伤害	2	重大危险				
18	机械作业							
18.1	推土机、装载机、载重汽车							
18.1.1	机械缺陷、操作失误	车辆伤害、物体打击	1	3	6	1	18	五
18.2	塔吊							
18.2.1	高塔操作不使用旗语或对讲机	起重伤害	1	3	2	7	42	四
18.2.2	塔吊安装垂直度超过允许偏差范围	坍塔	2	重大危险				
18.2.3	未按操作程序进行拆除	高处坠物	1	3	2	7	42	四
18.2.4	司机或指挥人员无证上岗	物体打击	1	3	1	1	3	五
18.2.5	违章加节顶升	坍塔	2	重大危险				
18.2.6	塔吊安检不合格，安拆队伍无资质，附臂不合规范	坍塔	1	3	6	40	720	一
18.2.7	塔吊基坑无排水措施或排水不及时	坍塔	1	3	1	1	3	五
18.2.8	塔吊附墙装置不符合规定要求	物体打击失稳	1	3	1	1	3	五
18.2.9	机械缺陷、信号不明	物体打击	2	重大危险				
18.3	物料提升机							
18.3.1	安装、拆除、使用过程不规范	物体打击、高处坠落或倒塌	2	重大危险				
18.4	轮胎式、皮带式汽车吊							
18.4.1	信号不明、指挥操作失误	高处坠落、物体打击	2	重大危险				
18.5	把杆拆装							
18.5.1	操作失误	高处坠落	1	1	6	3	18	五
18.6	电焊机、切割机等							
18.6.1	违章操作	触电	1	3	6	1	18	五
18.7	氧气、氢气、乙炔气瓶							

编 号	危 险 因 素	可能导致的事故	选用准则	LEC 值法				风险等级
				L 值	E 值	C 值	D 值	
18.7.1	操作、保管、运输缺陷	爆炸、火灾	2	重大危险				
18.8	空压机							
18.8.1	信号不明、操作失误	爆炸	1	3	6	1	18	五
18.9	木工圆盘锯							
18.9.1	防护缺陷	机械伤害	1	1	6	3	18	五
19	小型电动工具							
19.1	手电钻、磨光机、冲击钻、切割机、咬边机等							
19.1.1	违章接电源、未穿戴防护器具	触电、机械伤害	1	3	6	3	54	四
20	机动车及电焊							
20.1	机动车辆驾驶							
20.1.1	作业环境不良、操作不当	车辆伤害	1	3	3	1	9	五
20.2	电焊机、切割机等							
20.2.1	违章操作	触电	1	3	6	1	18	五
20.3	电（仪表）工作业							
20.3.1	违章操作、用电器材有缺陷	触电	1	1	6	3	18	五
20.4	凿岩、水泥装卸等							
20.4.1	粉尘	其他伤害	1	3	6	1	18	五
20.5	起重机械作业							
20.5.1	作业环境不良防护缺陷	机具伤害	1	3	3	3	27	四
20.6	焊接（切割）作业							
20.6.1	焊接作业无防火措施、作业完毕未及时清理现场	火灾	1	3	3	3	27	四
20.7	焊接（切割）作业							
20.7.1	紫外线、电危害、粉尘重金属烟尘	中毒、触电、其他伤害	1	3	6	1	18	五
20.8	登高架设作业							
20.8.1	作业环境不良、防护缺陷	高处坠落	1	1	6	3	18	五
21	临时用电和防护							
21.1	设置配电箱、开关箱							
21.1.1	设置不符合规定	漏电、火灾	1	3	10	1	30	四
21.2	使用用电设备							

编 号	危险因素	可能导致的事故	选用准则	LEC值法				风险等级
				L值	E值	C值	D值	
21.2.1	未按规定设置	漏电	1	1	10	3	30	四
21.3	工地配电及架设配电线路							
21.3.1	配电不符合要求、未设警示灯	触电	2	重大危险				
21.4	防雷、防火							
21.4.1	防雷电设施不符合要求、消防器材不完好	破坏用电设备，引起火灾	1	1	1	1	1	五
22	材料管理							
22.1	存放气瓶和危险品							
22.1.1	仓库不符合要求	爆炸、火灾	2	重大危险				
22.2	易燃易爆品存放							
22.2.1	明火、烟火	爆炸	2	重大危险				
22.3	材料堆码							
22.3.1	材料码放太高	坍塌	1	1	6	3	18	五
23	四口五临边							
23.1	预留洞口、楼梯口、电梯口、通道、进出口、阳台周边、屋沿口周边、框架楼层周边、外楼梯、跑道外侧边							
23.1.1	防护不当	高处坠落物体打击	1	6	6	7	252	二
24	季节施工							
24.1	施工现场作业							
24.1.1	雨水等不良环境	触电高处坠落、机械伤害	1	1	6	3	18	五
25	土石方工程							
25.1	机械挖运							
25.1.1	石块滚落	其他伤害	1	1	6	3	18	五
25.2	机械挖运							
25.2.1	机械倾覆	其他伤害	2	重大危险				
25.3	土方碾压							
25.3.1	机械倾覆	机械伤害	1	1	6	3	18	五
25.4	挖掘机挖土方							
25.4.1	机械伤害	机械伤害	1	1	6	3	18	五
25.5	车辆行驶							

编 号	危 险 因 素	可能导致的事故	选用准则	LEC 值法				风险等级
				L值	E值	C值	D值	
25.5.1	作业环境不良	机械伤害	1	3	1	3	9	五
26	消防保卫							
26.1	施工现场							
26.1.1	消防灭火器、灭火栓损坏	火灾	1	1	10	3	30	四
26.2	生活取暖							
26.2.1	室内无人、未关电暖气、用煤炉取暖	火灾	1	1	10	1	10	五
27	现场办公区生活区							
27.1	绿化							
27.1.1	农药	中毒	1	1	3	1	3	五
27.2	材料仓库							
27.2.1	明火、照明 线路不良等	火灾	2	重大危险				
27.3	食堂							
27.3.1	炊事员无健康证	传染病	1	1	6	3	18	五
27.4	液化气							
27.4.1	食堂、招待所	爆炸、火灾	2	重大危险				
27.5	办公室							
27.5.1	开水	其他伤害	1	1	6	1	6	五
27.6	无证驾驶							
27.6.1	违章	车辆伤害	1	0.5	1	3	1.5	五
27.7	临时设施							
27.7.1	明火	火灾	2	重大危险				
27.8	照明用电							
27.8.1	不按规范私拉乱接电源线	触电	1	3	1	3	9	五
27.9	复印资料							
27.9.1	粉尘	其他伤害	1	3	6	1	18	五
27.10	档案、资料管理							
27.10.1	明火、照明、线路不良等	火灾	1	3	3	1	9	五
27.11	食品、饮水							
27.11.1	管理不严	食物中毒	1	1	6	3	18	五

编 号	危 险 因 素	可能导致的事故	选用准则	LEC 值法				风险等级
				L 值	E 值	C 值	D 值	
27.12	夏季							
27.12.1	无防暑降温措施	中暑	1	3	6	1	18	五
27.13	参观访问							
27.13.1	个人防护不当	物体打击	1	0.2	2	1	0.4	五
27.4	办公室							
27.14.1	地面、楼梯存水及障碍物	其他伤害、摔伤、撞伤	1	1	6	1	6	五
27.14.2	办公电脑复印机辐射	其他伤害	1	3	6	1	18	五

11.4 应对措施

对于三级以上及重大危险源需要事先制定应对措施，内容见表 11-5。

重大危险源的应对措施   表 11-5

编号	危险因素	应采取的控制措施
1.1.3	特种作业人员未持证上岗	特种作业人员必须持证上岗
1.2.1	配电线路的电线老化，破皮未包扎，潮湿环境电缆沿地铺设	配电线路务必按照要求配置
1.2.2	脚手架外侧边缘与外电架空线路的边线未达到安全距离并未采取防护措施	按施工用电有关规定进行操作
1.2.3	电工不按规定佩带劳动防护用品或劳动防护用品不符合要求	电工要佩带劳动防护用品
1.2.4	临电方案不完整，或未按方案施工	1. 临电方案按规范编制审核； 2. 作好方案交底工作； 3. 按方案施工
1.2.6	未达到三级配电两级保护	按有关规定进行三级配电两级保护
1.2.8	外电防护不合规范要求	外电防护必须符合 JGJ 46—2005T 第 4.1 顶要求
1.2.10	在高压架空输电线下方或上方作业无保护措施	按 JGJ 46—2005《施工现场临时用电安全技术规范》要求进行操作
1.2.12	用电线路不规范，未按规定设漏电保护器	1. 机械必须做到"一机一闸一漏电"； 2. 接、拆电源应由专业电工操作； 3. 漏电开关等必须灵敏有效； 4. 现场电缆线布设规范； 5. 雨天严禁露天电焊作业

编号	危险因素	应采取的控制措施
1.2.18	开关箱无漏电保护器或漏电保护器失灵	1. 接、拆电源应由专业电工操作; 2. 漏电开关等必须灵敏有效
1.2.29	电缆绝缘破坏或不绝缘	按 JGJ 46—2005《施工现场临时用电安全技术规范》要求进行操作
1.2.34	私拉乱接电线,违章用电	1. 生活用电必须由持证电工接; 2. 禁止烧电炉、电热水器;禁止使用碘钨灯及大灯泡照明; 3. 禁止用电烘烤衣服
1.2.35	离在建工程安全距离不够	1. 搭设安全通道进行封闭管理; 2. 在办公楼、宿舍楼的屋顶斜上方搭设双层防护棚
1.2.41	用其他金属代替熔丝	禁止用其他金属代替熔丝
1.2.42	电工不按规定程序送电	1. 电源应由专业电工操作; 2. 按有关规定程序送电
1.3.1	预制屋面板有裂痕断裂、钢屋架腐蚀生锈	1. 在预制板屋面进行作业前,必须对屋面预制板破损程度及钢屋架的腐蚀生锈程度进行检查; 2. 搭设操作平台
1.3.2	屋顶石棉瓦破损、天窗腐蚀	1. 在石棉瓦屋面进行作业前,必须对屋顶石棉瓦及檩条的破损程度进行检查; 2. 对天窗的腐蚀情况进行检查; 3. 搭设操作平台; 4. 清除破损的石棉瓦及已腐蚀的檩条、天窗框架
1.4.3	人员在被吊物下方停留	被吊物严禁从人上方通过,人员严禁在被吊物下方停留
1.4.6	特种作业人员未持证上岗	信号工及吊装司机必须持证上岗,密切配合
1.4.11	违章作业	1. 吊装时应把吊物捆绑牢固; 2. 信号工及吊装司机必须持证上岗,密切配合; 3. 被吊物严禁从人上方通过,人员严禁在被吊物下方停留; 4. 经常检查吊索具,并且保持安全有效; 5. 遇有 6 级以上强风、大雨、大雾等天气严禁吊物; 6. 严格遵守操作规程,按规定穿戴劳保用品
2.1.1	挖槽、坑、沟深度超过 1.5m 时未按规定放坡或加可靠支撑	1. 应设置人员上下坡道或配爬梯; 2. 按规定放坡并加固支撑
2.1.2	开挖不规范	1. 基坑(沟、槽)开挖时应编制施工组织设计,经批准后实施,施工时严格按批准的施组实施; 2. 槽、坑、沟边 1m 范围内不准堆土、堆料、停放机具
3.2.1	作业不规范	1. 必须编制施工组织设计,并经批准后实施; 2. 选择有资质的队伍施工; 3. 划出警戒线,专人监护
3.3.1	人工挖孔桩无桩机施工方案	制定施工方案

编号	危险因素	应采取的控制措施
3.3.2	防护不规范	1. 施工有规定要求的防护措施，桩孔四周有防护栏杆； 2. 有安全标志、及警示标志
3.3.3	防护不规范	1. 施工有规定要求的防护措施，桩孔四周有防护栏杆； 2. 及时更换已磨损的吊索具； 3. 正确佩戴个人防护用品
3.3.4	井下照明未采用安全电压，并无防水措施	1. 电气设备做到"一机一闸一漏电"； 2. 有漏电开关、保护器
3.3.5	井口未及时封闭	1. 井口四周有防护栏杆； 2. 有安全标志、及警示标志
3.3.7	土方随意堆放	1. 严禁土方随意堆放； 2. 按有关规定进行堆放
3.3.8	电线乱拉乱接、未架空	1. 施工用电做到"一机一闸一漏电"； 2. 有漏电开关、保护器
3.3.9	附壁未按设计施工，混凝土质量达不到设计要求	严格按照设计施工，并做好附壁的防护工作
3.3.10	附壁拆膜过早	严格按照拆膜要求进行施工
3.3.11	地下水未及时抽取或无降水措施	按规定要求进行施工
3.3.12	发现流沙、流泥未及时采取措施，附壁坍塌无防治措施	按照施工安全技术措施要求，做好防护
3.3.13	吊具吊索使用前未进行检查	施工前必须对吊具吊索进行严格检查
3.3.14	上下桩井没有专门设施	按规定要求进行防护
3.3.15	井下人员未戴安全帽	按照施工安全要求做好个人防护
3.3.17	用电不规范	1. 电气设备做到"一机、一箱、一闸、一漏电"； 2. 有漏电开关、保护器
3.3.19	空气不流通	配备有通风换气设备
3.3.20	涌水	设防护、检查
4.1.1	脚手架搭设垂直度超过允许偏差	严格控制在允许偏差之内
4.1.2	未按规定设置剪刀撑	按照规定设置剪刀撑
4.1.3	脚手架无设计计算书	脚手架必须有设计计算书
4.1.4	脚手架搭设未验收	脚手架的搭设必须进行严格验收

编号	危险因素	应采取的控制措施
4.1.6	架子工搭设架子时未按规定穿戴劳动防护用品	1. 操作人员持证上岗，穿戴好个人防护用品； 2. 禁止患有心脏病、高血压、癫痫病等人员进行架子高处作业； 3. 严禁酒后作业； 4. 严禁在架子上嬉戏打闹； 5. 高处作业必须按规范系好安全带； 6. 按规范要求支挂好安全立网、平网，铺好脚手板、挡脚板、搭好护身栏
4.1.8	脚手架搭设落后于施工进度	脚手架的搭设后，必须经过有关人员检查验收签字认定合格后才能投入使用，做到分层搭设、分层验收、分层使用，发现问题及时加固
4.1.9	脚手架未避雷接地或接地不符合要求	严格按照施工用电的要求进行操作
4.1.10	架体上下通道未设置或设置不合要求	按照施工安全技术措施要求，做好防护
4.1.11	脚手架的材质、搭设、扣件螺丝预紧力达不到要求	严禁使用不合格的架料
4.1.12	扣件的质量不符合国家标准的要求	按照国家规定，项目部将不符合要求的扣件及时更换，进场的扣件应具备产品合格证
4.1.13	脚手架基础未平整夯实，无排水措施	基础必须平整夯实，设排水沟，铺设5cm厚、20cm宽的通长木垫板（特殊部位应按照施工方案执行），立杆下垫底座
4.1.14	脚手架底部未按规定垫木和加绑扫地杆	1. 基础必须平整夯实，铺设5cm厚、20cm宽的通长木垫板（特殊部位应按照施工方案执行），立杆下垫底座； 2. 按规范设置扫地杆
4.1.15	架体与建筑物未按规定拉结	架体与结构拉接牢固，水平方向不大于6m，垂直方向不大于4m
4.1.17	未使用密目安全网沿外架子内侧进行封闭	按规范要求进行搭设
4.1.18	安全网有的破损严重或绑扎丝强度不合规范	1. 安排架工操作对安全网破损严重的全部更换； 2. 挂设符合标准的密目安全网； 3. 用符合设计的绑扎丝
4.1.19	脚手架上有探头板、飞跳板	按规范要求支挂好安全网，铺好脚手板、挡脚板
4.1.20	操作面未铺满脚手板，下层未兜设水平接网	1. 按规范要求支挂好安全网，铺好脚手板、挡脚板； 2. 避免交叉作业，如需交叉作业须在下层作业人员上方采取可靠防护措施
4.1.21	操作面未设防护栏杆和挡脚板，或立挂安全网	按规范要求支挂好安全立网、平网，铺好脚手板、挡脚板、搭好护身栏
4.1.22	建筑物顶部的架子未规定高于屋面，高出部分未设防护栏和挂安全网	按照施工安全技术措施要求，做好防护

编号	危险因素	应采取的控制措施
4.1.23	卸料平台未经设计, 用架管随意搭设, 荷载加在外架上	1. 卸料平台必须使用经设计的工具式卸料台; 2. 荷载禁止加在外架上
4.1.25	不按规定拆除脚手架	1. 架子一次性搭设不宜过高; 2. 搭设拆除应交叉进行; 3. 拆除架子应由上而下逐步进行; 4. 施工人员严禁擅自拆除拉结点; 5. 高大架子应按规定采取卸荷措施
4.1.26	拆除脚手架时, 未设警戒	按规范及施工方案进行防护
4.1.27	超规定荷载使用	按设计要求制作架体和组装, 经验收后方可使用
4.1.28	脚手架物料堆放集中或不均匀	脚手架上堆放物料严禁超过规定荷载
5.6.2	电源配置和使用不符合规范要求	1. 机械必须做到"一机一闸一漏电"; 2. 按拆电源应由专业电工操作; 3. 漏电开关等必须灵敏有效; 4. 现场电缆线布设规范; 5. 雨天严禁露天电焊作业
5.6.4	钢筋高处绑扎焊接防护不规范	必须按规范搭设脚手架, 并且脚手架作业面应按规范铺设, 搭设防身栏或挂好安全带等防护措施, 且工人应规范操作, 不要猛拉猛撬
5.6.5	吊运作业不符合吊装作业规范	按有关规定进行吊装
6.1.1	吊运作业不规范	1. 吊装时应捆绑牢固; 2. 信号工及吊装司机必须持证上岗, 密切配合, 严格遵守"十不吊"规定; 3. 被吊物严禁从人上方通过, 人员严禁在被吊物下停留; 4. 经常检查吊索具, 并且保持安全有效; 5. 遇有6级以上强风、大雨、大雾等天气严禁吊物
6.1.2	支、拆模方案不完善及木工人员素质不高	1. 编制搭拆、方案并经公司总工审批, 大型模板支撑必须报安监站备案, 并指派经过培训的人员进行监控, 并做好记录, 设置警戒区; 2. 支拆前对木工、架工进行安全教育、安全技术交底; 3. 装、拆人员严格按操作规程(作业指导书)操作; 4. 派专人对刚度、稳定性进行复核, 支撑完后必须进行验收, 验收合格后方能交付使用
6.1.6	木工棚内未采取防火措施, 未按规定配备消防器材	采取防火措施, 按照规定配置消防器材
6.1.7	明火	1. 严禁烟火; 2. 严禁存放易燃易爆物品; 3. 操作间必须配齐消防器材

编号	危险因素	应采取的控制措施
6.3.7	高处支模防护缺陷	脚手架作业面应采取铺板或平挂安全网等防护措施，且工人应规范操作，勿猛拉猛撬
6.3.9	作业面孔、洞及临边无防护措施	按照施工安全技术措施要求，做好防护
6.3.10	垂直作业面上下无防护措施	按有关规定进行防护
6.4.1	模板支架设计缺陷	模板支架有施工方案，经审批后实施
6.4.2	模板拆除前无混凝土强度报告或强度未达到规定拆除	按有关规定进行施工
6.4.6	拆模作业操作不合规范要求	严格按规范操作，严禁猛撬，硬砸或大面积撬落，拉落，不得留下松动或悬挂模板
7.1.1	搅拌机安装未验收合格使用	搅拌机安装必须经过严格的验收合格后方可使用
7.1.2	搅拌机操作人员不持证上岗	操作人员必须持证上岗
7.3.1	搅拌机输送泵作业、维护清理等违章作业	1. 料斗提升后插好保险销（或挂好安全网）； 2. 停机时应把料斗放下； 3. 停机时要拉闸、断电、上锁； 4. 操作人员必须持证上岗； 5. 使用中严禁把身体任何部位及工具伸入机内； 6. 维修、清理时必须拉闸、断电设专人看护； 7. 经常检查料斗的限位装置确保安全、有效； 8. 搅拌机棚有防雨、防砸、防尘设施
7.3.2	混凝土、砂浆机械搅拌、运输措施不符合要求或机械施工用电不规范	1. 施工机械安装完后进行了验收； 2. 机械做到了"一机一闸一漏电"有漏电开关、保护器； 3. 操作作业人员持证上岗并进行上岗前安全技术再教育； 4. 现场小型运输机械使用前进行了维护检查验收
8.1.2	焊接违章作业、弧光	1. 必须持证上岗； 2. 焊接前必须开动火证，并备好灭火器，设专人看火； 3. 焊接前须清理焊区周边及下方易燃品； 4. 气焊时按规范保持间距
8.1.3	物料提升机架上堆积超载	检查
10.3.2	拌合机械用电不当	1. 电气设备做到"一机一闸一漏电"； 2. 有漏电开关、保护器
11.1.1	捆绑不牢	1. 吊装作业有具体的施工操作规程：装卸时应把吊物捆绑牢靠； 2. 施工作业区应设有警戒线并有防护措施； 3. 施工作业有安全检查制度并按期进行检查吊、索具，保持其安全有效； 4. 严格遵守安全操作规程操作，人员按规定配备安全防护用品

编号	危险因素	应采取的控制措施
11.2.1	易燃物过近、施工防护不当，施工器具防护缺陷	1. 施工按照操作规程要求进行施工作业，清理下料现场易燃易爆物品； 2. 氧气瓶、乙炔瓶按规定放置； 3. 有施工用气瓶使用和存放的具体要求：气瓶放置间距小于5m 距明火间距小于10m 施工有防护、隔离措施； 4. 严格按气焊（割）工安全操作办法执行
11.4.1	钢结构焊接区有易燃品	1. 施工人员必须培训合格，持证上岗； 2. 穿戴好个人安全防护用品； 3. 操作人员严格按安全技术操作规程操作； 4. 保证施工区域通风良好； 5. 焊接前须清理焊区周边及下方易燃品
11.4.2	钢结构拼装时掉物	1. 吊装时应把吊物绑牢固； 2. 信号工及吊装司机必须持证上岗，密切配合，严格遵守"十不吊"规定； 3. 被吊物严禁从人上方通过，人员严禁在被吊物下方停留
11.4.3	钢结构吊装时失稳	1. 吊装时应捆绑牢固； 2. 信号工及吊装司机必须持证上岗，密切配合，严格遵守"十不吊"规定； 3. 被吊物严禁从人上方通过，人员严禁在被吊物下停留； 4. 经常检查吊索具，并且保持安全有效； 5. 遇有6级以上强风、大雨、大雾等天气严禁吊物
11.5.1	明火	1. 油品远离明火； 2. 按规定穿戴劳动防护用品
12.1.1	违章作业防护缺陷	1. 屋面临边、孔洞防护有效齐全； 2. 在轻型屋面上作业时严禁踩踏，危险部位系好安全带； 3. 在屋面的周边、孔洞附近严禁堆放物料； 4. 作业后及时清理屋面
12.1.2	用电不规范	1. 机械设备必须做到"一机一闸一漏电"； 2. 接、拆电源应由专业电工操作； 3. 漏电开关等必须灵敏有效； 4. 现场电缆布设规范； 5. 机械设备不得带病运转
12.1.3	明火	1. 防水施工中划出施工区域、严禁烟火； 2. 易燃物品设专人保管； 3. 现场必须配齐适宜消防器材
13.1.1	明火	1. 防水施工中划出施工区域、严禁烟火； 2. 易燃物品设专人保管； 3. 现场必须配齐适宜消防器材
13.9.2	操作架防护缺陷	1. 按规范搭设操作架； 2. 操作层上部设密封防护下部设平网一道

编号	危险因素	应采取的控制措施
14.5.1	捆绑不牢	1. 装卸时应把吊物捆绑牢靠; 2. 严禁员工从吊物下方通过; 3. 经常检查吊、索具,保持其安全有效; 4. 操作人员按规定穿用劳动防护鞋、帽、手套等; 5. 严格遵守安全操作规程
14.6.1	焊接作业不规范,紫外线、电危害、粉尘重金属烟尘	1. 施工人员必须培训合格,持证上岗; 2. 穿戴好安全有效的防毒、防尘及防灼烫的个人安全防护用品; 3. 操作人员严格按安全技术操作规程操作; 4. 保证施工区域通风良好; 5. 操作人员操作时应保持安全距离; 6. 轮流进行作业; 7. 定期体检; 8. 制定行之有效的安全技术措施,并检查落实; 9. 焊接前必须开动火证,并备好灭火器材,设专人看火监护; 10. 焊接前须清理焊区周边及下方易燃品
14.7.1	信号不明、指挥操作失误	1. 起重设备有足够的工作场地、臂杆起落及回转半径内无障碍物; 2. 制定并检查落实安全技术措施; 3. 起重工及吊装司机必须持证上岗,严格执行"十不吊"规定; 4. 信号不清或错误时,操作人员有权拒绝执行; 5. 操作人员严格按安全技术操作规程操作,作业时密切配合,协调一致; 6. 被吊物严禁从人员上方通过,人员不得在被吊物下停留; 7. 起吊前应检查吊车性能、安全装置是否有效; 8. 起重机严禁带病作业
14.9.1	明火	1. 施工中划出施工区域,严禁烟火; 2. 现场材料堆放不得超过安全防火要求; 3. 现场必须配齐消防器材
16.8.1	作业不规范	挂警示牌,工作有专人监护
17.1.1	明火	采取屏障,隔离。附近必须配备合适的灭火器具。仓库严禁烟火
17.6.1	易燃物过近、机械工作部分的削、锯、击、砸、轧等的伤害	1. 清理下料现场易燃易爆物品; 2. 氧气瓶、乙炔瓶按规定放置; 3. 戴防护品; 4. 严格按安全操作办法执行
18.2.2	塔吊安装垂直度超过允许偏差范围	1. 选用有资质的安装企业; 2. 作业人员持证上岗; 3. 严格按操作规程操作
18.2.5	违章加节顶升	1. 选用有资质的安装企业; 2. 作业人员持证上岗; 3. 严格按操作规程操作

编号	危险因素	应采取的控制措施
18.2.6	塔吊安检不合格，安拆队伍无资质，附臂不合规范	1. 塔吊需经安检合格； 2. 安拆必须选用有相应资质的队伍； 3. 附臂件必须按规范制作安装
18.2.9	机械缺陷、信号不明	1. 安装、顶升、拆卸按照原出厂规定执行并制定安全措施； 2. 作业前进行检查和启动； 3. 严格按塔吊安全操作规程操作； 4. 作业后塔吊顺风向停放松回转制动器； 5. 切断电源，打开高空指示灯； 6. 上塔必须佩带安全带
18.3.1	安装、拆除、使用过程不规范	1. 编制安、拆方案，并经公司总工师审批； 2. 对安装人员进行安全教育和安全交底，安装人员必须持证上岗，安装人员严格按照操作规程操作； 3. 定期做好维修、保养，安、拆过程指派经过培训的人员进行监控，并做好记录； 4. 设置警戒区； 5. 安装完毕后检验合格后挂牌使用
18.4.1	信号不明、指挥操作失误	1. 起重机有足够的工作场地、臂杆起落及回转半径内无障碍物； 2. 制定并检查落实安全技术措施； 3. 起重工及吊装司机必须持证上岗，严格执行"十不吊"规定； 4. 信号不清或错误时，操作人员有权拒绝执行； 5. 操作人员严格按安全技术操作规程操作，作业时密切配合，协调一致； 6. 被吊物严禁从人员上方通过，人员不得在被吊物下停留； 7. 起吊前应检查吊车性能、安全装置是否有效； 8. 起重机严禁带病作业
18.7.1	操作、保管、运输缺陷	1. 氧气瓶、乙炔、氢气瓶应分别放在专用的仓库内，并保持干燥、通风、阴凉，避免阳光暴晒； 2. 使用中氧气瓶、乙炔、氢气瓶应保持5m以上的安全距离，立放时，应有防倾倒措施； 3. 电、气焊作业周围严禁存放易燃易爆品，并且应处于通风良好处； 4. 氧气瓶、乙炔、氢气瓶等严禁同车装运，严禁与易燃易爆品混装； 5. 气瓶装车时，应头朝一侧，并固定可靠，捆绑牢固，装卸轻拿慢放，严禁滚动抛掷； 6. 卸车现场配备合格适宜的消防器材； 7. 操作人员应培训合格，持证上岗
21.3.1	配电不符合要求、未设警示灯	按要求设置配电线路，在工地配电禁入区、夜间施工危险区域设红灯警示
22.1.1	仓库不符合要求	存放气瓶及消防器材的仓库符合防火防爆要求
22.2.1	明火、烟火	1. 严禁烟火； 2. 做好安全检查

编号	危险因素	应采取的控制措施
23.1.1	防护不当	1. 按规定要求对 1.5m×1.5m 以下的孔洞加设盖板防护； 2. 按规定要求对 1.5m×1.5m 以上的孔洞周边、楼层周边、楼梯口段边、通道及斜道的两侧边、阳台、斜台和挑平台的周边加设护身栏及挂安全网； 3. 按规定要求在电梯井口设置不低于 1.2m 的工具式防护门，井门按规定支挂水平网，及时清除网内的杂物； 4. 施工人员不得擅自拆除防护设施； 5. 结构及孔洞周边不得存放杂物； 6. 按规定要求在进料口、出入口等处搭设防护棚； 7. 及时清除水平网内杂物； 8. 施工人员不得从开敞的洞口下方走过、停留； 9. 高处作业按要求系好安全带
25.2.1	机械倾覆	1. 加强作业人员的安全教育； 2. 严格按操作规程操作
27.2.1	明火、照明线路不良等	1. 仓库内严禁明火； 2. 不准在仓库内抽烟； 3. 配备适量的灭火器材
27.4.1	食堂、招待所	1. 严格执行易燃易爆物品的管理制度； 2. 工作人员提高责任心； 3. 严格执行液化气安全操作规程； 4. 配备足量的灭火器材
27.7.1	明火	1. 动火前必须有动火许可证； 2. 动火时有监护人； 3. 配足必要的消防灭火器材

第12章　高层住宅建设项目成本风险管理

该项目的基本信息参见第 2 章的案例。

针对该建设项目特点，结合承包公司的风险管理策划，本章着重阐述承包商在该建设项目成本风险管理中的风险识别及风险分析的过程与方法。

12.1　风险识别

工程成本风险在一定的时间、地点、人群中发生，以工程成本风险事件为表现形式，以工程成本损失或偏差为结果。工程成本风险在一定的环境下发生，并反过来影响环境构成形态，包含环境的行为主体、客体、活动和事件。这些环境构成要素既有表面的和现在的，也有潜在的和未来的。既有简单线性关系，也有多元的、错综复杂的关联。既有偶然的，也有必然的因果关系。环境实质是一束"关系体"，风险就隐藏于关系体的运行中。工程成本风险可以按损失程度或者发生的原因分类，但无论哪种风险，对发生概率和风险损失值的管理就形成工程成本风险管理的主要内容。

工程成本风险是人、事件、活动和环境相结合的产物，管理工程成本风险首要的步骤是系统地、连续地识别和评估风险领域，确定风险的来源和产生条件。工程成本风险识别不是一次就可以完成的事，应自始至终地定期开展。

工程成本风险包括静态工程成本风险和动态工程成本风险两种。前者是自然的不规则作用和行为能力人的错误判断和错误行为导致的工程成本风险；后者是由于人们欲望的变化、生产方式和生产技术的变化以及企业组织的变化导致的工程成本风险。工程成本风险分析与管理作为工程成本风险管理的两个阶段，风险分析还应包括风险识别、风险估计、风险评价三个环节，而此三个环节所涵盖的工作重点紧密联系、前后一体。如图 12-1 所示。其中，工程成本风险识别包括风险因素和影响风险因素的事件（活动）分析（见图 12-2）。

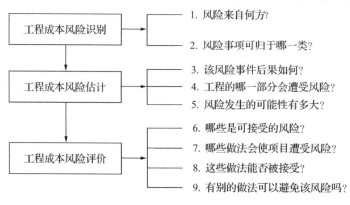

图 12-1　工程成本风险分析核心内容

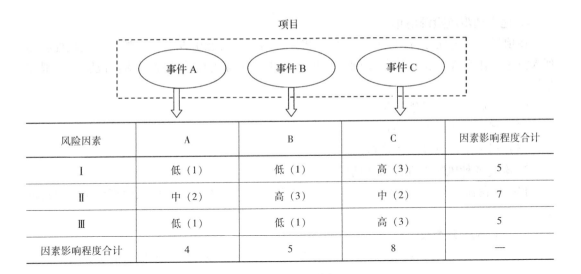

图 12-2　工程成本风险因素分析

工程成本风险识别的主要任务是分析哪些风险应当考虑，引起这些风险的主要因素是什么，这些因素引起的后果严重程度如何。只有识别风险，才能对其进行评价、度量、决策及管理。风险识别技术是建立在风险识别原则的基础上，依靠风险特点和风险管理团队的经验而建立的。

识别风险的过程包括对所有可能的风险事件来源和结果进行客观的调查分析，最后形成项目风险清单，具体可将其分为 5 个环节，如图 12-3 所示。

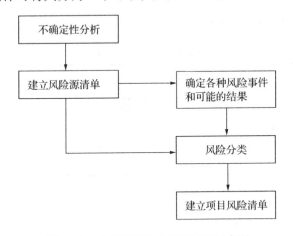

图 12-3　建设项目风险识别过程示意图

1. 工程项目不确定性分析

影响工程项目的因素很多，其许多是不确定的。风险管理首先是要对这些不确定因素进行分析，识别其中有哪些不确定因素会使工程项目发生风险，分析潜在损失的类型或危险的类型。

2. 建立初步风险源清单

在项目不确定性分析的基础上，将不确定因素及其可能引发的损失类型或危险性类型列入清单，作为进一步分析的基础。对每一种风险来源均要作文字说明。说明中一般要包括：

（1）风险事件的可能后果；

（2）风险发生时间的估计；

（3）风险事件预期发生次数的估计。

3. 确定各种风险事件和潜在结果

根据风险源清单中各风险源，推测可能发生的风险事件以及相应风险事件可能出现的损失。

4. 进行风险分类或分组

根据工程项目的特点，按风险的性质和可能的结果及彼此间可能发生的关系对风险进行分类。在工程项目的实施阶段，其风险可作如表 12-1 所示分类。

对风险进行分类的目的在于：一方面是为加深对风险的认识和理解；另一方面是为了进一步识别风险的性质，从而有助于制定风险管理的目标和措施。

5. 建立工程项目风险清单

按工程项目风险的大小或轻重缓急，将风险事件列成清单，不仅给人们展示出工程项目面临总体风险的情况，而且能把全体项目管理人员统一起来，使个人不仅考虑到自己管理范围内所面临的风险，而且也使其了解到其他管理人员所面临的风险以及风险之间的联系和可能的连锁反应。工程项目风险清单的编制一般应在风险分类分组的基础上进行，并对风险事件的来源、发生时间、发生的后果和预期发生的次数作出说明。

项目部根据项目具体情况，确定出该工程面临的影响成本的风险因素。

项目风险因素分析表　　　　　　　　　　　　　　　　　　　　表 12-1

风险类别	风 险 因 素
项目组织实施风险类	（1）市政府建设局对工程干预过多，项目实施自主权小； （2）主合同条款缺陷； （3）材料供应商及设备供应商履约力度不够； （4）监理工程师带来的不确定风险
经济环境风险	（1）宏观经济形势不利； （2）工程投资环境包括硬环境（如交通、通讯等条件）和软环境（如武汉市地方政府对工程的开发建设的态度等）； （3）市场物价不正常上涨，如建筑材料价格极不稳定，尤其是钢材价格涨幅过大； （4）通货膨胀幅度过大； （5）基础设施落后。如施工电力供应困难、对外交通条件差等； （6）资金筹措困难等
自然风险	（1）自然条件风险，临江太近，地下水压力过大等； （2）气候条件风险，施工期跨越长江汛期； （3）现场条件风险，施工用水用电供应不稳定，工程地质条件差； （4）地理位置不利，工程地点离长江太近，并且存在交通不利问题

风险类别	风险因素
决策错误风险	（1）信息取舍失误或信息失真的风险。因信息的失真，其决策失误的可能性很大； （2）中介与代理的风险。中介人通常不让交易双方直接见面。选择不当的代理人或代理协议不当可能给承包商造成较大损失； （3）报价失误的风险。报价过低，则又面临着利润低，甚至亏本的风险
缔约和履约的风险	（1）合同条件不平等或存在对承包商不利的缺陷。如不平等条款，合同中定义不准确，条款遗漏或合同条款对工程条件的描述和实际情况差距很大； （2）施工管理技术不熟悉。例如：承包商不掌握施工网络计划新技术，对工程进度心中无数，不能保证整个工程的进度； （3）合同管理不善。合同管理是承包商赢得利润的关键手段，承包商要利用合同条款保护自己，扩大收益。若做到这一点，则势必存在较大的风险； （4）资源组织和管理不当。这里的资源包括劳动力、建筑材料和施工机械等，对承包商而言合理组织资源供应，是保证施工顺利进行的条件，若资源组织和管理不当，就存在着遭受重大损失的可能； （5）成本和财务管理失控。承包商施工成本失控的原因是多方面的，包括报价过低或费用估算失误、工程规模过大和内容过于复杂、技术难度大、当地基础设施落后、劳务素质差和劳务费过高、材料短缺或供货延误等。财务管理风险更大，一旦失控，常会给公司造成巨大经济损失

12.2　风险分析

由于种种影响工程实施的客观条件和主观因素，包括工程设计、施工材料、设备、地质条件、定额费用标准、人工工资费用等在内的众多变化，工程成本具有很强的不确定性和风险发生的随机性。

工程成本风险管理就是要让工程建设参与方在建设过程中清楚地知道成本可能的变化范围以及相应的发生概率，确保实现工程成本的总目标。

工程成本风险管理是一个连续的、动态的环线，其风险的识别、估计、控制及报告发生于工程建设全过程。为完成项目建设，必须通过工程成本的风险识别来拟定相应"计划"，通过工程成本的风险估计来"执行"（比如估测风险的影响），通过工程成本的风险控制来"监督"（对风险的影响加以管理），最后通过对已采取的控制措施进行管理来"采取行动"。

工程成本的影响因素涉及方方面面，包括技术、经济、法律、管理等内容。图 12-4列举了影响工程成本的因素、子因素及其相关性，其中，"－"表示影响因素与被影响因素间呈反向关系，"＋"则为正向关系。工程成本风险因素显著地影响建设项目工程费用，直接关系到项目投资经济效益。工程成本风险分析与管理应分析风险因素，将风险活动、风险事件作为管理着力点。

建设工程项目成本风险分析与管理的动态过程。

1. 工程成本风险分析动态过程

工程成本风险分析是在风险识别的基础上，估量工程管理过程中的风险事件发生概率以及损失程度。工程成本风险分析的出发点是揭示所观察到的工程成本风险的原因、影响和程度，并提出和考察备选方案，供风险管理决策参考。

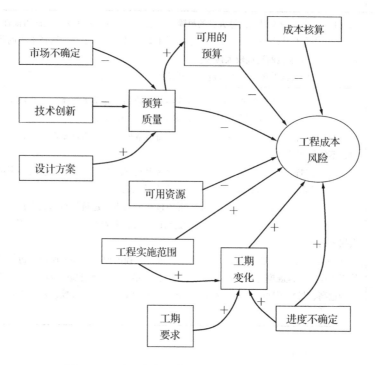

图 12-4　项目成本风险影响因素作用方式示意图

工程成本风险分析注意事项多，但应特别注重以下两方面内容。

（1）风险分析应从风险管理者的风险偏好出发。不同风险偏好对风险分析范围和分析力度不相同。如图 12-5 所示的三条不同风险偏好的曲线，风险回避者对风险更为敏感，对风险分析更为谨慎；风险积极者往往乐于挑战风险而漠视风险分析环节。

（2）风险分析应注意从活动、事件和心理出发，依靠技术和经验，如图 12-6 所示的是风险分析的对象和风险分析的过程，既有风险的表面载体，也有风险的实质形态，是值得工程成本风险分析者深入研究、不断丰富。

基于上述分析，图 12-6 的活动流程图可用于动态地分析工程成本风险，并由此作为计算机编程的依据，发展工程风险分析智能化。

工程成本风险动态分析方法是识别工程成本风险、规避风险、寻求降低或减少风险对工程质量、工期等损失的有效途径，是建设项目能否成功的关键。运用工程成本风险动态分析方法，有助于全面地识别、估量工程成本风险，为下一步的风险管理提供足够的决策支持。

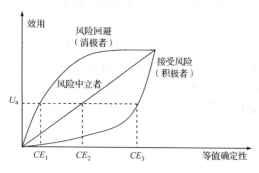

图 12-5　风险效用曲线图

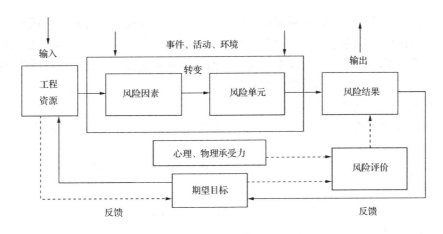

图 12-6　风险分析过程示意图

2. 工程成本风险管理动态过程

风险管理策略主要包括风险自我消化和风险转移两种。建立在工程成本风险充分分析基础上的工程成本风险管理只属于最能评估和最能控制风险，最有能力承担与工程成本风险相关的费用和能从承担工程成本风险中获益的建设参与方。实践证明，很多工程成本风险并不总是需要分摊，而是可以共同承担；每一风险都有相关的不可避免的损失，但必须考虑是否在策划、设计、招标投标和施工过程中将损失有效地消化或转移。

图 12-7 为工程成本风险管理的动态模型，其中，项目实体是成本风险的附着体，通过实体抽象、模拟，达到工程阶段性描述，推进风险识别和风险归类。工程成本风险管理动态模型包括定性的分析（图 12-7 的上半部分）和定量的分析（图 12-7 的下半部分）。定性分析依托风险识别技术、评估技术和归类技术；定量分析需要建立定量分析模型，对风险大小进行模型演算。

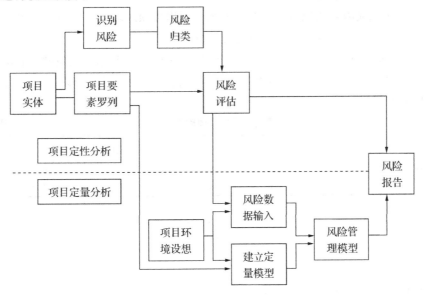

图 12-7　工程成本风险分析管理动态模型

建设项目具有投资大、建设周期长、技术要求复杂、涉及面广等特点，因此，工程成本管理成为一种高风险的行业。风险管理有风险回避、风险分担、风险多元化、风险预备金和风险转移等手段。对于工程成本风险管理而言，重要途径之一就是推行风险分担。

风险分担有三个标准，即风险分担的适用价值（α）、接受风险的价格（β）和感觉到的风险的大小（γ），具体为：

（1）风险分担的适用价值（α）；$\alpha = f$（承担该风险的财务能力，承担项目的技术能力，管理能力）；

（2）接受风险的价格（β）；$\beta = f$（项目的竞争性，接受风险的激励，财务状况，风险管理能力）；

（3）感知的风险大小（γ）；$\gamma = f$（发生概率，预期结果，风险态度）；

（4）不确定性的大小 $= f$（信息准确程度，信息源，分析者的能力，……）；

（5）可能的后果 $= f$（信息的准确性，运用的技术，分析者的能力，……）；

（6）风险态度 $= f$（性格，风险背景，激励机制，经验，期望值，……）。

12.3 风险评价

该建设项目成本风险评价所采用的方法有调查和专家打分法（Checklist）。

调查和专家打分法是一种最常用的、最简单的、易于应用的分析方法。它的应用由两步组成：首先，识别出某一种特定工程项目可能遇到的所有风险，列出风险调查表（Checklist）；其次，利用专家经验，对可能的风险因素的重要性进行评价，综合成整个项目风险，具体步骤如下：

（1）确定每个风险因素的权重；以表征其对项目风险的影响程度；

（2）确定每个风险因素的等级值，按可能性很大、比较大、中等、不大、较小这五个等级，分别以 1.0、0.8、0.6、0.4 和 0.2 打分。

（3）将每个风险因素的权数与等级值相乘，求出该项风险因素的得分，再求出此工程项目风险因素的总分。显然，总分越高说明风险越大。

如表 12-2 所示为建设项目成本风险调查表，其中，$W \times X$ 称为风险度，表示一个项目的风险程度。由 $W \times X = 0.56$，说明该项目的风险属于中等水平，可以投标，报价时风险费也可取中等水平。

建设项目成本风险调查表

表 12-2

可能发生的风险因素	权数（W）	风险因素发生的可能性					$W \times X$
		很大 1.0	比较大 0.8	中等 0.6	不大 0.4	较小 0.2	
市场不稳	0.05			√			0.03
物价上涨	0.15		√				0.12
业主支付能力	0.10			√			0.06
技术难度	0.20					√	0.04

可能发生的风险因素	权数（W）	风险因素发生的可能性					$W \times X$
		很大 1.0	比较大 0.8	中等 0.6	不大 0.4	较小 0.2	
工期紧迫	0.15			√			0.09
材料供应	0.15		√				0.12
汇率浮动	0.10			√			0.06
无后续项目	0.10				√		0.04

为进一步规范这种方法，可根据以下标准对专家评分的权威性确定一个权重值。

（1）在国内外工程承包工作的经验；

（2）是否参加已投标准备，对本项目情况的了解程度；

（3）知识领域（单一学科或综合性多学科）；

（4）在投标项目风险分析讨论会上发言的水平等。

该权威性的取值建议在 0.5～1.0 之间，1.0 代表专家的最高水平，其他专家，取值可相应减少，投标项目最后的风险度值为：每位专家评定的风险度乘以各自的权威性的权重值，所得之积合计后再除以全部专家权威性的权重值之和。

12.4 风险控制

建设项目风险控制策略包括所有为避免或减少风险发生的可能性以及潜在损失而采取的各种措施。

1. 强化合同意识

加强合同管理首先应树立合同意识，不管是项目的决策层、执行层，还是合同管理人员都要重视合同，认真学习相关的法律和法规，以避免在施工过程中因考虑不周全、条款斟酌不仔细，而造成经济损失。其次，实行合同会签制度，合同签订后，认真进行交底，施工人员特别是现场施工管理人员应认真学习合同，明确合同规定的施工范围及甲乙双方的责任、权利和义务。

2. 加强内部控制

通过定期进行的经济活动分析，项目部可以全面地了解到成本控制情况，对于成本控制较好的方面，总结经验继续保持，对于成本超支的项目，要进行分析以寻求新的降低成本的途径。

为了保证分析数据的真实性、准确性，项目针对可能存在的问题予以明确。

在工程开工之初提前将要分析的节点进行规划，使各部门在平时工作的过程中就提前做好准备，可以有效地避免将来分析时无法统一口径的弊端。本工程地下室部分将分为以下几个节点：临建、基坑（土方、桩基及支护）、地下室主体结构。

明确各岗位成本管理的职责：成本控制不仅仅是项目经理和预算员的事情，还需要财务、材料、动力、工长、质量、安全、后勤等各部门的共同配合，因此，建立成本管理岗位职责显得十分必要，并制定相应的奖罚措施，做到节约不分大小、控制成本人人有责。

明确成本控制目标：根据以往的经验对组成工程实体的直接费制定一些控制目标，作为施工过程中奋斗的方向。如表12-3所示，地下室部分成本控制目标计划表。

地下室部分成本控制目标计划 表12-3

序号	项目内容	达到目的	事　由	采取措施	责任人	
					签认	结算
1	土方工程量	准确计算土方量	原投标无自然地面标高	现场测量土方方格网，监理业主签认		
2	土方外运	准确计算外运土方量	部分土方外运	做好原始记录，监理业主签认		
3	土方回填	准确计算外购土方量	部分土方外购	做好原始记录，监理业主签认		
4	基坑支护	调整清单单价	基坑深度有变化	原投标单价较低，以基坑深度加深为由，找业主重新签认单价		
5	基坑支护工程量计算	按最大面积计算	工程量计算规则有争议	清单计量原则为"基坑围护之立面面积"是垂直投影面积还是剖面展开面积？施工过程中所有支护报价均按剖面展开面积，结算时力争不轻易让步		
6	人防门战时封堵	签认综合单价	清单缺项	先分包招标，费用明确后，再酌情报业主签认综合单价		
7	防火卷帘门	签认综合单价	清单缺项	先分包招标，费用明确后，再酌情报业主签认综合单价		
8	混凝土掺聚合物微纤维	签认综合单价	清单缺项	市场询材料价格，报业主签认综合单价		
9	HEA防裂剂	签认综合单价	清单缺项	市场询材料价格，报业主签认综合单价		
10	后浇带钢板网	签认综合单价	清单缺项	先分包招标，费用明确后，再酌情报业主签认综合单价		
11	后浇带施工增加费	签认综合单价	投标图未明确	依据实际发生测算，报业主签认综合单价		
12	施工缝橡胶止水条	签认综合单价	清单缺项	市场询材料价格，报业主签认综合单价		
13	破桩头	签认综合单价和工程量	投标高度与实际有较大差别	做好原始记录，监理业主签认		
14	防水保护层聚苯泡沫板	签认综合单价	清单缺项	先分包招标，费用明确后，再酌情报业主签认综合单价		
15	防水保护层聚乙烯薄膜	签认综合单价	清单缺项	先分包招标，费用明确后，再酌情报业主签认综合单价		

对现场各个环节加强控制并明确指标。如：

（1）人工费方面：减少文明施工的费用，实行扩大劳务分包的工程计时工费控制在人工费总额的 3% 内，专项工程劳务分包的计时工要控制在人工费总额的 6% 内。主材的控制指标：钢筋制作废品率不得高于钢筋料表数的 1.5%，商品混凝土按图纸数量扣除钢筋体积后控制，其他主材的损耗率不得超过消耗量定额损耗率的 70%。

（2）机械费方面：提高机械的利用率，减少机械闲置，合理地安排塔吊及施工电梯的租赁时间，在不影响工程进度的前提下缩短租赁时间。另外还要加强管理，规范合同工作内容，减少因返工发生的人工费支出，同时对上一工序留下的工程质量问题需下一工序修复的费用，在结算时从上一工序扣除，避免因工程质量、工作内容的变更引发重复结算。

（3）材料费方面：采取"量价分离"的原则，大宗材料的采购价通过公司招标确定，实行限额领料，通过限额领料，与施工班组签订材料节超奖罚合同进行量的控制。

分析现场施工各个环节的特点，在保证质量、安全等的前提下，对方案和具体做法进行优化，合理减少成本投入。例如：

（1）项目使用的钢板网、电梯安全门和部分安全网、电线电缆、对拉螺杆，从其他项目调拨旧材料周转使用。

（2）在外架形式选择时，经过费用、安全性能、使用方便程度等多方面比较，最终选择外提升架，其在费用上比使用外悬挑脚手架节省投入 20 万元。安全性能和使用方便性也较高。

（3）本工程钢筋包干单价是含材料、人工、机械及连接等所有内容，而钢筋连接形式一般有价格较高的直螺纹和价格较低的电渣焊两种。本工程 2 号楼全部为三级钢，设计单位不同意使用电渣焊，在这种情况下项目部准备尝试采取非常规做法，将竖向主筋两层一接（即层高为 3m、而下料长度为 6m），从而力求减少接头个数来降低成本投入，若此举能操作成功，则可减少投入近 30 万元。

3. 加大二次经营力度

"中标靠低价，赚钱靠索赔"。这充分反映了索赔工作在施工管理过程中的重要作用。做好索赔工作，就可为施工企业争取到应得的利益，获取更大的利润。所以，施工企业必须重视并做好索赔工作。

寻求变化是化解风险的有效途径。例如：本工程基坑支护是投标内容中的典型高额亏损项，按投标单价及原方案测算，项目此一项亏损额至少为 140 万元。在开工之初项目就一直在思考寻求化解的办法。后来因前期桩基施工难度导致业主提交工作面大大滞后于原合同时间，按原计划本可在汛期来临之前完成 2 号楼地下室施工，而此时面临跨汛期施工的问题，否则会将地下室施工延至 9 月以后。这时承建商便充分抓住业主希望尽早施工的心理，以加快进度为由，提出修改支护方案，并得到了业主认可，此举至少可以将亏损额进行化解。

再如：直螺纹及电渣压力焊在投标总价中包含在钢筋单价内不另计算，而图纸设计上要求用直螺纹，承建商方应在符合规范要求的前提下积极与设计院沟通，通过图纸会审将 1 号楼 +0.00 以上改为成本较低的电渣焊，仅此一项就降低成本约 10 万元。

抓住机遇做好签证工作。由于业主是房地产开发性质，所以进度是其非常关注的因素，在地下室施工阶段，由于土质情况与地质报告出入较大，所以施工起来难度增加不少，另由于1号、2号楼施工顺序因业主原因而发生变化，导致现场出现一些非常规施工过程，如先施工浅坑区域、后施工深坑区域等，针对这些变化，项目均认真研究分析，以此为基础加大签证力度，在支护、土方等方面办理多份签证。

4. 提前做好结算规划工作

尽管在开工伊始谈论结算工作感觉为时过早，但提早规划、提前沟通是有益无害的，最重要的是要加强与业主造价管理人员的接触与沟通，对此本部门将通过平时的工作关系，取得业主的信任，虽说本工程的合同及单价都已签订，但工程量是预结算承建商必须引起足够的重视。另外承建商和七局在同一个时段施工，必要时承建商应在私下组成联合体，共同去向业主争取，以缓解合同带来的风险。

清单报价及 FIDIC 条款与以往承建商熟悉的定额及国内合同有很多不同，我项目管理人员也是首次接触，因此很多想法还不成熟，需待日后逐步完善，以后项目部将加强学习，向做得好的兄弟项目取经，以便更好地为施工生产和项目成本控制服务，为公司的发展作出应有的贡献。

第13章 城市广场国际时尚体现 MALL 项目风险管理

13.1 项目风险编制依据和风险的识别

13.1.1 工程概况

项目概况如表 13-1 所示。

城市广场国际时尚体现 MALL 项目工程概况 表 13-1

建设单位：某置业发展有限公司							
设计单位：略				监理单位：略			
结构	框架	建筑面积	565133.17m²	建筑物高度（地上/地下）	23m（商业）45m（高层）	层数（地上/地上）	4/1 12/1 13/1
基础类型	独立基础筏板基础						

总包合同范围：

（1）土建工程：包括部分土方工程、基础工程、地下室、防水及上部主体工程；降水工程和支护工程若现场发生时按实际计取；

（2）装饰工程：室内外装饰工程按图纸及发包人要求施工；

（3）安装工程：包括电气工程（从低压配电柜之后的电气工程），室内给排水工程及室外雨污水，消防、空调、弱电管线预理工程，总包合同范围的其他说明见表 13-2。

总包合同范围的其他说明 表 13-2

合同范围内精装修：无	
墙　　体：图纸未到，不明确	门　　窗：塑钢门窗、铝合金门窗
屋面（保温、防水）：图纸未到，不明确	特殊材料：图纸未到，不明确
工　　期：开（竣）工日期 2006.11.28～2008.04.09 承包范围内总工期：489 天	质量标准：合格
工程结算方式：合同总价包干＋变更＋签证	
材料价差的处理方式：按青岛市材料信息价第 8 期执行	
合同价款的确定原则：在工程施工图交付承包人后 50 天，承包人应按合同约定的计价方式计算出合同总价，并报发包人确认。发包人确认合同总价后 7 日内，双方就合同价款另行签订固定总价的补充协议	
工程变更、现场签证的调价原则：人工、材料、机械执行投标时的价格，并按投标时的优惠比例调整合同造价	

211

多数建设项目在进度和成本上，是最容易出现问题的两个方面。多数项目实践表明出现这两方面问题的原因，在于风险辨识工作的缺乏。因此，青岛宝龙城市广场国际时尚体现 MALL 项目在风险管理方面，重点工作放在了风险辨识方面，在此基础上，给出了风险应对策略。

13.1.2 风险管理工作的依据

（1）工程合同及相关资料

具体项目为：

1）工程合同协议书；补充合同；

2）工程合同专用条款；

3）工程合同通用条款；

4）中标通知书；

5）来往信函、承诺书及双方盖章确认的会议纪要

6）招标文件及答疑纪要、图纸（设计变更及图纸会审纪要）

7）工程建设标准强制性条文；

8）标准、规范及有关技术文件；

9）投标文件；

10）其他相关资料。

（2）相关的法律、法规

1）《中华人民共和国合同法》；

2）《中华人民共和国招标投标法》；

3）《中华人民共和国建筑法》；

4）《建设工程质量管理条例》；

5）《最高人民法院关于审理建设工程施工合同纠纷案件适用法律问题的解释》；

6）《建筑工程施工许可管理办法》；

7）《建设工程安全生产管理条例》；

8）《安全生产许可证条例》；

9）《建筑施工企业安全生产许可证管理规定》；

10）《工程建设项目施工招标投标办法》；

11）《建设工程价款结算暂行办法》；

12）《建筑业企业资质管理规定》。

13.1.3 项目风险管理组织机构

项目风险管理组织机构如表 13-3 所示。

由表 13-3 可以看出，该项目风险管理机构由项目经理领导，参与人员涉及项目部所有职能部门，人员具有很好的代表性，同时还规定了组织成员的工作内容。

项目风险管理还明确了组织及组织成员的风险管理工作职责。具体内容如下：

（1）公司经营部门职责

公司（分公司）经营部门是项目风险管理的主管部门，负责指导和检查；技术、工

程、质量、安全、材料设备等部门根据主管业务进行范围协办。

项目风险管理组织机构表 表 13-3

序号	姓名	职 务	风险管理的工作内容
1	—	项目经理	组织项目相关管理部门或人员对项目风险管理进行策划
2	—	项目执行经理	识别与项目整体策划、项目外部环境有关的风险因素，组织项目各专业人员对项目识别的风险因素进行评审，确定项目重点控制风险因素和控制对策。组织项目执行并检查、调整，使项目风险控制处于可控状态，根据项目进展情况，适时组织项目管理人员对项目风险管理进行评估，形成风险评估报告
3	—	项目总工程师	识别与工程技术有关的风险因素，制定技术风险因素的控制措施，参与项目风险因素和风险控制措施的评审工作
4	—	项目商务经理	负责项目经理部项目风险管理的日常管理工作；识别与造价有关的风险因素，编制造价初始风险清单及造价类风险对策汇总表
5	—	项目副经理	识别与工程材料、周转架料管理的风险因素，编制材料类风险对策汇总表
6	—	财务总监	识别与工程资金管理的风险因素，编制资金风险对策汇总表
7	—	项目副经理	识别与项目现场施工（地质变化、工期、质量、环境）有关的风险因素，编制施工管理风险对策汇总表
8	—	人力资源部负责人	识别与人力资源管理有关的风险因素，编制人力资源风险对策汇总表
9	—	项目经理、副经理、工长等	识别与工程分包管理的风险因素，编制工程分包管理风险对策汇总表
10	—	项目法律顾问	就工程项目管理从合同法律风险防范角度提供法律专业意见和建议

（2）公司相关部门职责

公司（分公司）相关部门负责业务范围内的指导监督和检查项目风险管理的控制效果，并提出纠正措施。

（3）项目经理职责

1）组织项目相关管理部门或人员对项目风险管理进行策划，大型、特大型工程较复杂的项目，由分公司经营部和其他业务部门共同参与项目风险预测与管理策划书的编制工作；

2）识别与项目整体策划、项目外部环境有关的风险因素；组织项目各专业人员对项目识别的风险因素进行评审，确定项目重点控制风险因素和控制对策；

3）方案编制成册后，组织项目执行并检查、调整，使项目风险控制处于可控状态；

4）根据项目进展情况，适时组织项目管理人员对项目风险管理进行评估，形成风险评估报告。

（4）项目技术总工职责

1）识别与工程技术有关的风险因素，制定技术风险因素的控制措施，参与项目风险因素和风险控制措施的评审工作，向项目商务部门提供技术风险初始清单表和技术类重要风险对策汇总表；

2）对重要技术风险进行控制和动态管理；

3）向项目商务部门提供技术风险管理报告内容；

4）收集、整理、积累施工过程与施工技术有关的风险控制的证据，积极与业主方代表、监理工程师协调沟通，并将有关造价风险的控制证据及时提供给项目商务部门。

（5）项目商务经理职责

1）负责项目经理部项目风险管理的日常管理工作；

2）识别与造价有关的风险因素，编制造价初始风险清单及造价类风险对策汇总表；

3）协助项目经理组织项目风险因素和风险控制措施的评审工作；

4）根据项目各人员提供的风险清单、风险评价结果、风险应对措施，牵头汇总编制成册，形成项目风险管理策划书；

5）对项目重要造价风险进行控制和动态管理，及时收集项目各人员《风险动态控制自查表》，对项目风险管理策划书进行补充；

6）协助项目经理与发包人、监理工程师及分承包商洽谈，对分包合同造价风险条款把关；

7）接受项目经理部生产、技术、财务、材料、施工人员、分包单位的造价风险管理的意向，积极收集相关的造价风险控制的证据，起草索赔申请、索赔报告，重大复杂的索赔应当编制专项索赔方案报送分公司经营部门；

8）所有外送发包人、监理工程师的经济类资料，商务经理都必须进行文审，要求内容描述清楚有理有据，符合招投标文件、工程合同的约定，并便于工程造价的风险控制；

9）收集项目其他管理人员的风险控制报告内容，总结编制项目总体风险管理报告书。

（6）其他管理人员职责：

1）根据管理业务范围做好本业务的风险识别、评价和风险对策，并将初始风险因素清单和风险对策控制表书面资料交由项目预算员汇总成册；

2）做好本业务范围内的风险控制工作和动态管理，凡本业务范围内与造价风险有关的索赔证据、草写的索赔报告，均应送项目商务经理文审并经项目经理审批后送至发包人和监理工程师，办理签收手续、催办和落实索赔事件的确认工作。

13.1.4 风险的识别

项目管理人员在收集资料和调查研究之后，运用面谈法、德尔菲法、头脑风暴法等方法，确定了项目潜在风险，并进行了系统归类和全面识别。

（1）项目初始清单任务分配表

将风险识别的任务按清单进行分配，如表13-4所示。

（2）项目风险初始清单

根据项目具体实际情况，列出项目风险初始清单。风险分成八类风险，具体见表13-5～表13-12。

项目初始清单任务分配表 表 13-4

序号	项目风险因素类别	识别人	项目风险初始清单完成时间
1	与项目整体策划决策、外部环境方面的风险因素	—	12月1日~12月15日
2	与施工技术有关风险因素	—	12月1日~12月15日
3	与工程造价有关的风险因素	—	12月1日~12月15日
4	与工程材料、周转架料管理的风险因素	—	12月1日~12月15日
5	与设备管理有关的风险因素	—	12月1日~12月15日
6	与资金管理有关的风险因素	—	12月1日~12月15日
7	与人力资源管理有关的风险因素	—	12月1日~12月15日
8	与项目现场施工（地质变化、工期、质量等）有关的风险因素	—	12月1日~12月15日
9	与人力资源管理有关的风险因素	—	12月1日~12月15日
10	工程分包管理风险因素	—	12月1日~12月15日

与项目整体策划决策、外部环境方面的风险因素 表 13-5

序号	风险因素	发生及持续时间	可能产生的风险损失及后果
1	开工手续不完善	2006.11.28~未定	政府部门罚款
2	来往函件、联系单等文件的签署	施工全程	工期及费用损失
3	会议纪要	施工全程	前后矛盾或后面否定前面的内容，造成损失
4	监理合同和工程师授权委托权限未以书面形式通知承包人	施工全程	授权范围不明，造成签署的文件无效
5	发包人工程师、监理工程师人员变更	施工全程	授权范围不明，造成签署的文件无效
6	发包人、监理人员的名单未加盖公章	施工全程	签署的文件无效
7	承包人拒绝完成或不能按合同要求完成合同、会议纪要双方约定内容以及设计变更	施工全程	费用及工期损失
8	发包人资信、资金情况不良	施工全程	费用损失，停工、窝工
9	承包范围扩大	施工全程	费用增加、工期延长
10	投标文件中承诺放弃优先受偿权	施工全程	巨额经济损失

与施工技术有关风险因素

表 13-6

序号	风　险　因　素	发生及持续时间	可能产生的风险损失及后果
1	开工令的签署	2006.11.28	因图纸、开工手续不全造成工期延误
2	降水工程及支护工程若现场发生按实计取	水系施工前	工期延误
3	未按约定时间提供完整施工图捌套	2006.11.13	造成工期延误及停、窝工
4	水电线路未接至施工围墙边	2006.11.21 以前	前期三通一平工作，造成费用增加
5	未能在施工该工序前 10 天协调图纸上任何不符合施工常规、惯例或规范之处，以及设计图中错、漏、碰的问题及各系统管线的综合平衡工作	施工全程	承担因此发生的工程费用增加和工期损失
6	合同签订且收到施工图纸后 10 天内，承包方提供施组设计和进度计划等	2006.11.18 以后	图纸不全，施组设计和进度计划编制不合理、滞后，造成工期延误及停、窝工
7	承包人在每月考核期内未能完成当月工程进度	施工全程	支付违约金 1 万元/天
8	延误工期，每天按合同价款的万分之四罚款，且未规定上限	施工全程	巨额罚款
9	约定的申请顺延工期的因素，但必须实际造成停工、窝工，并经发包人同意	施工全程	工期不能签证，造成工期延误、罚款
10	工期签证、联系单的内容、格式	施工全程	不能作为证据
11	来往函件、联系单的时效性和有效性	施工全程	不能作为证据

与资金管理有关的风险因素

表 13-7

序号	风　险　因　素	发生及持续时间	可能产生的风险损失及后果
1	发包人未按合同约定按时支付工程进度款	施工全程	停工、窝工
2	发包人未按合同约定按时支付工程竣工结算款	竣工结算办理完后	利息损失及资金占用
3	承包人应保证工程进度款优先支付工人工资报酬，否则，发包人有权暂停工程进度款的支付	施工全程	停工、窝工损失

序号	风 险 因 素	发生及持续时间	可能产生的风险损失及后果
1	施工场地不具备条件，场平工作未完成	2006.11.1 ~ 2006.11.28	费用增加
2	脚手架、模板及支架、垂直运输机械及超高费、大型机械场外运输及安拆费上限 6256 万元	竣工结算前	建筑面积增加，费用损失
3	因市场变化、政策性调整导致的人工、材料、机械价格变化	施工全程	费用增加
4	因天气、地形、地质等自然条件的变化而采取的临时措施	施工全程	费用增加
5	因承包人在投标报价中错漏项目	确定合同价款时、施工全程	费用损失
6	追加的合同价款（包括设计变更和非设计变更引起）以及非设计变更的工程量增减应及时签证，某事件终了后超过 14 日（不含 14 日）未办理签证确认的视为放弃	施工全程	费用损失
7	结算时不予增补合同价款的情况：因完善图纸设计不明而增、补的图纸（发包人同意的重大设计变更除外）；建筑图上已有，但结构图中未有明确标注及未配置钢筋的部位；建筑图上已有标注，但节点详图不明确或没有详图做法的部位；结构图上已有，但建筑图纸未标注做法、未给出详图的部位	施工全程	费用损失
8	降水工程及支护工程若现场发生按实计取	水系施工前	费用增加
9	发包人指定材料的优惠	施工全程	费用损失
10	水系变更	水系施工图到达开始	模板费用增加
11	不属于承包范围内现场预留南北向道路土方的挖运	2006.11.28 ~ 2006.12.28	合同价与市场价的差价损失
12	现场多余表层土的挖运	2006.11.28 ~ 2006.12.28	合同价与市场价的差价损失
13	经济签证的内容、格式	施工全程	不能作为计算的依据
14	经济签证的时效性和有效性	施工全程	不能作为计算的依据
15	税务局征收的企业所得税（总价的 1.65%）	工程决算前	税费损失

与工程材料、周转架料、设备管理的风险因素 表 13-9

序号	风 险 因 素	发生及持续时间	可能产生的风险损失及后果
1	发包人供应材料设备因施工图纸延迟交付造成承包人不能提前 1 个月提供的甲供材料进场计划	施工全程	承担因计划延迟造成的全部责任
2	需发包人选型的承包人采购材料设备因施工图纸延迟交付不能提前一季度报发包人批准	施工全程	承担工期延误的违约责任
3	甲供材料未按计划进场	施工全程	工期延误、租赁费增加

与人力资源管理有关的风险因素 表 13-10

序号	风 险 因 素	发生及持续时间	可能产生的风险损失及后果
1	管理人员与承包人的投标文件承诺不一致	施工全程	按相关规定处罚（履约保证金）
2	发包人要求更换项目管理人员	施工全程	支付违约金 1000 元/人次
3	承包人擅自更换工程项目经理，经发包人提出异议 1 个月内不纠正	施工全程	解除合同

与项目现场施工（地质变化、工期、质量、环境）有关的风险因素 表 13-11

序号	风 险 因 素	发生及持续时间	可能产生的风险损失及后果
1	施工场地的交通、噪音、排污吸纳与处置	施工全程	政府有关部门罚款
2	承包人在施工前须检查已由其他施工单位完成而又影响本工程的有关工程的标高、定位、尺寸、质量等，若此等工程有错误或不配合本工程的需要，承包人须立即通知发包人。若未按上述要求通知发包人而施工，任何以后因上列原因引起之延误及损失，由承包人承担	施工全程	费用及工期损失
3	承包人须负责因更正自己不准确定位或事先未有核实尺寸或标高所引起的错误	施工全程	费用及工期损失
4	因施工质量、安全事故等受到报纸、电视等新闻媒体曝光，给发包人的形象和声誉造成损失	施工全程	罚款 50000 元/次

与工程分包管理的风险因素 表 13-12

序号	风 险 因 素	发生及持续时间	可能产生的风险损失及后果
1	已交验合格的发包人直接分包工程的成品保护	验收合格后	毁损、丢失等损失
2	不履行总包配合和总包管理的责任	施工全程	罚款 1000 元/次

序号	风 险 因 素	发生及持续时间	可能产生的风险损失及后果
3	非法转包、违法分包	施工全程	解除合同
4	转包、挂靠	施工全程	没收1000万元履约保证金
5	分包单位的资质等情况不符合国家、青岛市有关规定	签订分包合同前	政府有关部门处罚

13.2 项目风险管理对策的确定

13.2.1 制定主要风险因素控制对策

根据风险分析与评价的结果，对以下较大风险、严重风险采取风险对策，并对项目主要风险进行归纳和综述，说明控制的起止时间、风险控制目标、主要风险对策以及责任人，对于严重风险、灾难性风险编制了风险控制应急方案，形成了项目风险对策汇总表，如表13-13～表13-20所示。

与项目整体策划决策、外部环境方面的风险对策　　　　　　　　　表13-13

序号	主要风险因素	控制起始时间	风险控制目标	可能产生的风险损失及后果	责任人
1	开工手续不完善	2006.11.28～2006.12.28	避免处罚	发函给发包人，明确责任，督促发包人尽快办理	
2	来往函件、联系单等文件的签署	施工全程	保证来往函件的有效性、时效性	严格按收发文规定执行	
3	会议纪要	施工全程	保证有效性	必须经项目经理文审	
4	监理合同和工程师授权委托权限未以书面形式通知承包人	施工全程	保证签署人的有效性	向发包人发函索取监理合同及授权委托权限的书面通知	
5	发包人、监理人员的名单未加盖公章	施工全程	保证签署人的有效性	向发包人和管理公司发函索取盖章的人员名单	
6	发包人资信、资金情况不良	施工全程	避免和减少损失	及时了解发包人的资金运作情况	
7	投标文件中承诺放弃优先受偿权	施工全程	避免和减少损失	及时了解发包人资金、业绩情况	

与施工技术有关的风险对策 表 13-14

序号	主要风险因素	控制起始时间	风险控制目标	可能产生的风险损失及后果	责任人
1	开工令的签署	2006.11.28	避免工期延误造成的罚款	在开工令上注明："请甲方尽快完善开工前的相关手续"	
2	降水工程及支护工程若现场发生按实计取	水系施工前	顺延工期，增加费用	进行工期签证和经济签证	
3	未按约定时间提供完整施工图8套	2006.11.13	避免工期延误造成的罚款	对发包人发函，提出因此影响工期的天数	
4	未能在施工该工序前10天协调图纸上任何不符合施工常规、惯例或规范之处，以及设计图中错、漏、碰的问题及各系统管线的综合平衡工作	施工全程	避免费用和工期损失	加强看图，同时尽可能多的以发函或以会议纪要的方式明确我方提出的合理化建议	
5	合同签订且收到施工图纸后10天内，承包方提供施组设计和进度计划等	2006.11.24 ~ 2006.12.4	避免停、窝工和其他经济损失	向发包人发函说明对工程的影响	
6	承包人在每月考核期内未能完成当月工程进度	施工全程	避免受到发包人的经济处罚	应以谨慎、保守的原则指定每月计划	
7	延误工期，每天按合同价款的万分之四罚款，且未规定上限	施工全程	避免巨额罚款	在备案合同中明确工期罚款的上限；加强工期签证工作	
8	约定的申请顺延工期的因素，但必须实际造成停工、窝工，并经发包人同意	施工全程	避免工期罚款	以会议纪要等形式明确影响工期的原因和天数	
9	来往函件、联系单、签证的时效性和有效性	施工全程	保证其时效性和有效性	严格按照发文规定及格式进行	

与工程造价有关的风险对策 表 13-15

序号	主要风险因素	控制起始时间	风险控制目标	可能产生的风险损失及后果	责任人
1	施工场地不具备条件，场平工作未完成	2006.11.1 ~ 2006.11.28	计算费用	向发包人签证	
2	脚手架、模板及支架、垂直运输机械及超高费、大型机械场外运输及安拆费上限6256万元	竣工结算前	计算因建筑面积增加而发生的费用	向发包人签证	
3	因天气、地形、地质等自然条件的变化而采取的临时措施	施工全程	计算费用	向发包人签证	

序号	主要风险因素	控制起始时间	风险控制目标	可能产生的风险损失及后果	责任人
4	因承包人在投标报价中错漏项目	确定合同价款时、施工全程	确保不错、漏算	确定合同价款前，仔细检查编制预算的方法、计算式、定额的套用等	
5	发包人指定材料的优惠	施工全程	避免和减少费用损失	与发包人协商	
6	结算时不予增补合同价款的情况：因完善图纸设计不明而增、补的图纸（发包人同意的重大设计变更除外）；建筑图上已有，但结构图中未有明确标注及未配置钢筋的部位；建筑图上已有标注，但节点详图不明确或没有详图做法的部位；结构图上已有，但建筑图纸未标注做法、未给出详图的部位	施工全程	确保不漏算，避免费用损失	加强与技术、施工等部门的沟通和联系，在确定价款前将此类问题加以解决	
7	追加的合同价款（包括设计变更和非设计变更引起）以及非设计变更的工程量增减应及时签证，某事件终了后超过 14 日（不含 14 日）未办理签证确认的视为放弃	施工全程	确保签证及时报送，避免费用损失	加强与技术、施工等部门的沟通和联系，对需要签证的项目在约定的期限内报送发包人和监理公司	
8	水系变更	水系施工图到达开始	计算模板费用	向发包人签证	
9	不属于承包范围内现场预留南北向道路土方的挖运	2006.11.28 ~ 2006.12.28	避免差价损失	向发包人签证	
10	现场多余表层土的挖运	2006.11.28 ~ 2006.12.28	避免差价损失	向发包人签证	
11	税务局征收的企业所得税（总价的 1.65%）	工程决算前	避免税费损失	向发包人签证	

与工程材料、周转架料、设备管理的风险对策　　　　　表 13-16

序号	主要风险因素	控制起始时间	风险控制目标	可能产生的风险损失及后果	责任人
1	发包人供应材料设备因施工图纸延迟交付造成承包人不能提前 1 个月提供的甲供材料进场计划	施工全程	避免费用及工期损失	向发包人发函说明	
2	需发包人选型的承包人采购材料设备因施工图纸延迟交付不能提前一季度报发包人批准	施工全程	避免承担工期延误的违约责任	向发包人发函说明	

与资金管理有关的风险对策   表 13-17

序号	主要风险因素	控制起始时间	风险控制目标	可能产生的风险损失及后果	责任人
1	发包人未按合同约定按时支付工程进度款	施工全程	避免停工、窝工损失，并要求发包人按合同约定支付违约金	向发包人发函	
2	发包人未按合同约定按时支付工程竣工结算款	竣工结算办理完后	避免利息损失及资金占用，并要求发包人按合同约定支付违约金	向发包人发函或以法律的形式要求支付	

与项目现场施工有关的风险对策   表 13-18

序号	主要风险因素	控制起始时间	风险控制目标	可能产生的风险损失及后果	责任人
1	承包人在施工前须检查已由其他施工单位完成而又影响本工程的有关工程的标高、定位、尺寸、质量等，若此等工程有错误或不配合本工程的需要，承包人须立即通知发包人。若未按上述要求通知发包人而施工，任何以后因上列原因引起之延误及损失，由承包人承担	施工全程	避免工期延误及经济损失，同时考虑索赔	加强对前期施工项目的核查，对出现的问题及时以书面形式通知甲方	
2	承包人须负责因更正自己不准确定位或事先未有核实尺寸或标高所引起的错误	施工全程	避免费用及工期损失	加强自身的核查工作，避免造成此类错误	
3	因施工质量、安全事故等受到报纸、电视等新闻媒体曝光，给发包人的形象和声誉造成损失	施工全程	避免处罚	加强现场质量、安全管理，积极协调与当地政府有关部门的关系	

与人力资源管理有关的风险对策   表 13-19

序号	主要风险因素	控制起始时间	风险控制目标	可能产生的风险损失及后果	责任人
1	管理人员与承包人的投标文件承诺不一致	施工全程	避免处罚（履约保证金）	参照合同专用条款约定，在施工组织设计中明确项目经理部人员，并经发包人、监理单位批准	
2	承包人擅自更换工程项目经理，经发包人提出异议一个月内不纠正	施工全程	避免经济损失	提前7日通知发包人并取得发包人同意	

序号	主要风险因素	控制起始时间	风险控制目标	可能产生的风险损失及后果	责任人
1	已交验合格的发包人直接分包工程的成品保护	验收合格后	避免因毁损、丢失等引起损失	在与分包方签订有关协议时明确成品保护为分包方的责任	
2	不履行总包配合和总包管理的责任	施工全程	避免罚款	加强与发包人、分包人的沟通	
3	分包单位的资质等情况不符合国家、青岛市有关规定	签订分包合同前	避免有关部门处罚	认真审核分包方资质，保证符合国家、青岛市有关规定	

13.2.2 规避项目风险的几个要求

（1）有关工期、经济签证的发文和收文由技术部和商务部分别负责，指定收文的资料员，项目其他任何部门不得对外发送和接收有关工期和经济方面的文件；

（2）来往函件、资料的签收方法：

发文：要求发包人、监理公司明确收文人的姓名，发文时发包人、监理公司收文人除在我方发文本上签姓名、日期外，还要求在函件的原件上签姓名、日期。在原件上最好不要签"收到"两个字；

来文：最好只在对方发文本上签姓名、日期，若发包人、监理要求我方在原件上签字时，一定要签姓名、日期和"已收到"三个字，同时要求对方在我方反签字本上签姓名和日期；

对于发包人、监理公司的重要来函，我方应在合同约定的期限内及时回函，直至对方不回函为止；

所有经发包人、监理公司批示的函件、经济签证单的原件，本部门和办公室各存一份原件。

（3）对于工期延误的情况，可在会议纪要中明确延误的原因和天数，以作为相应的证据。

（4）必须注意会议纪要中语句的组合、事件叙述的连续性、前后有无矛盾或后面有无否定前面已定事项的情况，会议纪要在发出前必须经项目经理文审。

（5）发往发包人和监理公司的函件中不得出现"以保证施工顺利进行或以确保施工顺利进行"的语句，以避免给发包人借口。

13.2.3 项目风险的动态管理

整个工程建设项目的风险控制是循环往复进行的，在施工过程中找出控制活动的差距并进行改进，检查是否有被遗漏的工程风险或者新发现的工程风险，及时调整控制目标，重新识别、度量，确定出新的风险控制目标，采取新的控制方案，实现工程风险的动态控制，并编制项目风险动态控制表。

项目风险管理相关人员通过下表进行项目风险动态管理自查，一般来说，每月自查一次，并在每月 25 日之前送报项目风险管理部（见表 13-21）。

项目风险动态管理自查表   表 13-21

序号	主要风险因素	采取对策的效果	纠正（补救）措施	责任人	自查时间
1	已识别的风险				
2	遗漏或新识别的主要风险	主 要 风 险 对 策			

项目经理：　　　　编制人：　　　　编制时间：　　年　月　日

同时，公司（分公司）对工程风险管理进行定期检查、指导，并填写如下项目风险管理检查表，如表 13-22 所示。

分公司（公司）项目风险管理检查表   表 13-22

序号	检 查 内 容	检查结论和意见
1	是否按要求编制项目风险管理策划书	
2	风险因素识别是否全面	
3	主要风险因素控制措施的合理性和时效性	
4	风险管理目标是否得到分解	
5	是否对项目风险控制进行动态管理	
6	风险责任人对主要风险控制的效果	

检查人：　　　　　　　　检查时间：　　年　月　日

13.2.4　风险管理后评价

工程竣工结算完毕，针对前述风险管理流程和相关规定的实施效果，项目经理部对项目风险管理进行了最终评价。实际风险管理结论表明，对青岛宝龙项目的风险管理，提高了各级人员在实际项目工作的职责，规避了相应风险。对于在风险识别中确定的较大风险，注意在合同中做了声明，并以合同方式进行了规避和转移。在保证工程质量要求的前提下，经济效益也得到了提升。由于工程项目的单件性以及有关数据的不易获得，本项目主要采用了定性分析方法，定量化风险分析在本项目中较少得到应用。

第14章 商场项目风险模糊评价

14.1 工程概况

某台资商场项目实际总建筑面积为 71475m²；其中地下室建筑面积为 14678m²。建筑主体为 15 层，其中裙楼 4 层、地下室为 2 层，工程建筑总高度为 60m。合同已经签订，合同内造价 743 元/m²，合同工期 180 天，工程预付款 5%。其基础形式为复合桩改良地基加筏板基础。上部采用钢筋混凝土框架、局部剪力墙结构，非承重墙的墙体采用加气混凝土块和多孔黏土砖的形式。该项目的合同情况参见表 14-1。

合同情况简介表

表 14-1

序号	主要目标	合同主要条款摘录
1	工程承包范围	结构加粗装修及总包管理；另含凿截桩头、回填土工程、防水工程、屋面工程、不锈钢扶手等内容
2	合同造价及相关造价指数的约定	暂定 5260 万元，面积暂定为 70805m²，合同内造价按 743 元/建筑平方米包干；图纸提供并确认后，一个月内完成承包范围内工程量核对并依据合同工程量清单中之单价与核对完成之数量，调整工程价款。但工程量调整后，总造价不得高于 760 元/建筑平方米
3	质量要求及奖罚	合格
4	工期要求及奖罚	180 日历天；中间工程交工以承包人完成合同承包范围内工作为准，具体约定为：自正式开工之日起，第 40 天 ±0.000m 结构封顶；第 70 天裙房结构封顶；第 150 天主楼结构封顶；第 180 天整个承包范围内工作全部完成。承包人必须按双方约定的工期完工，每拖延一天，罚款合同价款的 3‰
5	预付款情况	工程总造价的 5%；地下室结构封顶后，从以后每期进度款中按预付款额的 10% 比例分批扣回
6	工程款支付	每月支付工程进度款两次，支付比例为当期已完工程量的 80%，保留 10%，如已完工程量达到专用条款 32.6 中间交工节点进度要求时，则再支付此阶段已完成工程量的 10%，若无法如期完成，则累计 10% 款项移至下一个节点，于下个节点如期完成时支付。如此类推，当皆无法如期完成时，此款项于竣工验收合格后支付
7	结算方式	合同内按照建筑面积包干；合同外按照实际发生追加签证
8	履约方式及额度	履约保证金为合同总价 10%，履约保证金可以采取银行保函形式支付，工程完工后 30 日内退还承包人
9	合同内主材价格及含量的取定	I 级钢筋为 3500 元/t；II 级钢筋为 3450 元/t；III 级钢筋为 3600 元/t。钢筋含量取定为 83kg/m²；混凝土含量取定为 0.428m³/m²；模板接触面积取定为 118000m²
10	竣工保修	①承包人向发包人支付的保修金为工程决算总造价的 2%，从工程竣工结算价款中余留，按合同约定时间返还给承包人；②保修期满 1 年后一次性付清

14.2 风险识别

通过表14-1及其项目的其他资料，可识别出该工程项目施工阶段的风险因素主要来自以下三个方面：

（1）来自业主的风险：业主的资信问题始终是建筑施工企业最关心的问题之一，尽管这是一家很有实力的集团公司，但该项目的资金回收很大程度上取决于该商场的招租情况，这也就决定了项目部是否能顺利收到工程款；由于业主是台资企业，因此，业主与当地政府主管部门及其他相关部门的协调能力也不能忽视；该工程属于"三边"工程，因此设计方案可能反复变更，既存在风险也存在机遇；由于业主投资商场急于开张营业，在工期上业主提出比较苛刻的要求，这也是应当加强控制的地方。

（2）来自材料供应方面的风险：由于建筑材料市场价格的波动，尤其是钢材这种主要的建筑材料市场价格的变化对工程的成本影响非常大，另外，各种建筑材料的供应情况也直接会给项目带来风险。

（3）来自自身的风险：主要处理好职业责任的风险，技术、管理方面的风险以及施工质量和工期等方面的风险。

14.3 风险评估与分析

这个阶段的不确定因素众多，根据风险因素层次性和模糊性的特点我们采用多层次模糊综合评判进行分析。

14.3.1 建立综合评价的递阶层次模型

根据以上分析结果建立该项目的风险层次结构模型，如图14-1所示。

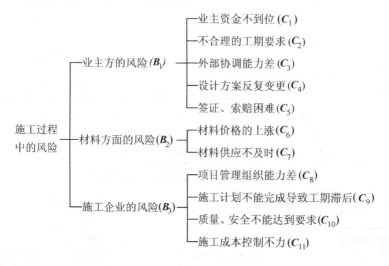

图 14-1 某项目风险评价阶梯层次模型

14.3.2 构造两两比较的判断矩阵

在递阶层次结构建立以后，上下层次各要素之间的关系就比较明确了。我们的目标实现根据层次分析法（AHP 法）估测各要素的相对权重，而后再结合这些因素的可能状态或水准的进行综合评估。

分别得出各因素的相对重要性判断矩阵，即如上述项目中第二个层次的三个因素两两相比（主要依据理论和经验进行判断），对重要性的比例标度，从而得到三个比较因素的一个两两比较判断矩阵，如表 14-2 所示，同理可得第三个层次的三个比较判断矩阵分别如表14-3 ~ 表 14-5 所示。

A-B 判断矩阵　表 14-2

A	B_1	B_2	B_3
B_1	1	5	3
B_2	1/5	1	1/3
B_3	1/3	3	1

B_1-C 判断矩阵　表 14-3

B_1	C_1	C_2	C_3	C_4	C_5
C_1	1	4	7	5	3
C_2	1/4	1	4	1/2	2
C_3	1/7	1/4	1	1/2	1/3
C_4	1/5	2	2	1	2
C_5	1/3	1/2	3	1/2	1

B_2-C 判断矩阵　表 14-4

B_2	C_6	C_7
C_6	1	5
C_7	1/5	1

B_3-C 判断矩阵　表 14-5

B_3	C_8	C_9	C_{10}	C_{11}
C_8	1	5	7	3
C_9	1/5	1	3	1/3
C_{10}	1/7	1/3	1	1/5
C_{11}	1/3	3	5	1

14.3.3 特定判断标准下各因素相对权重的计算

即根据上述各因素对于某一判断准则的判断矩阵，计算它们的相对权重 $\{W_1, W_2, \cdots, W_n\}$，其向量形式即为 $W = \{W_1, W_2, \cdots, W_n\}^T$，并需对判断矩阵进行一致性检验。

1. 层次单排序

若用方根法进行计算，对判断矩阵 A-B，其计算过程如表 14-6 所示。

方根法计算表　表 14-6

A	B_1	B_2	B_3	$M_i = \sum\limits_{i=1}^{n} b_{ij}$	$\overline{W_i} = \sqrt[n]{M_i}$	$W_i = $ 上列/3.871	BW
B_1	1	5	3	15	2.466	0.637	1.935
B_2	1/5	1	1/3	1/15	0.405	0.105	0.318
B_3	1/3	3	1	1	1	0.258	0.785
合　计				—	3.871	1.000	—

A-B 判断矩阵的一致性检验：

$$\lambda = \frac{1}{n}\sum_{i=1}^{n}\frac{(BW)_i}{W_i} = \frac{1}{3}\left[\frac{1.935}{0.637} + \frac{0.318}{0.105} + \frac{0.785}{0.258}\right] = 3.039$$

$$CI = (\lambda_{\max} - n)/(n-1) = (3.039 - 3)/(3-1) = 0.019$$

$$CR = \frac{CI}{RI} = \frac{0.019}{0.58} = 0.033 < 0.1$$

由此可以判断 A-B 矩阵具有满意的一致性结果。

按同样的计算方法对判断矩阵 B_1-C，有：

$$W = (0.510, \ 0.152, \ 0.055, \ 0.167, \ 0.115)^T$$

$$\lambda_{\max} = 5.321, \ CI = 0.080, \ RI = 1.12, \ CR = 0.072 < 0.1$$

对判断矩阵 B_2-C，有：

$$W = (0.833, \ 0.167)^T$$

对判断矩阵 B_3-C，有：

$$W = (0.564, \ 0.118, \ 0.055, \ 0.263)^T$$

$$\lambda_{\max} = 4.117, \ CI = 0.039, \ RI = 0.9, \ CR = 0.043 < 0.1$$

由于 3 阶以上判断矩阵的 CR 值均小于 0.1，可以认为它们均有满意的一致性。

2. 层次总排序

根据计算出的层次单排序的结果，计算总排序结果见表 14-7。

第三层合成排序权重

表 14-7

C \ B	B_1 0.637	B_2 0.105	B_3 0.258	层次 C 总排序
C_1	0.510	0	0	0.325
C_2	0.152	0	0	0.097
C_3	0.055	0	0	0.035
C_4	0.167	0	0	0.107
C_5	0.115	0	0	0.074
C_6	0	0.833	0	0.087
C_7	0	0.167	0	0.017
C_8	0	0	0.564	0.146
C_9	0	0	0.118	0.030
C_{10}	0	0	0.055	0.014
C_{11}	0	0	0.263	0.068

3. 一致性检验

$$CI = \sum_{i=1}^{n} a_i(CI_i) = 0.637 \times 0.080 + 0.105 \times 0 + 0.258 \times 0.039 = 0.061$$

$$RI = \sum_{i=1}^{n} a_i(RI_i) = 0.637 \times 1.12 + 0.105 \times 0 + 0.258 \times 0.90 = 0.946$$

$$CR = \frac{CI}{RI} = \frac{0.061}{0.946} = 0.064 < 0.1 \quad 满足一致性要求。$$

根据综合评价结果，可以得到该 BOT 项目融资过程中各种风险因素的排序表，如表 14-8 所示。

某项目风险因素重要性排序表　　　　表 14-8

排序	风险因素 C_i	合成权重 W_i	排序	风险因素 C_i	合成权重 W_i
1	业主资金不到位（C_1）	0.325	7	施工成本控制不力（C_{11}）	0.068
2	项目管理组织能力差（C_8）	0.146	8	业主外部协调能力差（C_3）	0.035
3	设计方案反复变更（C_4）	0.107	9	施工计划不能完成导致工期滞后（C_9）	0.030
4	业主不合理工期要求（C_2）	0.097	10	材料供应不及时（C_7）	0.017
5	材料价格的上涨（C_6）	0.087	11	质量、安全不能达到要求（C_{10}）	0.014
6	签证、索赔困难（C_5）	0.074			

14.3.4　模糊综合评价

如表 14-1 所示中建筑施工企业在该项目施工过程中的主要风险来源有三大类共十项，为了能够确切的描述风险，只有对那些模糊参数加以模糊综合评判，使其定量化进而将风险完整的表征出来，才能得出相对确切和合理的结论，为决策提供科学依据。

1. 建立风险的因素集、权重集及风险损失的评价集

选取对建筑施工企业在该项目施工过程中的主要 11 个风险因素作为风险因素集：$U = \{u_1, u_2, \cdots, u_{11}\}$，由前面的层次分析法得到各风险因素对于项目整体风险影响的权重向量 $A = \{0.325, 0.097, 0.035, 0.107, 0.074, 0.087, 0.017, 0.146, 0.030, 0.014, 0.068\}$，风险损失的评价集为：$V = \{$大，较大，一般，较小，小$\}$，相应的量化标准为：大 = 95，较大 = 85，一般 = 75，较小 = 65，小 = 55。

2. 建立单因素的模糊判断矩阵

企业在该项目施工过程中的主要风险因素 U_i 对 V 评价集中第 j 个元素 v_j 的隶属度为 r_{ij}，按第 i 个因素 u_i 对评价集进行评判，则结果可用模糊集 R_i 来表示，即 $R_i = \{r_{i1}, r_{i2}, r_{i3}, r_{i4}, r_{i5}\}$，从而建立单元素模糊评判矩阵为：

$$R = \begin{bmatrix} 0.5 & 0.4 & 0.1 & 0 & 0 \\ 0.3 & 0.4 & 0.2 & 0.1 & 0 \\ 0.2 & 0.3 & 0.5 & 0.1 & 0 \\ 0.1 & 0.3 & 0.2 & 0 & 0 \\ 0.4 & 0.5 & 0.3 & 0 & 0 \\ 0 & 0 & 0.5 & 0.3 & 0.2 \\ 0.3 & 0.5 & 0.4 & 0.2 & 0 \\ 0.3 & 0.5 & 0.3 & 0 & 0 \\ 0.3 & 0.4 & 0.5 & 0.2 & 0 \\ 0.1 & 0.2 & 0.4 & 0.2 & 0 \\ 0 & 0.2 & 0.4 & 0.1 & 0 \end{bmatrix}$$

14.3.5 建立多因素综合判断矩阵

应用数学模糊矩阵的复合运算，可以得到评判企业在该项目施工过程中的风险的多因素判断矩阵：

$$B = A \times R = \{0.298, 0.358, 0.255, 0.059, 0.017\}$$

将 B 归一化得到模糊综合判断集 B'：

$$B' = [0.302, 0.363, 0.258, 0.059, 0.018]$$

令 J 为"风险评价结果"，则：

$$J = [B'V^T] = [0.302, 0.363, 0.258, 0.059, 0.018] \times [95, 85, 75, 65, 55]^T$$
$$= 82.665$$

则企业在该项目施工中的总体风险介于"较大"和"一般"之间，风险程度可以接受，企业和项目经理部可以进一步按照各风险因素对项目影响的大小针对各风险因素制定相应的处置措施。

14.4 风险管理措施

14.4.1 业主资金不到位的风险

众所周知，财务账面上体现的效益仅仅反映了项目的结算效益，有现金流入的效益才是实实在在的效益。因此，项目经理部在工程开始就需要把积极催收工程款作为项目头等大事来抓，从工程开工到竣工，资金及时到位，保证项目进展和各项管理的快速运转。回收工程款时需要密切配合业主的工作、最大限度地满足业主的需求、搞好同业主的关系，真真做到"信守合约、至诚服务"，才是保证工程款及时回收的前提。

该项目实际的资金回收情况见表 14-9。

项目实际资金回收情况表
表 14-9

序号	施工期间	累计工程款额	请款次数	业主支付工程款次数	平均月回收工程款频率	平均每月金额
1	主体施工 2004 年 3 ~ 2004 年 8 月	4534 万元	22	20	3.3	756 万元
2	开工至竣工 2004 年 3 月 ~ 2005 年 1 月	5580 万元	35	32	2.9	507 万元

14.4.2 项目管理组织能力差的风险

项目中标后，建议立即组建项目班子，特别是项目经理和商务经理的及时确定，并直接参与施工主合同的签约策划与谈判，对今后该项目成本管理的整体策划与实施，起到了积极有效的作用；如果项目经理或商务经理属于商务、技术、生产综合的复合型人才，则更能有效地推动并提高项目的综合管理水平。

要充分体现以项目经理为首的"团结型"的领导团队的作用。建议由项目经理亲自、全面、深入、细致地制定并做好工程开工前项目综合管理策划——特别是成本管理与控制的系统策划工作，作为项目全面管理的主要纲领性文件，围绕项目的各种目标，通过不断优化施工方案，坚持实施动态管理，确立成本控制实施过程中的节约施工原则。

实际上，当工程中标后，公司和分公司立即组建了项目经理部。该部门的项目经理为分公司分管成本的副经理，具有很强的成本意识和丰富的项目管理经验，同时也是该项目主要商务投标策划人之一。

14.4.3 设计方案反复变更的风险

由于该工程是一个"三边工程"，施工图纸还在设计阶段，因此，设计方案反复变更的风险比较大。但是，如果在投标阶段能够很好地利用设计图尚在完善之中这一特点，积极与设计方进行沟通，将设计尚不明确的做法向有利于施工方的方向进行明确和细化，风险亦可以转化为机会。由此，管理人员想到可以在优化设计方面向设计院做一些咨询工作，如：按照钢筋含量83kg/m²、混凝土含量0.428m³/m²的合同限量约定，与业主及设计院的设计师商讨基础后浇带封堵时间能否提前等。同时，从业主方面了解到工程二次装修的一些有价值的信息以及其他的一些资讯，在此基础上，投标人员结合与业主谈判的情况，调整了投标时工程量清单，即在保持总价不变的条件下，把通过技术改进后可以取消的项目直接取消，把模糊界定或可以减少工程量的项目减少工程量，再把这些差额调整到将来不作调整的子项单价中去，并把此调整后的工程量清单作为合同附件直接界定为合同承包范围，另外投标人员还争取到在保持总合同价不变的条件下，直接去掉了几项与土建界限不太明显的子项。

14.4.4 业主不合理工期要求的风险

作为房地产开发商，业主投资的该商场早一天开张营业，则可早一天收回投资。因此，该业主对工程工期的要求非常严格，制定了极为苛刻的工期条件，并且工期每拖延一天，罚款合同总额的3‰，上不封顶。为化解工期风险，项目部首先利用业主追求早日竣工的迫切心态，及时向业主提出了缩短付款周期以保证材料按时进场的建议，并得到业主的采纳，使得该工程的大宗材料基本实现现款支付，极大地降低了生产成本；其次，项目部编制了极其有利于总包方的工程总体网络计划，把业主二次招标与分包的工期节点计划安排在总体进度计划内，牢牢地把业主及其指定分包方和总包方套在一起，便于一切工作的沟通与协调，让工期风险由施工方独家承担的被动局面转化为总包方承担少量风险、参与各方共同承担风险的主动局面。同时，为了确保工期，项目部从一开始，就牢牢抓住工期这条主线开展工作，制定了"平面分段、立体分层，流水交叉、循序推进，空间占满、时间不断"的施工方法，对施工流程、进度、资源、质量、安全等实行全过程动态管理。在分包管理上，总包也同样要求以工期为主线，进行合理策划施工。各分包在满足总控计划的原则下编制自身所承包范围内的施工总体计划、阶段性计划、半月进度计划、周进度计划，并编制相对应的总体人机料进场计划、阶段性人机料进场计划、半月人机料进场计划、周人机料进场计划，并在周计划中提交配合服务工作内容和配合服务时间计划，同时上报工作面移交和接收计划。从而有效保证了整个施工计划的如期完成，避免了巨额的工期罚款。

14.4.5 材料价格上涨的风险

材料费占工程造价的比重很大，直接影响工程成本和经济效益。做好项目材料费的控制，是项目成本管理过程中很重要的方面。

1. 对材料用量的控制

首先是坚持按合同约定的材料消耗量，实行限额领料制度；其次是改进施工技术，推广使用降低料耗的各种新技术、新工艺、新材料；再就是对工程进行功能分析，对材料进行性能分析，力求用低价材料代替高价材料，加强周转材料的动态管理，延长周转次数，缩短租用周期等。

例如：①对混凝土用量的控制是对供应商以图纸计算量扣减钢筋含量后计1%损耗包干结算；由于该方案的严格执行，取得了预期效果，相当于在采用混凝土出库单结算的基础上减1300余 m³ 的混凝土（价值38万元）；②开工前，做设计院工作，优化设计降低钢筋的设计含量，实际含量仅78kg/m²；而结算时仍争取到按照83kg/m² 包干量结算，达到降低钢筋量的总目的。同时钢筋使用量按现场料表加1%的损耗包干，超耗全赔，节约分成，积极地激励分包的节约热情；③对钢管扣件等周转材料的用量控制是通过详细的计划实现分期分批进场、分期分批退场来达到降低租用量和租用周期等。

2. 对材料价格的控制

主要是通过有效的招（议）标手段，在采购中加以控制。在物资采购之前，首先依据施工图预算，结合施工进度计划要求，准确编制出分段分期的材料计划用量（采购计划），然后对该宗材料在承包主合同中的含量和单价进行剖解，做出对比分析，做到心中有数。在物资招（议）标前，做好广泛的市场调查，摸清当前市场行情，熟悉商品的成本构成和供应商利润点的来源，编制出详细要求的物资招标文件，并确定期望目标值。每种材料的采购，选择5、6家较具实力的供应商，采用投标报价和议价结合，对报价较低的三家逐轮反复议价，每次议价由项目经理、项目商务经理、分公司物资采购人员共同参与，并对议价谈判情况以标准格式进行文字记录，双方对每次谈判的文字记录签字认可，在认为价格已较为理想后，将全部议价记录及供应商营业执照等相关资料交分公司审查，最后由分公司组织签订物资采购合同。

例如，实际工程中，按照上述方法对商品混凝土采购的招（议）标非常成功，混凝土最后签约价相当于当期（2004年1季度）市场信息价下降22%，比承包主合同的定价下降17%；混凝土的综合单价创造了当时该地区最低水平。钢筋采购也是如此，由于当时市场单价波动较大，通过总厂咨询、网上了解、公司价格信息等各种渠道调查核实，实施动态调价，累计调整单价达十几次之多，每次采购价格均处于同一品牌材料的较低水平，见表14-10。

钢筋主要材料的采购价与合同价和信息价的对比表　　　　　　　表 14-10

序号	钢筋采购月	钢筋类别	投标时期钢筋信息价2003年11月	合同取定单价	钢筋采购月信息价	实际采购价格	采购价格比当月信息价降幅	备　注
1	2004年2月	Ⅰ	3575	3500	4080	4040	0.98%	平均付款比例为75%；按照50%的承兑汇票＋50%的转账支票的方式支付
2		Ⅱ	3700	3450	4200	4200	0.00%	
3		Ⅲ	3750	3600	4250	4300	−1.18%	
4	2004年3月	Ⅰ	3575	3500	3980	4020	−1.01%	
5		Ⅱ	3700	3450	4050	4072	−0.54%	
6		Ⅲ	3750	3600	4100	4072	0.68%	

序号	钢筋采购月	钢筋类别	投标时期钢筋信息价2003年11月	合同取定单价	钢筋采购月信息价	实际采购价格	采购价格比当月信息价降幅	备 注
7		Ⅰ	3575	3500	3980	3839	3.54%	
8	2004年4月	Ⅱ	3700	3450	4050	3915	3.33%	
9		Ⅲ	3750	3600	4100	4140	−0.98%	平均付款比例为75%；按照50%的承兑汇票+50%的转账支票的方式支付
10		Ⅰ	3575	3500	3250	2902	10.71%	
11	2004年5月	Ⅱ	3700	3450	3500	2930	16.29%	
12		Ⅲ	3750	3600	3700	3074	16.92%	
13		Ⅰ	3575	3500	3250	3222	0.86%	
14	2004年6月	Ⅱ	3700	3450	3400	3245	4.56%	
15		Ⅲ	3750	3600	3600	3345	7.08%	

14.4.6 签证、索赔困难的风险

项目部组建之时，成立以项目经理、商务经理为首的项目签证、索赔领导小组。在项目管理班子中增设商务经理岗位。商务经理为该项目跟踪的客户经理之一，且担任过大型项目技术负责人，是技术商务型人员，具有完成从方案策划到签证、索赔成功的潜在基础。他们直接参与施工主合同的签约策划与谈判，这有利于项目更全面、深入地了解合同条款的主要精神和特定背景，能更好地指导以后施工方案的选定、签证及索赔工作。

分析工程个性及特点：①外资企业，政府重视；②三边工程，边施工边设计；则设计失误或错误应较多；③根据合作过的经验，业主比较注重合同履约，在我们服务良好的情况下，业主会更理解我们，从而支持我们；④业主工期抓得紧，可以利用业主的此心态；⑤裙楼提前营业，施工难度加大。但由于边营业边施工，签证索赔的机会将增加；⑥利用总承包的优势，创造签证索赔机会；⑦本工程资金和经济权限在业主，监理公司仅负责质量、进度、安全；⑧本工程施工周期跨越2004年度四个季度，同时在雨季时将处于施工高峰。

项目经理部及时对项目工程特征、业主特性和主合同条款进行了分析，做出了签证索赔的初步策划，对现场管理人员进行签证和索赔的交底与培训，主要从承包范围界定、预算漏列、设计变更、工法变更、政府行为、自然灾害等方面中收集和寻找签证、索赔的突破口。并制定了签证索赔的程序与分工。对可能发生签证索赔的每一个事件，首先经商务组进行评估，制定索赔方案与分工，并监督落实。如现场拍照取证、现场事件的签认、绘图计算、理由申诉、索赔申报、公关配合、督办等一系列工作，密切配合、有条不紊地进行。最后做到证据确凿、依据充分、计算准确、格式规范、言语得体，力求使索赔和签证工作在良好的工作氛围中进行，并得到顺利解决。该项目可能发生签证、索赔突破的范围及分工流程见表14-11。

序号	签证、索赔分类	可能发生索赔的突破口
1	承包范围的界定	①总包管理协议职责以外的内容；②合同中工程量清单子目内容以外的业主施工指令；③承包价格风险范围外的价格调整因素；④业主委托其他施工的任务
2	预算漏列	投标漏算：①投标漏算地下室降水井的封堵；②室外风井工程量；③地下室排水沟及积水坑盖板；④漏算基坑后浇带、积水坑、电梯井部位的土方挖运；⑤后浇带、积水坑、电梯井部位防水施工；⑥卫生间防水；⑦施工图纸按照合同清单进行整理后，两者对比，差异的子目均按漏列申报
3	设计变更	①图纸会审的问题；②日常现场施工指令的变更；③设计院下发的设计变更单；④技术核定问题
4	工法变更	①已经业主、监理批准的施工方案、安全措施方案、特殊工序的作业指导书等，在施工过程中应外因对需方案进行调整所发生费用增加的情况；②业主或监理对设计图纸的情况进行发函指令进行施工工艺变更；③由于外资性质的三边工程，应业主要求但不需经设计院同意而进行调整的施工工法；④其他工法变更情况
5	政府行为	①政府举行大型活动而进行交通管制；②工期短，夜间抢工扰民可能产生的停工及罚款；③新颁布的法律、法规、政府通知等导致人、材、机等施工费用增加的行为，比如交通法的颁布，材料运输成本增加导致物价上涨；④城市规划的变更及市政管网改造影响；⑤停水、停电等等
6	自然灾害	①暴雨、暴雪等自然灾害的影响；②土方塌陷；③停电造成降水失败或地下水位上涨

事件发生后处理	事件分类	取证责任人	费用编制	函件的表述	公关和督办责任人
事件发生后，第一见证人向商务经理报告	①承包范围的界定	商务经理和项目经理	预算员对工程量计算负责；商务经理对选定单价和费用编制负责	商务经理草拟索赔或签证报告，项目经理审核后报送	商务经理和项目经理
	②预算漏列	预算员、商务经理			
	③设计变更	技术员、预算员			
	④工法变更	工长、生产经理			
	⑤政府行为	商务经理			
	⑥自然灾害	生产经理			

例如：①抓住原合同对某些部位承包范围界定不清的特点，并利用甲方赶工期的心态，将可以一次性施工完成的结构内容留作二次施工，并改变原设计方案回填土为填充混凝土，成功地作为合同外施工内容，追加了大量的工程量；②对商场部分混凝土墙柱及天棚，选定清水混凝土施工方案，以取消混凝土面抹灰；③对 $\phi20$ 以内的竖向钢筋连接由原先的机械连接设计改为电渣压力焊连接等。

经过周密的分析和索赔策划，该项目累计申请签证和索赔共 78 项，获得了巨额的签证索赔。

14.4.7 施工成本控制不力的风险

项目成本管理是指在项目实施过程中对所投入的人、材、物，通过不断的优化施工方案，实施动态管理和监督、控制、调整，从而达到项目实施过程中不断节约和实现利润最大化。施工方案的不断优化，是成本策划的一个重要手段，往往可以对节约成本达到事半功倍的效果。

例如：临时设施费。基于本工程工期短、劳动力投入大的特点，对临时设施，经过多种方案的对比分析，根据不同的项目分别采用了相应的方法。如对民工宿舍采用了价格较低的大跨度石膏板活动房，然后用钢管搭设双层床铺；对职工宿舍采取了就近租用；对现场水电布置采取了按图承包的方式；对围墙、食堂、厕所采取利用现场废弃的旧砖劳务小包干等形式。最终经济效果显著：临时设施合计投入不到 30 万元，较公司测算目标（46万）下降 35%。

再如：塔吊和施工电梯。项目在最初策划时按照四台塔吊、两部施工电梯，四部高速井架的方案编制。通过地下室结构施工后，项目根据实际情况及时调整了方案，在裙楼结构完工后及时拆除了 2 号塔吊，同时认为用一部施工电梯，通过晚上通宵撰写材料、白天解决上下人，基本能满足施工进度要求。事实证明，最终优化的方案是最经济可行的，仅此项为项目节约成本约 40 万元，见表 14-12。

14.4.8 业主外部协调能力差的风险

业主是家台资公司，本工程为业主在本地区投资的第一个工程。因此，业主对于本地区政府工程监管的法律、法规及各种办事程序都不太熟悉，与街道、派出所、环卫局等也从未打过交道。在这种情况下，如果我们施工方不想方设法帮助业主协调好各方面关系，将给工程的顺利施工带来很大的风险。所以，项目部在保持与业主和监理单位良好的合作关系的同时，充分利用企业的品牌在当地的影响力，以及企业在当地长期生存过程中积累起来的人脉关系和各种专业分包资源采购渠道，主动为业主分忧解难，帮助业主进行专业分包招标策划，以诚信服务的态度，专业丰富的施工管理经验赢得了业主的信任，既成功地利用我方的优势弥补了业主的劣势，又将该风险转化为机会，为项目的后续经营工作铺平了道路。

总之，项目风险管理最终目标是实现经济效益最大化。项目风险管理是贯穿项目始终，涉及全面、全过程、全员的积极参与，需要每一位员工积极、主动地应用我们所掌握的专业知识与智慧，精打细算、科学管理，努力从内部管理挖潜、合理利用索赔事件以实现经济效益最大化。

机械使用费对比表（单位：元）　　　　　　　　　　　表 14-12

| 序号 | 机械名称 | 合同收入① | 结算收入② | 施工方案计划投入③ | | | 实际成本④ | | | | 方案与实际的差⑤＝③－④（万） | 收入与成本的差⑥＝②－④（万） |
		合价（万）	合价（万）	台数（部）	单价	合价（万）	台数（部）	单价	时间（月）	合价（万）		
1	垂直运输费	127	137			68.8				34.2	34.6	102.8
(1)	塔吊			4	2万/部·月	48	3	1.65万/部·月	5.45	27		
(2)	施工电梯			2	1.6万/部·月	16	1	1.2万/部·月	6	7.2		
(3)	高速井架			4	0.2万/部·月	4.8	0			0		
2	机械进出场费及安拆费	37	40			19.8				16.51	3.29	23.49
(1)	塔吊			4	4万/部·月	16	3	3.48万/部＋基础3.75万元	1	14.2		
(2)	施工电梯			2	5万/部	3	1	1.55万/部＋基础0.75万元	1	2.3		
(3)	高速井架			4	0.2万/部	0.8	0			0		
	合计	164	177			88.6				50.71	37.89	126.29

参 考 文 献

1. 小阿瑟·威廉斯（美）等. 风险管理与保险. 北京：经济科学出版社，2000.

2. 陈起俊. 工程项目风险分析与管理. 北京：中国建筑工业出版社，2007.

3. 克里斯·查普曼，斯蒂芬·沃德（英）. 项目风险管理：过程、技术和洞察力. 北京：电子工业出版社，2003.

4. 赵曙明，杨忠. 国际企业：风险管理. 南京：南京大学出版社，1998.

5. 陈伟珂. 工程项目风险管理. 北京：人民交通出版社，2008.

6. 于九如. 投资项目风险分析. 北京：机械工业出版社，1999.

7. 王家远，刘春乐. 建设项目风险管理. 北京：中国水利水电出版社，知识产权出版社，2004.

8. 罗吉·弗兰根，乔治·诺曼. 工程建设风险管理. 北京：中国建筑工业出版社，2000.

9. 雷胜强. 国际工程风险管理与保险. 北京：中国建筑工业出版社，2002.

10. 许谨良，周江雄. 风险管理. 北京：中国金融出版社，1998.

11. 姜青舫，陈方正. 风险度量原理. 上海：同济大学出版社，2000.

12. 陈起俊. 工程项目风险分析与管理. 北京：中国建筑工业出版社，2007.

13. 邱菀华. 现代项目风险管理方法与实践. 北京：科学出版社，2003.

14. 戚安邦. 项目管理十大风险. 北京：中国经济出版社，2004.

15. 龙卫洋，龙玉国. 工程保险理论与实务. 上海：复旦大学出版社. 2005.

16. 陈津生. 建设工程保险实务与风险管理. 北京：中国建材工业出版社. 2008.

17. 卢有杰，卢家仪. 项目风险管理. 北京：清华大学出版社. 1998.